幼儿园班级管理68问

莫源秋◎著

长江出版传媒 | 长江文艺出版社

图书在版编目（CIP）数据

幼儿园班级管理 68 问 / 莫源秋著. -- 武汉 ： 长江
文艺出版社， 2022.1
（大教育书系）
ISBN 978-7-5702-2348-0

Ⅰ．①幼… Ⅱ．①莫… Ⅲ．①幼儿园－班级－学校管
理 Ⅳ．①G617

中国版本图书馆 CIP 数据核字(2021)第 255468 号

幼儿园班级管理 68 问
YOUERYUAN BANJI GUANLI 68 WEN

责任编辑：马　蓓	责任校对：毛　娟
封面设计：乐　翁	责任印制：邱　莉　王光兴

出版： 长江出版传媒　　长江文艺出版社
地址： 武汉市雄楚大街 268 号　　　邮编： 430070
发行： 长江文艺出版社
http://www.cjlap.com
印刷： 湖北金港彩印有限公司

开本：720 毫米×970 毫米	1/16	印张：17.5	插页：1 页
版次：2022 年 1 月第 1 版		2022 年 1 月第 1 次印刷	
字数：238 千字			

定价：48.00 元

前　言

　　自从 2018 年第一次给学生开设幼儿园班级管理这门课程后，我就一直想写一本关于幼儿园班级管理方面的书。今年春学期第二次给我校学前教育专业男生班开设幼儿园班级管理这门课程，又将幼儿园班级管理这门课程的内容进一步充实、细化。我给学生开设这门课程的目的是想让学生在明白一些简单的班级管理原理的基础上尽可能地掌握幼儿园班级管理的实际操作技能，让他们学后就会做，所讲内容能让学生将来在班级工作中拿来就可以用……

　　在开设第一轮幼儿园班级管理课程的过程中，我就对幼儿园班级管理工作有了许多自己的想法，2021 年 5 月中旬接到长江文艺出版社马蓓老师的约稿——她让我写作《幼儿园班级管理 68 问》，当时我没有半点犹豫就同意了，因为我在幼儿园班级管理方面确实有许多想法想要表达，想要与同行们交流。经过近十天的思考，决定以"基础—创新—有用"六个字为写作的原则，"基础"——让幼儿教师，特别是新手幼儿教师在了解幼儿园班级管理基本原理的基础上获得幼儿园班级管理工作的基本操作技能；"创新"——让幼儿教师，特别是老手教师获得幼儿园班级管理的新理念、新知识、新方法，为他们的班级管理工作创新提供理论和技能上的支持；"有用"——在写作过程中，努力为教师们提供一些拿来就可以用的班级管理工作技能。

　　真诚期待本书能给各位学前教育工作者，特别是给一线的幼儿教师在班级管理工作方面带来一些观念上的启迪，更期待本书能给各位幼儿教师在班级工作方面带来一些实用的管理技术。

　　本书在写作的过程中借鉴和参阅了国内外同行大量的相关研究成果，在此对他们表示由衷的谢意！同时，由于种种原因，书中引用的少部分资料，未能标明相关作者及材料的出处，在此对相关的作者特表歉意！

由于时间仓促，加上作者水平有限，书中一定存在着错误、缺漏和不当之处，敬请阅读和使用本书的老师和朋友批评指正。

莫源秋

2021 年 7 月

目 录
CONTENTS

第三章) 幼儿行为管理

第四章) 幼儿园家长工作的开展

第五章　幼儿园班级保教工作

第六章 师幼互动

第一章
正确认识幼儿园班级管理

一、幼儿园班级管理是什么？

幼儿园班级是幼儿园组织的基本单位，是幼儿、教师、家长共同学习、生活、交流的一个团队单位，它是幼儿园对幼儿进行保育和教育的基本单位，是师幼互动，家园互动的平台。

幼儿园班级管理是指幼儿园班级管理人员（幼儿教师、幼儿家长、幼儿）通过确定班级目标，制订班级工作计划，把班级中的人力、物力、财力、时间、信息等资源统筹协调起来，使之发挥最大的效益，最大限度地实现班级管理目标的活动。

上述幼儿园班级管理概念中包含了以下三个方面的意思：

1. 幼儿园班级管理的主体与客体。幼儿园班级管理的主体有幼儿教师、幼儿家长和幼儿。幼儿教师、幼儿家长和幼儿都有参与幼儿园班级管理的权利，不过，幼儿教师在其中起主导作用。幼儿园班级是一个对幼儿进行保育和教育的组织，幼儿教师是其中的专业工作者，因此，幼儿教师是执行班级管理目标、班级工作计划的主导者。当然，幼儿教师在发挥自己对班级管理的主导作用的同时应该多听听幼儿家长及幼儿的心声，因为幼儿教师与幼儿家长是合作伙伴关系，幼儿教师与幼儿也是合作伙伴关系。

幼儿园班级管理对象是幼儿园班级中人、物、财、时间、信息、空间等教育资源，既可以是某单一要素的管理，也可以是对几个要素进行协调、整合的管理。

幼儿园班级管理，既管理幼儿、幼儿家长，还管理幼儿教师；幼儿教师、幼儿家长和幼儿，既是幼儿园班级管理的主体，又是幼儿园班级管理的客体。

2. 幼儿园班级管理的基本环节＝计划＋检查指导＋纠错帮助＋目标性结果＋奖励与处罚＋总结提高。幼儿园班级管理，如果只是制订计划而没有执行的系统过程，那就无法保证幼儿园班级管理目标的实现。

3. 幼儿园班级管理的根本目的是提高效率，提高保育、教育工作的效率，提高班级家长工作的效率，进而增进家园之间的良性互动，更好地促进幼儿的发展。班级管理中的高效率意味着低成本高质量，幼儿教师、幼儿家长、幼儿以最少的付出达到最好的幼儿发展效果和良好家园关系建构效果。

幼儿园班级管理者的根本价值体现在幼儿园班级工作效率上。幼儿园班级管理效率的诀窍在于一切都是为了幼儿园班级管理目标而积累、运转。幼儿园班级管理效率的保障在于目标清楚、责任清楚、督导到位、奖惩及时、奖惩到位。幼儿园班级管理效率的标准是"目标清楚、责任到人、时间明确、检查及时、奖惩到位"。幼儿园班级管理低效率的典型方式是"说了无数遍，就是没有行动"。

二、幼儿园班级管理的目的、目标是什么？

（一）幼儿园班级管理的目的

幼儿园班级管理的目的是幼儿园班级工作的出发点和归宿。幼儿教师在进行班级管理工作之前必须研究和明确其目的是什么，然后根据班级管理工作的目的去策划、开展相关的工作。

幼儿园班级管理的目的就是提高班级各项工作的效率，以最少人力、物力、财力等的付出，促进幼儿最佳的发展，促进家园关系的和谐，展示幼儿教师的专业理念和能力。

幼儿园班级管理工作要顾及幼儿发展、家园关系建构、专业展示三个方面，不能顾此失彼。幼儿发展是班级存在的唯一理由；家园关系直接影响幼儿教师职业幸福感的获得，也影响到幼儿的发展；专业展示关系到幼儿教师的专业影响力和成就感。幼儿教师在班级管理过程中，要充分利用班级中各要素——活动要素（教育活动、生活活动、家园关系）、人员要素（老师、幼儿、家长）、物的要素（环境、玩具）有效地促进幼儿的发展、良好家园关系的建构，同时，展示自己的专业素养。

（二）幼儿园班级管理的目标是什么？

幼儿园班级管理的目标是幼儿园班级管理目的的具体化。为了达到幼儿园班级管理的目的，幼儿教师在班级管理过程中努力追求以下目标：

1. 幼儿喜欢班级及其活动。

2. 家长认可并支持班级工作。

3. 教师从幼儿园工作中获得成就感、幸福感。

4. 班级保教活动有序有效地进行，幼儿得到较好发展。

5. 师幼关系良好：相互尊重，相互关爱，相互配合。

6. 亲师关系良好：相互尊重，相互配合，相互支持。

7. 同班三位教师：相互尊重，相互配合，相互支持。

8. 家长树立了正确的教育观、儿童观，家庭教育意识和能力得到显著提高。

9. 教师展示自己的专业理念和做法，得到同行的认可。

10. 班级课程资源得到充分的挖掘与利用。

大家应该记住，班级管理工作绝对不仅仅是为了幼儿！

三、幼儿园班级管理的任务有哪些？

（一）进行科学的分工合作

幼儿园班级管理涉及的主体有教师（本书特指幼儿教师和保育员）、家长、幼儿。在幼儿园班级管理中，他们承担着不同的任务，扮演着不同的角色。

1. 幼儿教师的角色

幼儿教师在幼儿园里专门从事保育和教育的专业工作，他们对班级管理工作起主导作用。他们是班级管理工作计划的设计者、实施者、反思者；他们是班级管理工作的组织者、协调者、领导者；他们还是幼儿发展和家长家庭教育能力发展的促进者、引领者。

（1）设计者

设计者角色是指幼儿教师根据幼儿教育原理，主导制订班级工作方案，对班级管理目标、任务、内容、流程进行科学合理的设计，让班级管理工作能有效、高效地进行。

（2）实施者与反思者

幼儿教师主导，制订好班级工作方案后，就要组织各方力量，协调各种关系，有目的有计划地去实施班级管理方案，以达到预设的班级工作目标。在实施班级工作方案的过程中，既要考虑原方案行动，又要根据当前情况对原方案中不适宜的部分进行适当的调整，以取得最佳的班级管理效益。另外，在实施班级管理工作方案的过程中，一边实施，一边反思，一边改进，不断追求工作的卓越。

（3）促进者与引领者

在幼儿园班级管理工作中，幼儿教师既要服务于幼儿，又要服务于家长；既要促进幼儿的发展，还要促进家长教育能力的提高，引领班级良好心理氛围的形成，引领家园互动关系的正向发展。一个老师在向我们的实习生介绍家长工作经验时说："家长越是不信任我，我越对他的孩子好，结果孩子见到我就想让我抱，时间久了，家长就不得不信任和接受我。"我赞成这种正能量的说法和做法，相信持续的正面影响定能打动家长，让家园关系重回正常轨道。再比如，面对家长的抱怨，幼儿教师没有以怨报怨，而是将家长的抱怨当作"礼物"，要对抱怨的家长表达感恩之情，大家看看如下正面引领家长抱怨的技巧：

- 平静地倾听，不反驳，认真听完，用笔记下要点。
- 家长抱怨完后，向对方说："谢谢您的反馈！"
- 解释你为何感激家长的抱怨。
- 为错误道歉。
- 承诺立即处理抱怨：了解情况，尽快纠正错误。
- 查看家长是否满意。
- 防范将来再犯错误。
- 对待抱怨家长的态度须一如既往的好。
- 对待喜欢抱怨的家长的孩子的态度一如既往的好。
- 每一次抱怨都是学习和改进的机会。

相信，幼儿教师的真诚一定能将家长的怨气引向和气。

（4）教育资源利用者

幼儿教师在班级管理过程中担任着资源利用者的角色。幼儿教师在班级管理过程中，要根据教育目标和本班的教育资源情况，充分利用各种教育活动资源（教师、家长、社区、幼儿及其同伴、环境、网络等），更好地促进幼儿的发展。

（5）组织者、协调者、领导者

幼儿教师是班级管理的主导者，他在班级管理过程中起到组织、协调、领导的作用。幼儿教师有责任、有义务做好班级各项工作的组织、协调、领导，让各种资源得到充分的挖掘与利用，让各方力量聚集，形成合力，取得管理上的 1+1>2 的教育效果，同时，让家园关系和谐，让各项教育活动有序、高效地进行。

为了更好地胜任上述角色，幼儿教师要掌握幼儿园班级管理的基本原理和策略、方法，对幼儿教育要有一个科学的全面的认识，并形成坚定的教育信念，整合一切可利用的资源，提高班级各项工作的效率。

2. 幼儿家长的角色

幼儿家长是幼儿园班级管理的参与者、合作者、支持者、监督者和学习者。

（1）参与者

家长在幼儿园班级管理中担任着参与者的角色。幼儿家长在幼儿园班级管理中可参与的活动有：设计与组织教育活动、参与保育活动、评价教育活动、监督班级各项工作、制订食谱、参与亲子活动设计与实施、提供教育活动资源、开展家庭教育经验分享、外出活动的策划与组织、实施等。家长参与相关活动可以更加了解幼儿园班级工作，更加配合教师的工作，进而更好地促进孩子的发展，让孩子更加喜欢上幼儿园。

家长群体蕴含着丰富的教育活动资源。家长从事的职业各不相同，如警察、医生、教师、设计师、营业员、厨师等，他们都有各自的职业特长。这些知识、技能特长是幼儿园可以利用的重要教育资源，它可以打破幼儿教师知识技能来源的局限，更好地促进幼儿的发展。

案例 **正确面对火灾** ...

雨桐的妈妈在消防大队上班，她给孩子们上课时对孩子们讲的第一句话是："当遇到火警时，小朋友要做的第一件事是什么？"平时，我们都会告诉孩子，遇到失火时，第一件事就是拨打 119。所以，雨桐妈妈的话音刚落，小朋友们都抢着回答："打 119，请消防员叔叔来救火。"雨桐的妈妈却说："不能这样做。孩子们，遇到失火的情况，第一件事是赶快逃走或者想办法自救。因为你们还小，求救技能也不成熟，只有在离开现场获得安全后再进行求救。"[①]

　　雨桐的妈妈毕竟是位专业的消防人员，她的专业主张纠正了幼儿教师和幼儿的错误常识，让大家更加理性地面对火灾。

（2）合作者

　　《幼儿园教育指导纲要》指出："家庭是幼儿园重要的合作伙伴。"家长和教师只有走到了一起，相互支持，相互帮助，相互配合，各自发挥各自的优势，才能更好地促进孩子的发展。

案例 让我玩一玩，好吗？ ···

　　小班的建构活动开始了，琪琪很喜欢彩色的积木，于是她把很多的彩色积木堆在自己的面前，还用手护着。小杰跑到她的身边说："让我玩一玩，好吗？"琪琪摇头说："这是我先拿到的。"小杰眼看玩不到积木了，就开始抢琪琪的积木。琪琪发觉形势不妙，便开始大声哭起来说："老师，小杰抢我积木了。"站在远处的谢老师早已把这一切看在眼里，于是快速地来到琪琪身边，说："好玩的积木，要大家一起玩。知道吗？"谢老师一边安慰琪琪，一边将积木分给了小杰。没想到，琪琪用力把积木推倒在地，哭喊道："老师欺负我，我要告诉妈妈！"

　　离园时，琪琪一看见妈妈，就扑过去把这件事告诉了妈妈。妈妈

---

① 马丽丽.幼儿园"家长客串"活动的实践探索 [J].教育导刊：下半月，2011（1）：61—63.

幼儿园班级管理68问

原先的笑脸马上严肃了起来，说："琪琪不愿意把积木分给小朋友玩，妈妈不喜欢。谢老师批评你，就是喜欢你。不信，你去问问谢老师？"琪琪听了妈妈的话，转身半信半疑地问道："谢老师，你喜欢我吗？"谢老师笑着说："琪琪以后能与大家一起玩积木，谢老师会更喜欢琪琪的！"琪琪开心地点点头。①

琪琪妈妈用善意去理解幼儿教师的教育行为，并且将教师的这种善意告诉孩子，让孩子在情感上接受老师，从行为上愿意接受老师的教育。如果琪琪妈妈不是从善意的角度去理解幼儿教师，并且将这种误解传递给孩子，那么，孩子在情感上不接受老师，会容易引发孩子对老师的教育要求产生逆反的心理，更有可能产生"老师让他向东，他偏向西"的截然相反的教育效果。

案 例 小兔子爱吃什么 ....

北京师范大学实验幼儿园的一次"做中学"课上，老师问小朋友，小兔子爱吃什么，孩子们有说吃香蕉的，有说吃肯德基的，甚至有说吃石头的。老师说，好好好，明天把你们认为小兔子爱吃的东西带来喂一喂试试看，小兔子究竟爱吃什么。令老师啼笑皆非的是，第二天，孩子们拎来了一大堆萝卜，孩子们告诉老师："妈妈说我瞎说，小兔子最爱吃萝卜。"②

这本来是孩子们探索的一个极好机会，结果被家长打断了。其根本原因是家长不明白老师的意图，这其中主要是老师没有与家长沟通好，

---

① 黄贤.做一个善于沟通的家长 [J].山东教育：幼儿教育，2009（10）：46—47.

② 黄晶.幼儿园亲师沟通状况研究 [D].重庆：西南大学，2008：1.

家长也没有去向老师了解，然后就想当然地让孩子按家长意图去应对，让孩子错失了探索发现的机会。

夏天，小朋友下午离园的时候，因为离天黑还有很长时间，所以很多孩子会留在幼儿园里玩。岁岁玩着玩着就开始拆起一把小椅子，拆掉的一条椅子腿随手扔到一边，妈妈则在旁边陪着。这时，老师发现了椅子腿，说："岁岁，这玩具是你拆的吗？拆坏了，小朋友就不能玩了。"岁岁正要点头承认，妈妈马上说："岁岁，这是你拆的吗？妈妈怎么没看见？"岁岁看一眼妈妈，又看一眼老师，慢慢地摇着头。老师接着教育孩子："岁岁，做错了事情没有关系，敢于承认错误的孩子就是好孩子！"妈妈则接上话："岁岁，别害怕，你跟老师说这不是你拆的。"有妈妈撑腰，岁岁说话有胆量了："老师，不是我拆的！"①

家园教育态度和行为上的冲突，让我们的教育无法取得预期的教育效果，甚至会出现相反的教育效果。

家长除了在教育上要和老师合作外，班级其他工作也需要相互合作，相互支持——不仅是家园之间的合作，还有家长与家长之间的合作，这对做好班级工作都是很重要的，家长会利用各自的资源优势，为班级活动提供方便。比如，班级外出活动参观机场——民航管理局工作的家长帮助落实到机场后的相关事宜；公交公司工作的家长帮助联系接送的车辆；糕点店工作的家长帮助落实糕点……大家发挥各自优势，为班级活动贡献自己的力量。

有一个幼儿园，在新生入园时，他们就采集家长信息，包括家长的职业、专长、个人爱好、单位等，然后根据家长的不同特点和能力，对家长可参与的各项工

---

① 晏红.幼儿园教师与家长沟通之道[M].北京:中国轻工业出版社，2012：190.

作岗位和职能进行认真分析，并输入家长资源信息库。同时，根据不同岗位的职能和基本要求，通过公开招募，调整和补充家长智囊团、家长助教团、爱心服务团，挖掘家长中的人力资源。如家长助教团充分挖掘家长的专业知识和职业领域的特点，使家长成为幼儿园的家长教师，对幼儿实施教育。如某幼儿园请警察身份的家长来园给大班小朋友们上课，这次课，幼儿不仅了解了警察的主要任务，知道了交通警、刑警、督察警、户籍警等几个警种，认识了警徽、领花、警号、警牌、臂章、腰带等，了解了警察着装的特点，而且还认识了对讲机、手铐、警车等警用工具。①

（3）支持者

家长应该在物质上和精神上给予班级工作以支持。家长的支持，让幼儿教师感受到温暖，同时，也为幼儿园更好地开展保教活动奠定物质基础和精神基础。

案 例 一位老师的感动 ● ● ●

感动之一：马思的妈妈为班级带来了许多信封，省去了家长带信封的麻烦。还带来了一些软线，让马思的爷爷细心剪成了一小段一扎，说刚够扎红花用，想得多细呀！

感动之二：需带一次性方便袋，做手工用，刘一鸣的爸爸给班里拿了一摞，让我们给全班小朋友用，真是让我们感到温暖。

感动之三：每个幼儿需带两颗弹珠，考虑到家长搜集有困难，赵慧的妈妈带来了一大包，这种无私的爱心是多么难得！

感动之四：张雨浓奶奶、紫盈妈妈，经常为班级剪精美的小奖品，非常体谅老师，减少了老师制作奖品的辛苦。

感动之五：幼儿园男职工比较少，有时候搬搬扛扛的活，咱们女同胞真做不来。有时候需要帮助了，在群里向家长求助，总会有热心的家长过来帮忙。

① 刘小英. 幼儿园家长工作的新思路 [J]. 学前课程研究，2009，（11）：49—50.

感动之六：我把当天学的古诗写在外面黑板上，以督促家长和孩子一起学习，孙家训的爷爷来送孩子看不清，又跑回家拿来老花镜，这一细节被我们发现，很是让我们感动，我们给老人抄下了这首古诗。[①]

家长乐于为幼儿教师，为孩子所在班级提供物质支持，这不仅是对班级工作物质上的支持，也是对班级工作精神上的支持。家长对幼儿园工作的支持，不仅满足了班级对物质的需求，也满足了幼儿教师的精神需要，幼儿教师们会因此增加工作的幸福感，这也激励他们将更多的精力投入幼儿园工作之中，进而促进孩子们更好地发展。

（4）监督者

幼儿家长在班级管理工作中还扮演着监督者的角色。家长对班级工作有监督的权利，监督幼儿园及其教师是否按相关政策、法规来开展各项工作，这对幼儿教师的工作起到提醒的作用，对教师的专业能力和师德水平的提高起到推动作用，保证幼儿园各项工作有利于幼儿的健康发展。

幼儿教师不必将家长的监督当作异己的力量，要将之当作推动自己专业成长的外在动力，从内心里感恩这种力量，利用这种力量，不断提高自己的专业素养。

（5）学习者

幼儿家长在班级管理工作中还扮演着学习者的角色。家长要不断学习幼儿教育知识，特别是学习幼儿家庭教育知识，进而更好地参与、支持、配合和监督幼儿教育工作。为了更好地掌握幼儿教育知识、技能，家长要不断地向网络学习，向书本学习，向幼儿教师学习，积极参加幼儿园里的家长学校组织的学习，因为在那里有专业的老师和专家引导，这样，家长也可成为准专业的教育工作者。

3. 幼儿的角色

幼儿是班级管理的最大利益相关方，班级管理是以促进幼儿的最好发展为

---

① 商丽.感动点滴[J].山东教育：幼儿教育，2007（7/8）：60.

目的的，幼儿才应是班级管理的真正主人——班级所有的管理工作都要以促进幼儿的更好发展为中心。因此，幼儿园班级管理要努力满足幼儿的发展需求，教师要充分了解幼儿的发展需要，进而决定管理工作的形式与内容，各项班级管理工作都要以幼儿的发展为核心展开，幼儿园班级管理中，都应把"将幼儿的最大利益置于中心"视为最高原则，同时也是家长工作的出发点和归宿。

（二）科学安排和实施一日活动

科学安排班级一日活动，更好地促进幼儿的发展。一日活动要保证幼儿的体、智、德、美各方面都得到发展。在自由与纪律，动与静，照顾与发展，稳定与变化，自选活动与教师组织指导的活动，快乐与发展，预设与生成，探索与引导，身体与心理之间取得平衡，让每次活动都充满教育和发展意义，让幼儿坚信幼儿园是一个充满乐趣的地方，而且是他们明天还想再去的地方。

（三）班级成长环境的设计与布置

幼儿教师要根据教育目标创设相应的班级心理环境和物质环境，这些环境应该是对幼儿发展有效的，对幼儿的情感态度、行为、认知的发展有帮助的。班级环境蕴含着幼儿教师的教育理念和教育追求。

幼儿教师要重视班级环境的建设，努力打造低成本高质量的幼儿园环境。

（四）引领家长

幼儿园及其教师有责任、有义务在幼儿教育方面给家长以专业的引领。因为幼儿园是专业的教育机构，幼儿教师是专业的教育工作者，他们比家长具有更多、更全面、更具有前瞻性的教育理念和做法。被家长非理性教育理想牵着走的幼儿园及其老师，要么没有专业水平，要么没有职业良心——明知家长的教育要求不合理、不科学，但为了生源，为了更好地经营仍然迁就家长。

幼儿教师要有目的、有计划地引领家长，让他们对幼儿园教育，对家庭教育有一个正确的认识，在教育态度和行为上更好地与幼儿教师配合，进而更好地促进幼儿的健康发展。

（五）突出自己的专业理念和做法

专业理想、信念是幼儿教师专业工作的指南针，是幼儿教师从事幼儿教育工作的一种内在动力。如果一位幼儿教师是怀着理想信念来工作的，那么，他工作就绝对不仅仅是为了领取那点工资来生活。他的工作过程，就是他追求其教育理想，实现其理想和坚守其教育信念的过程：他的工作就会变得主动、积极，不断追求价值、创造价值，其职业幸福感就会倍增。

因此，幼儿教师要树立自己的教育理想信念，并在班级管理中努力践行自己的教育理想信念，在班级各项工作中凸显自己的教育理想信念，形成自己独特的教育风格，促进幼儿个性化发展，获得同行和家长的认可，进而提高职业幸福感。

四、幼儿园班级管理的内容主要有哪些？

在明确幼儿园班级管理的目的、任务后，幼儿教师还要进一步了解幼儿园班级管理的内容。从幼儿园班级管理的要素来看，幼儿园班级管理的内容可以分为人、财、物、事、时间、空间、信息七个方面的管理。

（一）人的管理

幼儿园班级管理中人的管理是关键。人的管理包括教师管理、幼儿管理、家长管理。班级管理中，人的管理是最难的，因为他们是具有能动性的，他们既是被管理者，又是管理者。

对人的管理，要研究他们的需要，从他们的需要出发，满足他们的需要。在班级管理过程中，要对他们的合理需要予以充分的关照——三者的合理需要都要给予适当的关照，并且在三者需要之间取得平衡，不应存在为了一方的需要而牺牲另一方的需要。比如，绝不应约束甚至牺牲教师的合理需要去满足家长和幼儿的需要。在管理过程中应该努力建构一种多赢的局面。

（二）财的管理

班级里有财吗？应该有。班级中的财从哪里来——班级成员公摊收取的班会费，家长或企业的赞助。对这些钱的使用，要尊重所有捐赠人的意愿，做到取之于民、用之于民，两人管账，另两人管钱——或许班级的钱不多，但不要因为管理不善闹出矛盾。

（三）物的管理

幼儿园里有一些物品是属于班级的，比如，学习操作材料、玩具、床、桌椅等生活用品，班级要对这些物品进行管理，让其有序，有教育意义。如让幼儿学会物归原处、节约、珍惜、分享、归类、自理等。

（四）事的管理

班级管理中对事的管理，就是给班级中各种"事"设置各种"管道"，让各项事务运作起来都有章可循。比如，给幼儿建立生活常规、教学活动常规、区域活动常规、室外活动常规等。又如，给家长建立孩子与同伴发生冲突的应对程序与要求；对老师的申诉程序与要求；接送孩子的流程与要求；参加家长开放日活动的流程与要求等。

（五）时间的管理

时间管理是指通过事先规划和运用一定的技巧、方法与工具实现对时间的灵活、有效运用，从而实现班级管理的既定目标的过程。简单地说，班级中的时间管理就是如何有效、高效地运用时间来更好地促进幼儿的发展。在进行班级时间管理时，应注意以下几点：

1. 做好班级工作计划

明确班级工作的学期计划、月计划、周计划、日计划、活动计划。确定活动的目标和完成的时间节点。

2. 确定哪些事情先做

时间管理的目的是决定什么事该做，什么事不该做。最先做的总是那些既重要又紧急的事。

3. 时间安排要有规律

入园、进餐、午睡、点心、饮水、盥洗、如厕、集体教学活动、游戏活动、区域活动等都要有规律地进行，并且建立相应的信号系统，这样有利于幼儿快速进入相应的活动状态，提高单位时间的学习生活效率。有规律的学习生活，既有利于保护幼儿神经系统的健康发育，也有利于培养幼儿良好的生活习惯。

4. 根据幼儿生理活动规律和特点安排相关活动

幼儿教师应该根据不同性质的学习活动对时间、精力、精神、专注状态的要求来安排相关活动。比如，幼儿经过一夜的休息，上午 10 时前头脑最清醒，精力最旺盛。这是学习知识、技能，接受教育的最佳时刻，因而各班应将集体教学活动安排在 9 ~ 10 时之间。随着神经系统兴奋程度的逐渐降低，安排轻松的游戏，最易消除幼儿的疲劳。午餐后因神经活动已降至最低潮，需要休息，故不宜安排其他活动。午睡后精神恢复，神经的兴奋程度又逐渐提高，但不如上午旺盛，因而教师不宜再安排幼儿紧张的智力活动，可让他们开展艺术活动、区域活动、游戏活动等。幼儿的胃排空时间约 3 ~ 4 小时，因而，幼儿进餐的时间不能相隔太近或太远，否则会引起消化不良或饥饿。小班幼儿注意力的稳定性是 5 分钟，中班幼儿是 10 分钟，大班幼儿是 15 分钟，班级集体教学活动的时间建议是小班 15 分钟，中班 25 分钟，大班 30 分钟，并且活动形式要多样化，动静结合，否则，幼儿就会出现疲劳、开小差的现象。

5. 合理利用过渡环节

为了充分利用各种零碎时间，教师要重视班级各种活动之间的过渡环节，不要让幼儿过多地等待。比如，在过渡环节安排幼儿分组活动。喝水时将幼儿分成两组，一组听故事，另一组去喝水，这样可以避免喝水时拥挤和一部分幼儿等候喝水时的消极等待；进餐环节，先吃完饭的幼儿可以去图书区看书或做一些安静性游戏活动，以等待后吃完的幼儿一起进行下一个环节的活动；另外，如果过渡环节时间超过 1 分钟，也可以背诵一些古典诗词。当然，也可利用过渡环节来培养幼儿的耐性——善于等待也是现代人所必须具备的一种素质。

（六）空间的管理

空间的管理，包括班级物质空间管理和班级心理空间管理。物质空间就是班级里的物质环境，心理空间就是班级里的心理环境。对幼儿发展而言，班级心理环境比班级物质环境更重要。现实中，许多老师仅仅重视班级物质环境的创设，而忽视了班级心理环境的创设。这当然不利于幼儿的健康发展。

（七）信息的管理

信息的管理包括幼儿成长信息记录与管理；班级重大活动信息记录与管理；班级教育教学活动、游戏活动信息记录与管理等。信息管理的目的一是记录本班成长历程；二是为教育研究提供原始材料；三是为教师反思本班管理工作提供素材。

五、幼儿园班级管理需要遵循哪些原则？

幼儿园班级管理应该遵循以下原则：

（一）高效性原则

幼儿园班级管理的根本目的就是提高工作效率，以最少的付出，完成班级管理的各项工作：促进幼儿的发展，引领家长，构建和谐的家园关系等。为此，在班级管理的过程中，应该注意以下几点要求：

1. 树立工作效率观

在班级管理工作中，教师要时刻思考"我还能有更省时省力省钱省物的方法吗？"如此，不断激励自己去追求效率最高的工作内容和方式，如此坚持，班级管理的各项工作的效率就会越来越高，班级管理工作就会越来越轻松。

2. 争取家长支持

家园合力有利于提高班级管理工作效率，否则，家长将有可能成为正确教育的一大阻力。比如，晓帆挑食，老师向晓帆妈妈反馈，晓帆妈妈不以为然地说："没关系，幼儿园没法为我女儿做可口的饭菜，可以理解，晚上回家我再给她补补。谢谢老师的关心。"家长不配合老师，其孩子挑食的问题就很难解决。

3. 注重流程与标准

幼儿园要根据工作需要编制相关的流程与标准。我们应该研究和掌握的流程与标准有：入园工作的流程与标准；离园工作的流程与标准；幼儿同伴冲突处理的流程与标准；家园冲突处理的流程与标准；应对孩子受伤的流程与标准；区域活动指导的流程与标准……流程与标准越清晰，效果越好，效率就越高。

（二）协同一致原则

家园之间的密切配合，教师之间的密切配合，直接关系到班级各项工作能否顺利进行，关系到各项工作能否取得预期效果。如果教师之间，家长之间，教师与家长之间，在教育态度、教育要求上不能达成一致，那么，教育的作用就会相互抵消，甚至出现负的教育效果。因此，我们应该注意以下几点要求：

1. 明确协同合作的目的

幼儿老师、家长都应该明白，师师合作、家园合作都是为了更好地促进幼儿的发展，所有关系的建立，所有工作的开展，所有矛盾的化解都应以此为目的。比如，当孩子在场时，家长和教师发生冲突，双方都要保持一定的克制，因为孩子目睹家长和教师冲突，会给其心理带来阴影，让其今后都无法以正常的心态面对老师和家长。

另外，教师还应该记住，与家长争论，其根本目的是化解家园矛盾，达成共识，共同更好地促进孩子发展。有时候，教师争赢了，但家园关系恶化了，影响了孩子发展，这是得不偿失的；有时候，教师有意地"输"给家长（不一定是教师不占理），但家园关系进入良性循环，能更好地促进幼儿的发展，那么"输"也是教师应该做出的选择。

2. 提高合作意识

不仅幼儿教师要有合作意识，家长也要有合作意识，大家都是为了更好地促进孩子的发展而走到一起的。这方面，幼儿教师要多做家长工作，让他们知道家园合作的意识、路径、策略与方法。

3. 教师主导

协同合作，特别是家园合作，幼儿教师应该在其中起主导作用，而且，幼儿教师是幼儿教育专业工作者，做好班级管理工作，做好家长工作，幼儿教师具备绝对的专业优势——因为做好幼儿教育工作就是幼儿教师的本职工作。

（三）示范性原则

幼儿教师和家长，在班级管理过程中都是教育者，因此，幼儿教师和家长要给孩子树立榜样，教师要给家长树立榜样，当然，家长也要给教师树立榜样。无论是教师，还是家长，要求别人做到的，自己首先要做到。

1. 注意教师的言行态度等对幼儿的影响

幼儿教师要在语言、行为、情感态度、价值观念、心理上给幼儿树立一个良好的榜样。大家可以从以下案例中了解到幼儿教师对幼儿的影响。

案 例 有样学样 ...

晨谈活动中，教师随意地坐着，跷起了二郎腿。交流时，发现好多孩子小二郎腿跷得特神气。教师顿时无语，更无颜去质问他们。而当教师坐回端正的姿势时，孩子们也不由自主地坐回原来的样子。

是啊，孩子就是我们的镜子，他们充满好奇心，时时处处都在模仿着成人，教师行为上的疏忽可能会造成对幼儿的负面影响。

案 例 "讨厌" ...

有一天，伙房张师傅告诉范老师："我发现你们班孩子太没礼貌，逢人就爱说'讨厌'。"范老师听后很不舒服，一观察，发现果真如此。"谁让你踩我脚了，讨厌！""讨厌，就不给你玩它！""讨厌……"天啊，什么时候，"讨厌"成了孩子们的口头禅了？范老师仔细思量，发现这原因出在她自己身上——"讨厌"二字也是范老师整天挂在嘴边的：小朋友们上课回答不出问题——"讨厌"；小朋友们做了错事——"讨厌"；小朋友们哭哭啼啼来告状——"讨厌"……

幼儿是好模仿的，幼儿教师的言行态度对幼儿的发展起到潜移默化的作用。

2.注意家长的言行态度对幼儿的影响

家长也应该为孩子的发展树立良好的榜样，因为父母也是孩子模仿的重要对象。

案 例　不许抠脚指头!　　　　　　　　 • • •

有这样一幅漫画：画面上是一对父子，父亲坐在椅子上，一只手抠着脚指头，一只手指着儿子大骂："不许抠脚指头！"儿子低着头不服气地抗议："那你为什么也在抠脚指头？"

如果父母没有做好榜样，那么父母的教育是很难让孩子信服的。

（四）目标性原则

幼儿园班级管理一定要有明确的目标，目标是班级管理的出发点和归宿。一切工作都应围绕目标来展开，这是班级管理工作高效的一个重要原则。

1.幼儿教师的目标

在幼儿园班级工作过程中，幼儿教师所追求的目标是高效地促进幼儿的发展，高效地与家长建立良好关系，引领家长教育观念的转变，促进家长教育能力的提高。

2.幼儿家长追求的目标

虽然家长在班级管理的过程中起不到主导作用，但他们仍然是班级管理的主体，他们要积极参与其中，并努力发挥自己的正面作用。幼儿教师要让家长了解他们参与班级管理的目标，不是为幼儿教师分担工作，不是帮幼儿教师干活，而是为了更好地促进孩子的发展——只要家长明白，家园合作是为了更好地促进孩子的发展，他们就不会对幼儿教师有那么多的怨言。

第二章
幼儿园班级环境创设

一、幼儿园班级环境构成要素有哪些?

幼儿园班级环境是指班级中对幼儿发展有影响的一切物质因素和心理因素的总和,包括幼儿园班级物质环境和幼儿园班级精神环境。

幼儿园班级物质环境是指幼儿园物质环境中归属班级所有的物质环境,它包括班级中活动室(厕所、盥洗室、活动室、卧室等)环境,走廊过道环境;地面环境,墙面环境,空中环境;可移动环境,不可移动环境等。

幼儿园班级精神环境是指幼儿园班级内对幼儿发展产生影响的一切精神因素的总和。主要包括教师的教育观念与行为,班级中的人际关系、班级的文化氛围等。幼儿园班级应该创造具有爱、尊重、平等、快乐、心理安全的心理环境,以保证幼儿心理的健康成长。

物质环境和精神环境是幼儿园班级环境中的两大有机组成部分,它们在促进幼儿发展方面相辅相成,你中有我,我中有你,它们对幼儿的发展都有着十分重要的意义。无论是理论上,还是实践上,我们无法判断,到底是物质环境重要,还是精神环境更重要。在平时的班级管理工作中,许多幼儿教师都只重视班级物质环境的利用和创设,有意无意地忽视了精神环境的利用和创设,这不能不说是幼儿园班级环境利用与创设的一大误区。

二、幼儿园班级环境创设应遵循哪些原则?

当前幼儿园班级环境创设主要存在以下几种问题:

第一,班级环境创设形式化。主要表现为一些幼儿园环境创设的指导思想不是从幼儿出发,而是为了应付检查、参观,完成接待任务。

第二,环境创设的成人化。主要表现为以成人的理解、认识与需要来创设幼儿园班级环境,使幼儿园班级环境缺乏童趣,背离幼儿的特点。

第三,片面追求特色。盲目将所谓的具有特色的元素引进班级,不考虑其教育实效,看上去好像有特色了,但对幼儿发展几乎没有意义。

第四，幼儿只是旁观者。班级环境创设几乎都是老师完成的，幼儿只做环境的旁观者，不参与环境设计，也不参与环创实践。

……

造成上述问题的原因是多方面的，其中主要原因之一是幼儿教师连班级环境创设的基本原则都不了解，更不用说去践行这些原则了。为了幼儿园班级环境创设更加有意义，必须了解并遵循以下原则：

（一）目标性原则

幼儿园班级环境创设目标，是幼儿园班级环境创设工作最终达到的标准，是幼儿教师对班级环境创设的效果的预期。幼儿园班级环境创设的目标主要有三个：一是促进幼儿的发展；二是提高班级保教工作效率；三是展示幼儿教师专业理念和实践。

幼儿园班级环境创设的目标，是幼儿园班级环境创设工作的出发点和归宿。确立科学的幼儿园班级环境创设目标有利于幼儿教师将注意力从"内容"引向"发展""效率""效果"，从"形式"引向"目标"，有利于避免在班级环境创设过程中，盲目追求那些形式主义的东西，追求花样翻新，造成班级环境创设的盲目性和随意性。

贯彻班级环境创设的目标性原则应该注意以下几点：

1.幼儿园班级环境创设是手段，不是目标。我们反对为环境创设而环境创设，班级环境创设应该围绕教育目标，并随着教育目标的变化而变化，使班级环境适合幼儿的身心发展需要，从而引起幼儿的兴趣，充分发挥班级环境的教育功能。如为配合刚入园的幼儿顺利地完成从家庭到幼儿园的过渡，教师在活动室内为幼儿设立了宠物角，准备许多鲜艳的毛绒玩具和有趣的电动玩具，并请家长为幼儿带来他们在家最喜爱的玩具，吸引幼儿的注意力，使他们感到在幼儿园也有许多他们喜欢的东西。

2.幼儿园班级环境创设要做到"目标在前，内容在后"。班级环境是为教育目标服务的，以目标为导向，以目标为归宿。

3."班级特色"不应该成为班级环境创设盲目追求的目标。只有那些"班级特色"能更好地促进幼儿的发展，方能成为班级环境创设追求的目标。

班级环境是课程实施的手段，是促进幼儿发展的手段，反对盲目追求"园园有特色""班班有特色"——幼儿园班级环境创设，"特色"不是最重要的，效果、效率才是最重要的，教师应该树立这样的理念："不管特色不特色，只要能更好地促进幼儿的发展就是好的班级环境。"

教师们努力去追求"高效"的班级环境吧——不管它是自己独创的，还是别人创造的，以"效率"为选择标准，效率高就可以用；我们追求的是高效的班级环境，而不是有特色的班级环境。

4. 幼儿园班级环境创新也只是手段，不是目标。创新也不应该成为幼儿园班级环境创设追求的目标，因为创新也只是手段，而不是目的。创新是为了更高效地达成保教工作目标，如果不能更高效地促进幼儿的发展，那么，这种创新也只能是一种劳民伤财的活动。

5. 班级环境创设要在促进幼儿发展和提高保教工作效率方面取得平衡。不能盲目追求幼儿最大化的发展，而忽视保教工作的效率。

6. 学会反思：这样的环境创设是为了促进幼儿哪些方面的发展？它体现了我们的哪些教育理念？用事例说明如此环境创设对幼儿发展是否真的有用：如果有，是什么因素发挥作用？还有哪些地方需要改进？没有发挥作用是因为什么原因？如何使其发挥作用？……只有这样不断地反思，才能不断提高教师的班级环境创设能力，才能避免教师苦心创设的班级环境成为一种"摆设"，进而更加有效地促进幼儿的发展。

（二）安全性原则

安全性原则要求幼儿园班级环境创设既要关注幼儿的身体安全，又要关注幼儿的心理安全。重视安全性原则的理由：一是生命不可以重来；二是社会、家长最关注幼儿在园的安全问题；三是有些负面影响的伤害是一辈子的，如身体伤害、心理伤害；四是幼儿缺乏安全意识和能力，极易受到伤害。

贯彻班级环境创设中的安全性原则应该注意以下几点：

1. 材料应该无毒无害。用来布置环境的材料都应该符合国家相关的卫生安全要求，注意家具及区角活动材料是否有毒，是否经过消毒，是否有幼儿能吞得下去的或尖利的材料。

2. 药品的安全性。药品要放在幼儿触摸不到的地方，药品袋上要标明幼儿姓名和服用方法，有详细的服药记录，以免发生误食、误服药品导致的人身伤害事故。

3. 物品的安全性。开水、点心、刀具、汤桶等各种物品的摆放位置要恰当、稳固，以不妨碍幼儿活动为前提。

4. 危险有毒物品存放的安全性。妥善保管洗涤、消毒类物品，设置专用放置地点，避免幼儿误食事件发生。如洗衣粉、肥皂、装在饮料瓶里的一些化工用品。

5. 家具的安全性。经常摸摸幼儿的座椅和桌子，看看椅角或桌角是否有木刺会扎手，钉子是否松脱露出尖角，小椅子是否摇晃不稳等。

6. 用电的安全性。为防止幼儿触电，所有的电源插座都应该安放在幼儿触摸不到的地方，并教育幼儿不要将铅笔、小棍、橡皮等物插入插座孔内玩耍。

7. 完善班级安全检查制度。每周至少在活动室里巡视一周，观察以下一些潜在的问题：

（1）地毯边缘有没有突出或松动？

（2）有水的区域是否有排水设施？是否有擦水用的拖布或毛巾？

（3）有没有一些关于儿童使用剪刀、锤子以及小刀的规定？

（4）是否向儿童解释安全规定？是否将其落到实处？

（5）是否立即处理损坏的设备？

（6）家具、材料中是否有生锈的？

（7）木工房是否有护目镜？

（8）动物的排泄物是否及时清理？

（9）地板是否有破损？

（10）摇椅、木马是否远离坐在地板上的幼儿？

（11）书架是否低矮结实？

（12）清洁、消毒材料是否上锁？

（13）厕所是否提供手纸、洗手液？

（14）班级环境设计与布置要注意其对活动室的温度、湿度、通风是否有
    影响？[①]

---

① （美）戈登，布朗. 幼儿教育学导论：下册 [M]. 成都：四川少年儿童出版社，2010：75—76.

安全和卫生两个因素是教师班级环境创设中应该考虑的两个基本问题。但也不能因强调干净、秩序安全而限制了幼儿的活动，束缚了幼儿的手脚。应压缩室内桌椅所占的面积，尽量把空间留给幼儿，使他们不局限于座位上，可以在活动区之间自由走动，自由选择材料和伙伴。他们的手脚放开了，获得了充分活动的机会和条件，就敢于大胆尝试和探索，便于在积极的活动中得到发展。

心理安全是幼儿心理健康的标准，也是幼儿心理健康的基础。班级环境创设一定要关注幼儿的心理安全。

（三）全面性原则

有什么样的环境，就有什么样的活动；有什么样的活动，就有什么样的发展。幼儿园教育是基础教育的一部分，它要促进幼儿体智德美全面发展，幼儿园班级环境的创设要考虑如何为幼儿成长提供环境及其材料，以促进幼儿身心的全面、和谐发展为根本目标。因此，对班级环境创设的构思不能是狭隘的、片面的，或者是随意的、盲目的，应当根据不同的时间和空间，做出整体的、全面的考虑。

贯彻班级环境创设中的全面性原则应该注意以下几点：

1. 班级环境，应该有利于促进幼儿体、智、德、美全面发展。

2. 班级环境，既有利于幼儿获得相应的知识、经验，又有利于幼儿形成相应的行为习惯和情感态度。

3. 班级环境，既要考虑促进幼儿身体素质的提高，又要考虑促进幼儿心理素质的提高。

4. 班级环境，既有利于幼儿各种知识、经验的积累，又有利于幼儿各种能力的培养。

5. 班级环境，既能为幼儿提供成功的经验，也能为幼儿提供失败的教训。

（四）参与性原则

幼儿园班级环境创设的参与性原则有两个意思：一是，教师和幼儿都是班级环境的设计、布置、优化的主体；二是，师幼共同创造出的班级环境应该有利于幼儿不断地参与其中，不断与其发生互动。

贯彻班级环境创设中的参与性原则应该注意以下几点：

1. 班级环境创设是幼儿园班级课程的一个重要组成部分。要让幼儿参与班级环境的设计、布置、优化的过程，并在其中得到相应的发展。例如，请幼儿与教师共同创设以"美丽的夏天"为主题的一面壁画。教师引导幼儿收集关于夏天自然环境变化的素材，对布置的内容提出建议，并准备各种不同的材料供他们剪桃子、做荷花、折扇子等，然后一起布置在班级活动室墙壁上。从一起讨论到一起设计，一起布置，一起欣赏，整个过程对幼儿而言都是主动学习的过程。幼儿在参与创设班级环境的过程中感到自己是被重视的，他们对自己设计和创造的环境就会格外地珍惜。

2. 班级环境要具有互动性，即有利于幼儿与环境及其材料进行互动，这样的环境对幼儿发展才会有意义。活动区的材料应该方便幼儿根据需要取放，方便幼儿操作，有利于幼儿对其进行探索。幼儿在这些活动区里，可以自由地与动物、植物、积木、积塑、沙水等互动，这样的环境，对幼儿的发展才是有意义的。如果幼儿对这些材料只能看，不能动，只能看别人动，自己不能动，那么，这样的环境对幼儿的发展意义是微乎其微的。

3. 班级环境应利于幼儿持续与之互动。有吸引力的班级环境一定是具有持续的挑战性的，是具有趣味性的，是具有操作性的，是具有变化性的——内容在变化，难度在变化，操作方式和要求在变化。

4. 在班级环境中，种一些小植物，养一些小动物，让每位幼儿轮流去照顾这些动物和植物，并且分享其中的经验和快乐。

（五）发展适宜性原则

发展适宜性原则就是幼儿园班级环境创设既要适应幼儿的年龄特点，又要促进其身心的健康发展。

贯彻班级环境创设中的发展适宜性原则应该注意以下几点：

1. 家具高度要适合幼儿的年龄特点。幼儿用的桌椅、小床、厕所、洗手平台等，都要考虑幼儿的高度，方便幼儿的生活，有利于幼儿身体健康，有利于培养幼儿的独立生活能力。

2. 供幼儿互动的材料放在 1.2 米以下。研究发现，幼儿对于 1.2 米以上的板块墙饰材料几乎不会注意，更不会去触摸摆弄。但是，对于低于他们视线的摆放材料，他们随时都会去摸一摸、看一看，甚至会坐一坐。因此，观赏类材料的摆放应该平行于幼儿的视线及其以下，操作类材料要摆放于幼儿举手就能够着的高度，甚至更低。供幼儿欣赏的名画作品、幼儿的作品，围绕活动室的墙壁在一米左右高的地方布置一圈，供幼儿阅读的图书放在不到 1 米高的书架上，幼儿只要带着小椅子，随时都可以坐在那里看书。

3. 根据幼儿的活动兴趣和能力，创设相应的班级活动环境。比如，幼儿年龄越小，给其准备的高结构材料的比例应越大；幼儿年龄越大，低结构、非结构化的材料应越多。小班重点为幼儿创设有趣的环境，让他们有玩的机会，如角色区、阅读区、益智区；中班重点为幼儿创设有情境、有探索空间的环境，如益智区、建构区、表演区、角色区；大班重点为幼儿创设有意义的、蕴含丰富经验的环境，如科学区、表演区、建构区。

（六）经济性原则

幼儿园班级环境创设应考虑以最小的人力、物力、财力、时间和精力的付出，取得最大的班级环境创设的效果——促进幼儿发展，展示教师教育理念等。

贯彻班级环境创设中的安全性原则应该注意以下几点：

1. 效率优先。幼儿园班级环境创设效率优先，反对不顾效率地盲目追求效果。比如，有些班级环境的教育效果很好，但付出了过大的人力、物力、财力的代价，这并不一定是我们要追求的。班级环境创设效率＝班级环境创设效果 ÷ 班级环境创设投入——班级环境创设效率与班级创设效果成正比，但不等于说"班级环境创设效果越好，其效率就越高"。

2. 幼儿教师的时间也是成本。班级环境创设的成本，要从整体上来考虑，不能只从钱财的付出来考虑，比如，班级环境中投放的材料，可以教师自己制作，也可以购买——花不了多少钱，可是教师要做出有同等教育效果的环境材料需要大量的时间，那我们可能要选择购买而不是自己制作，因为虽然自己制作不花钱，但教师的时间成本也是成本——可是，许多管理者却没有将教师的时间纳入成本，这当然是错误的。

3. 注意班级环境设施的多功能性。比如，在空间的利用上，可采取一室多用的方法，用桌子、布帘、拉门、屏风等将局部的空间进行临时的、有效的分割，使固定的空间具有多种功能，以解决幼儿园空间不足的矛盾，满足幼儿活动的需要；又如有的幼儿园把原来用于走路的路面，规划成各种道路线，配上红绿灯设施，对幼儿进行交通规则与安全行路的教育；再比如，美工区可以产生材料探索、分类活动，科学活动区也可以产生戏剧游戏，甚至建构游戏。这样发挥环境设施的多功能效用，就可以提高环境的利用率，同时，也有利于促进幼儿创造性思维的发展。

4. 追求速度不等于节约成本。环境创设是以低成本、高质量为目标，而不是以速度为目标，环境创设要综合考虑成本和质量。

5. 以物代物。比如，用各种废纸盒组合搭建楼房、轮船、火车等；用挂历纸卷成棍棒；用各种瓶罐组合搭建机器人、小花篮等。利用废旧材料，不仅发挥了废物的价值，而且有利于幼儿想象能力、创造能力和动手操作能力的发展。

在幼儿园班级环境创设过程中，应该强调实用，因地制宜，因陋就简，不应该盲目攀比，追求豪华，要充分利用现有物质条件，创设适宜环境，提高环境利用率和使用价值。

三、如何进行班级活动区的设计？

（一）班级活动区与区域活动

班级活动区是教师根据教育目标、课程要求以及幼儿的年龄特点和兴趣需要等在活动室里为幼儿创设的旨在促进幼儿发展的活动空间。教师在活动区中投放相应的材料，让幼儿按照自己的兴趣去选择活动的内容和方式。活动区是幼儿进行自主活动、获得主动发展的场所，它是幼儿园课程十分重要的一种资源。

区域活动，也称区角活动。区域活动，它是指教师根据教育目标、幼儿的兴趣、能力发展水平，设置各种区域（如角色区、建构区、美工区、益智区、表演区、语言阅读区、操作区、科学区、自然观察区等）环境，投放活动材料，让幼儿按照自己的兴趣、意愿和能力自主参与，以游戏、操作、探索为主要方式的一种教育活动。区域活动是幼儿园课程实施的一个组成部分。

班级活动区在满足幼儿个性化需要和个性化发展方面具有独特的作用。班级活动区将活动室分割成几个小空间，一次容纳少数几位小朋友，符合幼儿比较喜欢处于小型团体的需求。只和几个要好的小朋友在一起，他们会觉得比较自在，也比在大集体里更能和其他小朋友玩得积极融洽。一个或者几个幼儿喜欢聚集在远离空旷场所的被遮挡的空间里，因为小型的空间能提供亲密和安全感，也能构建一个因相同兴趣和情感而联结成的意义共同体。[①]

幼儿班级活动区分为常规活动区、特色活动区和主题活动区。常规活动区是指各个幼儿园都有的，大家普遍认同和开展的活动区，如角色游戏区（娃娃家、医院、超市、餐厅、理发店等）、阅读区、美工区、表演区、建构区、益智区等。特色活动区是指活动区名称、功能、材料比较独特的活动区，它应该是教师长期挖掘的结果，是教师个人理念与本地资源充分结合的结晶。班级特色活动区是为了更好地促进幼儿的发展，因此，在创造特色活动区时，不要为特色而特色，不要盲目追求园园有特色，班班有特色——不顾活动区的效果，不顾活动区在促进幼儿发展方面的效率，如此只重形式不重效果的特色活动区是对教育资源的浪费。主题活动区也就是以某一主题而建构起来的活动区，如有些广西幼儿园着力打造的壮族民俗主题活动区、苗族民俗主题活动区等。主题活动区也是促进幼儿发展的一种手段，它不是目的，只有它比常规活动区能更好地促进幼儿的发展，它才应该被引进幼儿园，坚决反对不顾效果、不顾效率而盲目地将民族元素引进班级活动区。主题活动还可以根据课程的开展需要而设计。

（二）班级活动区设计

1. 角色区

角色区是提供各种材料，供幼儿进行角色扮演，以体现社会生活的区域。教师可以根据班级幼儿年龄特点、兴趣和生活经验，选取不同的角色扮演材料，设计不同的角色游戏区，如餐厅、娃娃家、理发店、医院、超市等。其实，社会上存在的职业和生活工作场所，只要幼儿感兴趣，就可设置。角色区能满足幼儿参与社会生活的愿望，帮助他们积累社会生活经验，为幼儿提供角色交往的机会，促进他们的社会化进程和交往能力的发展。不同的场所需要配备不同的材料，如娃娃家要配备布娃娃、餐具、电视、小床、小被子、床单、枕头、

① 黄进. 幼儿园区域活动的来源与挑战 [J]. 学前教育研究 2014（10）：34—35.

小餐桌、小凳子、梳妆台、饮水机、沙发、大小不同的毛绒玩具、洋娃娃、小沙发、小碗、小勺子、小灶台、各种模拟的蔬菜水果、小炒锅、小铲子、塑料水果刀等，医院要配备听诊器、白大褂、模拟电脑等。

2. 建构区

建构区是提供各种建构材料，供幼儿进行各种造型活动的区域。建构区有利于幼儿空间知觉能力、想象力、形体、对称、数概念、操作能力的发展。在建构区，教师应该为幼儿提供所需要的各种材料，如最常用的积木、插塑材料（插接类、扣接类、齿轮类、组装类），还可以提供盒子、易拉罐、纸板、木板、树皮等废旧材料。

3. 表演区

表演区是提供各种道具和材料，供幼儿进行表演活动的区域。表演区主要有音乐舞蹈表演、故事表演等，它能满足幼儿的表现欲望，能促进幼儿想象力、表达力、表现力的发展。在表演区教师应向幼儿提供各种服装、头饰、话筒、木偶、镜子、手鼓（饼干盒）、音阶碗（不锈钢碗）、沙罐（易拉罐）、沙锤（铁盒）、手摇铃、三角铁、快板、腰鼓、碰铃、音砖、鼓、音阶琴、老鼠按铃、假发、帽子(包括各种职业帽，如消防员帽、警察帽、护士帽、军用头盔等)、全家福照片等道具。

4. 美工区

美工区就是提供各种美术活动材料供幼儿进行美术创意活动的区域。幼儿在美工区可以做绘画、泥工、立体塑造、纸工、布艺、编织等，通过撕、贴、剪、画、捏、做等美术操作表现活动，发展幼儿的欣赏美、表现美和创造美的能力。在美工区，教师应向幼儿提供胶水、白纸、锡箔纸、面巾纸、毛线、纽扣、绳子、细线、缎带、花边、毛毡、木材边角料、罩衫、旧衬衣、围裙、画架、颜料、纸、剪刀、蜡笔、彩笔、皱纹纸、黏土、油泥等。

5. 生活操作区

生活操作区是提供各种与生活有关的材料供幼儿进行操作练习的区域。生活操作区可以培养幼儿的生活自理能力，培养他们独立生活的意识和热爱生活的情感。在生活操作区教师应该向幼儿提供蒸锅、微波炉、煎锅、打蛋器、木铲、盘子、夹子、一次性手套、调味品、酱油、盐、白糖、果酱、醋、清洁用品、围裙、抹布、盆子、垃圾桶等。

6. 阅读区

阅读区是提供适宜的阅读材料，供幼儿自主活动的区域。它可以帮助幼儿感受图书带来的美好和愉悦，缓解不良情绪，提高幼儿对文字图形的敏感度。教师要为幼儿提供柔软、舒适的家具（如枕头、毯子和垫子）、书籍、杂志、报纸、书架、手偶玩具、毛绒玩具、头饰、小沙发、桌子、凳子等。

7. 科学活动区

科学活动区是提供各种材料供幼儿操作、探索的区域。在科学活动区幼儿可以探索沙与水，空气与风，声音，电与磁，运动与力，光与影等自然现象，它对幼儿的探索兴趣和能力提高有帮助。教师在科学活动区要为幼儿提供树叶、镜子、显微镜、植物、手电筒、万花筒、颜色棒、磁铁、磁铁球、各种零件、简单机械、放大镜、望远镜、钟摆、三棱镜、岩石与贝壳、土壤与各种种子、玻璃球、温度计、尺子、天平、共振音叉、惯性玩具、电池、灯泡等。

8. 益智区

益智区主要是投放一些促进幼儿观察、思维、记忆活动的材料的区域。幼儿在益智区里可以进行拼图、下棋、打扑克、几何图形拼摆、图片接龙、找不同等活动。在益智区，教师应向幼儿提供跳跳乐、围棋、快乐迷宫类（走走乐、森林探险等）、拼图类（图形分类卡、形状拼图、水果拼盘、接龙拼图等）、巧手操作类（镶嵌板、钓鱼、按数放物、编织材料等）。

9. 种植区

班级种植区可以种植 5～10 种容易生长、无毒无害的植物（菊花、水仙、水培萝卜、白菜、蒜等），让幼儿观察这些植物成长的过程，培养幼儿的观察力、爱心、责任心等。

10. 饲养区

班级饲养区可以饲养 3～5 种鸟、水生物（如蝌蚪、金鱼、泥鳅、乌龟）、昆虫（如蝉、蟋蟀）等，让幼儿照顾、观察这些动物，了解这些动物的生活习性、生长过程、生长特点等，培养幼儿的爱心、责任心。

（三）班级活动区的布局

在活动区布局时，要根据各个活动区的特殊需要为其寻找最佳的位置。在活动区布局方面应该注意以下几点：

1. 动静尽量分开，避免相互干扰

动态区域：表演区、建构区、角色区。

静态区域：科学区、益智区、阅读区、美工区。

相对安静的阅读区、益智区、美工区可以相邻而设，并与相对热闹的角色区、表演区、建构区隔开一定的距离，避免相互影响。

2. 根据活动区需要设定活动位置

活动区的位置要根据幼儿在该活动区活动时所需要具备的条件而确定其位置，如美工区经常需要水，所以它最好离水源近些。科学区、生物区需要自然光线，而且要便于将活动延伸到户外场地，因此，最好选向阳的一面，并能方便地通往阳台、院子等处。各活动区需要的条件：

静态、用水、靠光源：科学区、美工区。

静态、不用水、靠光源：阅读区、益智区。

动态、不用水：角色区、表演区、建构区。

活动区名称	室内场地	光线／照明	活动性（动／静）	其他
角色区	场地宽敞		活动性较高	
建构区	场地宽敞		活动性较高	有地毯或地垫降低噪音
表演区	场地宽敞		活动性较高	靠近电源
阅读区		光线好，近窗，有日光	安静，活动性低	避免干扰
科学区		光线好，近窗，有日光	安静，活动性低	避免干扰
益智区			安静，活动性低	
美工区		光线明亮	中度	方便取水

3. 设置适当的边界

活动区之间要有适当的"封闭性",避免因"界限"不明确而产生消极影响。可以利用各种玩具柜、书架、地毯等现有设备作为各区的分界线或屏障。同时又要考虑各区活动的方便程度。

4. 保证活动区之间通道畅通

活动区之间的通道必须绝对畅通无阻,以避免幼儿在如厕、变换区域、取水时发生拥挤、碰撞等情况。为此,活动室中央和各个门口最好不要设置活动区。

5. 人数控制

在每个活动区的入口处应该有活动区人数控制标识:印在地板上的鞋印,或装在入口处的家具上或墙上的挂钩(用来挂活动区进出牌的钩子),地板上的鞋印摆满了鞋子,或家具上的挂钩挂满了进出牌,后来的幼儿就不能再进该活动区活动。

6. 有一块供集体活动用的场所

活动室里应有一块可容纳下所有幼儿的场地,供集体教学等活动使用。这一场地,可以是单独开辟的,也可以是某一活动区的——有意将该活动区设计为某一活动区与集体教学共用场地。

7. 坚持可见性原则

在摆放活动区的物品时,一定不能阻挡老师的视线和声音,确保所有的幼儿都在老师的视野和声音范围之内。永远不要背对幼儿,因为老师有责任密切注视整个活动室里幼儿的一举一动。如果是两位老师,一位老师可与幼儿玩游戏,另一位老师则密切留意其他幼儿。

为了老师的视线不被挡着,应将高的置物架靠墙摆放,用较矮的置物架来隔离空间,这样保证老师坐在桌边就能看到整个活动室。

在活动室上角安装一面广角镜,这样可帮助老师看清活动室里视觉盲点处的状况。

班级墙面是指属于本班级的各种活动室及其走廊过道的墙面。班级墙面设计是指在幼儿教师主导下赋予班级墙面以教育意义的活动过程。幼儿与班级墙面环境朝夕相处,班级墙面环境是使幼儿兴趣萌发和知识延伸的重要场所,它在改善班级的氛围、美化班级环境的同时也陶冶幼儿的美好心灵,具有不可估量的教育作用。班级墙面也是幼儿园课程的一个重要组成部分,它可以成为幼儿学习过程和结果的记录,是幼儿之间、师幼之间交流和沟通的纽带,幼儿表达和经验分享的平台,它有助于提升和促进幼儿关键经验的获得,它既具有教育价值,又具有审美价值,因此,幼儿教师要充分利用它来促进幼儿的全面发展。[①]

为了更好地发挥班级墙面的教育功能,我们应该注意以下几个方面的要求:

(一)明确班级墙面环境创设存在的问题

明确当前幼儿园班级墙面环境创设存在的问题,才能更好地创造出有价值的幼儿园班级墙面环境。据研究,当前幼儿园班级墙面环境创设主要存在以下问题:

1. 重教师,轻幼儿,忽视家长

在班级墙面环境的创设上,许多老师也知道应让幼儿和家长参与的道理,但在实践操作时,班级墙面环境的设计与布置几乎都是由老师来完成的,幼儿和家长都只是观众,只是看客。幼儿偶尔有参与的机会,但用什么样的材料,以什么样的方式,如何布置等,也完全听从老师的安排,幼儿缺乏思考、探索的机会。

2. 目标不明确

由于班级墙面环境创设目标不明确,班级墙面环境创设过多地追求全、多、满,把一些与课程无关、与幼儿发展几乎无关的材料堆砌到墙面上;还有一些墙面环境创设只是单纯地收集资料然后上墙就算完成任务——这种不花心思,只是单纯为了完成任务的行为——应付上级检查或同行的参观,加上许多检查者也不专业,只会看表面形式的东西,这也助长了班级墙面环境创设的形式主义;

---

① 刘占兰,廖殆.聚焦幼儿园教育教学反思与评价[J].北京:北京师范大学出版社,2007:39.

还有一些幼儿教师，心中无目标，完全是凭自己的主观判断和臆测去随意布置，班级墙面环境布置具有很大的盲目性，比如，图片、照片资料在班级墙面布置上是教师的首选，教师在请家长帮助收集资料时，由于没有很好地沟通，许多资料不能很好地与课程相关，不能很好地与幼儿发展有关，甚至有些文字资料多于图片资料，虽然图片有了、文字有了，幼儿、家长基本参与了，可是难以看出这样的环境与课程之间有什么关系，与幼儿的发展有什么关系。

有的教师在进行班级墙面环境创设时追求"满"。这些老师误以为所谓墙面环境创设，就是用老师的作品、幼儿的作品、幼儿活动时的照片、与主题教学相关的资料等填满整个墙面，引发视觉轰炸的效果就算完成任务，而不考虑整体结构上的布局和色彩的搭配。这种"满"使得整个墙面一眼望去杂乱无章，不仅对幼儿发展没有意义，可能还会让幼儿注意力分散。

3. 重装饰，轻教育

许多老师为了活动室整体的美观，其内容并非跟随近期教育活动，而是根据教师现有经验水平和手中的便捷材料（比如市面上色彩鲜艳、品种丰富的各类装饰材料）来确定，整个墙面变成了一幅装饰画，甚至外请专门公司来对班级墙面进行统一的喷绘，就算有时会用一些幼儿的作品来做点缀，也只是挑选他们认为画得好的作品来装饰，而且还喜欢将这些作品布置得高高的，放在幼儿只能仰看而不能摸的位置。

有些教师在班级墙面环境创设时追求表面的华丽、鲜艳，很多活动室内都是琳琅满目，色彩斑斓的。四周墙上贴得满满的，顶上吊的、两边挂的应有尽有，让人眼花缭乱，让参观者禁不住为之赞叹"真美呀""这些老师真是会动脑筋"。可是我们仔细想想，这一切与幼儿发展有关吗？这一切除了赢得非专业的同行或领导的惊叹外，多是空耗老师们的时间和精力，对幼儿的发展毫无意义，还可能会导致幼儿注意力分散。

4. 多静态，少动态

许多幼儿教师开学初，让幼儿搜集相关的图片与资料，孩子的手工、绘画作品等，然而整个主题从开展到结束，都始终固定不变；更有甚者，有些班级的墙面环境开学布置完后一个学期甚至一年才更换一次。静态的墙面环境，不能随着教育目标的变化而变化，也不能随着幼儿的变化而变化，这样的墙面环境对幼儿的发展是十分有限的。

（二）要明确班级墙面环创的目的

幼儿园班级墙面环境创设的目的是：将保育和教育目标、内容蕴含在环境中；让幼儿在班级墙面环境设计、布置的过程中得到经验和发展；为教师、幼儿以及家长提供一个很好的合作、沟通交流平台。

幼儿园班级墙面环境创设的根本目的是更好地促进幼儿的发展。

幼儿园班级墙面环境是一种重要的班级课程资源，是班级课程的载体，是达成班级课程目标的一种手段。

幼儿园班级墙面环境创设首先要思考：如此墙面环境设计是为了促进幼儿哪些方面的发展？怎样做才能更加有利于教育目标的达成？为什么说这样做就能达成相关的教育目标？

教育目标是班级墙面环境创设的出发点和归宿。幼儿园班级墙面环境创设不能没有教育目标，为环创而环创，也不能偏离教育目标，否则，环境创设的效果和效率就会受到影响。

教育目标对班级墙面环境创设的过程、内容、形式、材料的选择与设计起到决定性的作用。

1. 重视班级墙面环境内容的全面性

在幼儿园墙面环境创设过程中，要将健康、语言、社会、科学、艺术这五个领域的内容都进行展示，这些内容满足了这个阶段幼儿的全面发展需求，要避免只反映绘画等艺术类的内容。

2. 班级墙面环境设计要与教育教学活动紧密结合

幼儿园班级墙面环境设计要与当前的教育教学任务紧密结合，为提高教育教学效果、效率服务。比如，"小小升旗手"班级主题墙面环境源于升大班后幼儿会有轮流做升旗手的机会，班里开展了"小小升旗手"主题教育后，教师将抓拍到的孩子升旗的照片布置成主题墙，这里成了孩子课间驻足谈论的热点。让孩子眼中的新鲜事在墙饰上得到扩展和延伸，这样的班级墙面环境起到了潜移默化的教育作用。再比如，某中班进行科学活动"它们都会变"后，小朋友们对青蛙及蚕宝宝的生长过程非常感兴趣，于是，教师将青蛙和蚕宝宝的生长过程创设成"它们都会变"主题墙。这一主题墙成了孩子们交流议论的焦点，激活了孩子们对小动物的探究欲望，激发了孩子们热爱小动物的情感。

（三）注意班级墙面环境创设的有效性

幼儿园班级墙面环境的创设一定要有效、高效地促进幼儿的发展。在幼儿园班级墙面环境创设的目标确定后，接下来就要思考怎样做才能更好地促进幼儿的发展，各项墙面环境创设活动都要考虑在有效的基础上如何更加高效地促进幼儿的发展。

案 例 今天你多喝水了吗？ ....

范老师为了激励幼儿主动喝水，她在本班活动室墙面上弄了一个"喝水记录表"记录每位幼儿的喝水情况——幼儿每喝一次水就到老师处领取一张中心印有"水"字的贴纸，然后贴在自己的姓名栏。

喝 水 榜

	喝水次数
A 幼儿	水 水 水 水 水 水
B 幼儿	水 水 水 水
……	

经过本学期的投入使用，操作简便、有趣，既有利于引发幼儿对喝水状况的关注，又可以培养幼儿数的概念，一一对应的概念等；也便于老师和家长及时了解孩子的饮水情况。此举获得家长和同行的一致好评！

那些对幼儿发展无效的、低效的墙面环境创设都应该得到改进或者被取消。在幼儿园墙面环境创设的过程中，应努力追求低成本高质量的墙面环境创设。

例如，教师选择筷子作为主题墙的主题，主要内容是向幼儿展现使用筷子的正确姿势，筷子的妙用以及筷子的常识。这一主题和幼儿的生活密切相关，给幼儿起到了示范的作用，同时幼儿也比较全面地了解了关于筷子的知识，而且所使用的材料是来自幼儿生活的实物。如小班主题活动"我爱我家"。小班是刚入园的幼儿，一下子从家庭小环境来到幼儿园陌生的大环境，哭闹现象十分严重。为了缓解幼儿与家长分离的焦虑情绪，我们创设主题墙时，布置出不同形状的树，有三角形、圆形、方形三种不同的树冠，树下有许多彩色小花，翩翩飞舞的蝴蝶，还有白色小栅栏，树上有几只彩色小鸟在飞，在这样一个生动的森林场景中，将幼儿全家福照片张贴在树冠上，让每一棵树都温情流淌。每当幼儿哭闹着想家的时候，老师都会抱着幼儿来到主题墙前，找找宝宝的照片在哪里，再让宝宝找一找爸爸妈妈在哪儿，并告诉幼儿要高高兴兴地来幼儿园，爸爸妈妈下班就来接宝宝。还让哭着的宝宝跟照片上笑着的宝宝作比较，看看哪个更漂亮。这一系列与主题墙的互动，让幼儿内心有了依靠，从而转移了与家长分离的焦虑情绪，发挥了主题墙的教育作用。[①]

（四）重视教师的主导作用，还要重视幼儿、家长的主体性发挥

教师、幼儿、家长是幼儿园班级墙面环境创设的三大主体。虽然在班级环境创设的过程（从设计到实施）中，幼儿教师一直起到主导作用——因为幼儿教师是专业工作者，但也要努力让幼儿和家长都有参与的权利，让他们都发挥相应的作用——当前班级墙面环境的创设逐渐转向关注幼儿，越来越注重幼儿的前期经验以及幼儿在活动过程中的想法、发现、表达和体验，关注幼儿的兴趣和需要，注重追随幼儿的学习路径来呈现幼儿的作品、记录和活动照片，使班级墙面环境成为幼儿学习和游戏的载体[②]——幼儿参与的过程就是受教育的过程，就是获得经验和发展的过程，同时，让幼儿对班级墙面环境更加关注，更加珍惜；家长参与有利于家长更好地了解我们的幼儿教育理念，更加易于支持幼儿教师的工作，同时，其提供的力所能及的帮助也可以减轻教师的工作负担。

---

① 刘建芳.浅谈幼儿园主题墙创设的有效性 [J].新课程：小学，2012(10)：143—144.

② 杨爽，韩静.幼儿园班级主题墙创设的基本要求和思路 [J].早期教育：教育教学，2019（3）：10—12.

比如，端午节的主题墙，教师利用家长资源，请家长和幼儿一起收集有关端午节日的风俗，制作有关端午节经验的调查表，鼓励幼儿广泛收集资料、互相交流、分享有关端午节的经验，并进行分类展示。通过画粽子、画龙舟、制作折纸粽、香袋、龙舟、悬挂艾草和菖蒲等美术活动，感受节日氛围。在端午节主题墙上，展示幼儿参与活动的全过程，以及在活动中的体验与收获。

在幼儿园班级墙面环境创设中，按照教师、幼儿、家长三大主体作用发挥程度，我们可以将幼儿园班级墙面环境创设分为三种不同的水平：

1. 展示板阶段。即班级墙面环境成为幼儿教师的展示板，在这一阶段的班级墙面环境创设建立在对"环境育人"的片面理解上，班级墙面环境创设的主题、内容、形式、材料的确定等几乎都由教师一手包办，强化装饰功能，完全忽视幼儿及其家长主体性的发挥，忽视教育的价值。

2. 宣传栏阶段。即班级墙面环境创设成为班级的宣传栏，在这一阶段，幼儿和家长已经开始参与班级墙面环境创设活动，但幼儿与家长处于"被安排"的角色。在这一阶段，教师将主题资料、幼儿作品、家长准备资料呈现在班级墙面环境上，这样的墙面环境与正在进行的课程关系密切，当然客观上能给幼儿以视觉上丰富的刺激，也带来了一些教育价值。

3. 幼儿成长促进平台阶段。即从课程建设视角、幼儿视角来设计和布置班级墙面环境，班级墙面环境已成为一种成熟的课程载体，成为有效促进幼儿发展的一种手段。这阶段的班级墙面环境创设以更好地促进幼儿发展为根本目的，重视幼儿主体作用的发挥，鼓励家长参与，充分发挥教师的组织、引导作用，突出班级墙面环境课程功能，记录、引导幼儿园课程展开的方向。

总体趋势是教师、幼儿、家长三主体的作用，特别是幼儿的主体作用越来越得到充分发挥，其课程功能、发展功能也越来越突显。

（五）注意互动性

互动是幼儿成长的基础，没有互动就没有幼儿的发展。在幼儿园班级墙面环境创设的过程中，要努力创造条件让幼儿与教师，幼儿与幼儿，幼儿与材料，幼儿与环境，幼儿与家长互动，让幼儿在互动中获得经验和发展；另外，幼儿与墙面环境的互动过程又是教师了解幼儿的重要途径，如教师观察幼儿对哪些事物感兴趣，他们遇到了什么问题和困难等。在此基础上，教师通过创设变化的墙面环境来支持和引导幼儿的活动，从而使教育效果更加显著。

因此，在幼儿园班级墙面环境创设的过程中，要多创造机会让幼儿与环境产生互动，进而更好地促进他们发展。比如，在进行环境创设之前，教师可以和幼儿一起收集、准备多种丰富的材料，设定一个材料库。在使用材料的过程中，幼儿可以自主地选择使用何种材料，幼儿自由活动，教师负责启发幼儿如何合理选用材料，给予幼儿充分自由发挥的机会，同时让幼儿在玩的过程中完成环境的创设，让幼儿真正感受到自己是环境的主人。再比如，让班级墙面环境内容和形式富有变化性，这样可以激发幼儿探索事物的愿望。墙面环境的内容和形式可根据课程的内容、季节的不同、幼儿的兴趣及幼儿身心发展的变化而变化，这不仅能增加墙面环境对幼儿的吸引力，同时，多样性的互动也能促进幼儿多样性的发展。

案 例　可爱的家　　　· · ·

某中班近期开展主题活动：我可爱的家。

为了配合主题活动，老师带领大家准备创设以"我可爱的家"为主题的墙面主题环境，他们的步骤如下：

第一步，在环境创设之前，老师让小朋友来发表意见，应该怎么为主题墙布局比较好看和合理。

第二步，教师引导小朋友们说说自己喜欢什么样的颜色，喜欢什么样的形状，主题墙分几个板块比较合理，每个小朋友都会说出自己的想法和理由，教师负责记录。

第三步，让小朋友们来投票，选择一个投票率最高的方案。

第四步，大家按照确定的方案进行墙面环境创设：将幼儿分成3～5人的小组，每个小组承担不同的任务，小朋友以小组的方式进行活动和学习，教师仅在旁边进行引导，为小朋友提出建议，鼓励小朋友，有了问题及时解决。每个小组的小朋友一起来做手工，有分工、有合作、有讨论。

第五步，让每个小朋友都来讲讲自己带来的照片上的成员，以及拍照时有什么小故事，每个小朋友都兴高采烈地为大家介绍自己带来的照片，与大家分享自己家里的有趣故事，小朋友带来的都是比较欢乐的照片，介绍时也非常开心，别的小朋友在听的时候受到感染，整个活动室的氛围暖融融的。

主题墙布置结束后，意犹未尽的小朋友经常在主题墙旁聊天讨论，分享自己家庭的成员以及故事，这种互动对于幼儿的成长益处良多，有利于幼儿之间互相学习、互相了解，共同进步。①

案 例 环保总动员 ...

为了配合环保主题活动，班里准备在班级墙面布置一幅"环保总动员"的主题墙。

第一步，发动幼儿和家长帮助收集有关环保图片。

第二步，让幼儿参与绘制环保图画，共同布置班级主题墙。

第三步，幼儿用自己的语言讲解自己带来的环保图片及自己所画的环保图画的环保意蕴：垃圾要送入垃圾箱，爱护一草一木，白色污染的危害……

第四步，说一句自己的环保宣言。

第五步，发动家长与孩子一起利用生活中的废旧物品进行"环保小制作"活动，并将他们的作品一一陈列在"环保总动员"主题墙下的矮柜上。

---

① 林琅. 谈幼儿园主题墙的多元互动 [J]. 课程教育研究，2017(44)：24—25.

第六步，闲暇时孩子们在那里谈论着自己的作品，又欣赏着别人的作品。[①]

班级墙面环境创设中的幼儿与环境、材料、同伴、家长的互动，是幼儿从中获得发展的必要条件，也是促进班级墙面环境教育功能的扩充手段。

(六) 注意适当的"留白"

幼儿园班级墙面环境创设要注意"留白"，即教师在班级墙面环境创设时，有意识地留出一定的时间和空间让幼儿与班级墙面互动，让幼儿自主思考和建构自己的经验。它包括两方面的内容，一是墙面空间的"留白"，即在墙面环境创设时，特意规划一片空白的空间，等待幼儿补白；二是墙面内容的"留白"，即教师在设计班级墙面环境框架时，有意识地留下一个理解的缺口，依据幼儿的兴趣转移和更新内容，允许幼儿在活动时根据自己的经验调整，使幼儿成为建构自己知识的主角。

案 例 我的小脸蛋 ...

在中班主题《我自己》的二级主题——我的小脸蛋活动中，幼儿及家长收集五官的图片，收集自己的表情照片，医生家长还收集五官的构造图片。幼儿在活动中表现出对感官的作用非常感兴趣，教师引导幼儿选择自己感兴趣的感官用拟人化的绘画形式表现出来，粘贴在主题墙的边缘，由幼儿生成的活动——感官总动员中，幼儿与教师设计的嗅觉瓶、观察角、味觉试验等操作材料以立体粘贴形式布置在班级墙面上，因为是来自幼儿关注的问题，最能激起幼儿的共鸣，引起

---

① 刘建芳.浅谈幼儿园主题墙创设的有效性 [J].新课程：小学，2012(10)：143—144.

幼儿对墙饰的关注，进而有与他人交流墙饰内容的动机。

在此案例的触动下，我园教师在主题墙饰的创设时都会"留"有余地，不像以前那样追求速度和结果。在每一个二级主题的开展过程中，我们都会组织幼儿进行讨论，听听孩子们的想法和需要，为孩子留出最大的空间，让他们大胆发挥想象力和创造力，让孩子们主动地去关心班级墙面环境的创设，使我们的班级墙面环境创设伴随主题的开展日渐深入且不断完善。①

班级环境创设中的留白，不仅是一种艺术，一种境界，更是一种智慧。留白是一种积极主动的唤醒，是对幼儿主体意识的激发；留白是一种充满智慧的等待，是对幼儿思维和想象力的保护。班级墙面环境创设中留白的实质在于以幼儿为本，是对幼儿的尊重、接纳和欣赏。教育就像养花一样，一边养，一边静待花开。所以留下那一处的"白"，在幼儿补白的过程中，让幼儿慢慢成长。

墙面环境创设活动，不仅美化了班级活动室的环境，丰富了幼儿的知识，陶冶了幼儿的情操，培养了幼儿的观察力，还培养了幼儿的参与意识和主人翁感，增进了幼儿之间、幼儿与教师之间的交往，体现了较强的教育作用。

五、如何在幼儿园班级中建构安全的心理氛围？

尊重、爱、心理安全、公平是幼儿心理健康发展的基础。

由于身体安全问题带来的后果具有外显性特点，所以幼儿的身体安全问题备受幼儿园领导和老师的关注，各个幼儿园在防范幼儿身体安全事故发生方面都有许多切实可行的措施，在保证幼儿生命安全方面取得了较好的效果；可是

---

① 林晓丰.幼儿园班级主题墙创设的教育价值及其优化策略[J].湖北广播电视大学学报，2012(10)：142—143.

由于心理安全事故带来的后果比较内隐——管理者和家长都不易发现，加上大家对心理安全事故及其后果缺乏足够的认识，所以幼儿的心理安全问题并没有受到园领导和老师的应有重视。事实上，心理安全事故给幼儿带来的伤害有时甚至比身体方面的伤害还要深远。心理安全是幼儿心理健康发展的基础，同时，心理安全感又是幼儿心理健康的标志。

为了促进幼儿心理的健康发展，应该为幼儿创造一个安全的心理环境，为此班级心理环境建设可以从以下几个方面去努力。

（一）树立心理安全意识

幼儿教师要树立心理安全意识，在设计和组织班级活动中要时常思考如下几个问题：

1. 本次活动会影响到幼儿的心理安全吗？为什么？

2. 本次活动有可能会威胁到哪些幼儿的心理安全？为什么？

3. 幼儿心理缺乏安全感有哪些行为表现？如果某个幼儿经常有如下两种以上的行为表现，那么，可以肯定这个幼儿正处在心理不安状态，他需要我们的抚爱和帮助。

（1）幼儿很少敢犯错误；

（2）幼儿犯错误后不敢承认；

（3）幼儿从不敢顶嘴；

（4）幼儿经常问："我可以……吗？"

（5）异常活跃；

（6）沉默不语；

（7）经常尖叫；

（8）喜欢恶作剧；

（9）排便无规律；

（10）喜欢炫耀自己；

（11）刻意寻求别人的注意；

（12）玩弄自己的生殖器；

（13）避免参加竞技性游戏；

（14）从来不和别人的目光对视；

（15）紧紧抓住成人的手；

（16）不能融入同伴的游戏之中；

（17）很少或者几乎没有什么朋友；

（18）一个小动静也会吓得跳起来；

（19）孤僻，总是喜欢一个人待着；

（20）沉溺于自己的兴趣和爱好之中；

（21）吮手指、吮被角、吮衣角、咬指甲；

（22）睡眠不稳，夜惊（从睡梦中突然惊醒甚至坐起）；

（23）行为举止和幼儿的年龄不相称，而像更小的幼儿做的事情；

（24）用残忍性行为（欺负比其弱小的同伴或虐待小动物等）来宣泄和缓解内心的不安情绪；

（25）喜欢"黏人"（由于缺乏安全感，黏能满足他心理安全需要的人，进而获得心理上的安全感）；

（26）恋物行为（离开了某样陪伴惯了的东西便忐忑不安的行为。如一个3岁的男孩从来没有离开过他襁褓时代用过的那条旧包被，一旦从他的怀里夺去了这个东西，他就会烦躁不安、哭闹不休。）

4. 当发现幼儿心理处于不安全境地时，我们应该怎样做以恢复或确保幼儿的心理安全？

5. 本次活动的手段、方法、组织方式如何有效地关照每个幼儿的心理安全需要？

6. 活动后反思：本次活动中，哪个环节引起了哪些幼儿心理的不安？今后如何进行弥补？

班级各项活动要确保幼儿心理的安全，教师要积极关注教育手段、教育内容、教育方法、教育活动形式的心理安全性，对教育活动过程中引起的幼儿心理的不安要勇于及时弥补。

（二）了解班级环境中导致幼儿心理不安的因素

引起幼儿心理不安的因素主要有十个方面：

1. 超载的课程。现在许多幼儿园出现了课程严重超载现象，特别是在一些"好幼儿园"里，幼儿从早上 7:30 入园到傍晚 7:00 才能离园。幼儿在园里除了要应付上午、下午的正规教育活动外，还得应付幼儿园和家长为他们选择的所谓兴趣班活动，如讲故事、认字、英语、珠心算、电脑、钢琴、舞蹈、水墨画、简笔画、书法、游泳、艺术体操、足球、围棋、读经，等等。"望子成龙，望女成凤"的家长，会让他们的幼儿每天忙碌于各种兴趣班，就连双休日也不例外。幼儿园所开的兴趣班，最大的问题在于家长感兴趣，园长感兴趣，而作为活动主体的幼儿却不感兴趣。由于过分忙碌，小朋友们没有自由自主的活动时间，因此，他们时常处于一种被动的、不安的状态之中。如明天又是双休日，一个大班的幼儿大声地叹了一口气说："唉，明天又是倒霉的双休日，我又没得玩了，星期六是画画、讲故事；星期天是珠心算、写毛笔字，我还不如天天上幼儿园……"

2. 课程内容的不当。有时候，有些课程活动的内容刚好刺中某些幼儿心灵的痛处，因而它也会给个别幼儿带来内心的不安。请看以下案例：

案 例　夸夸我的好妈妈　● ● ●

　　在大班社会活动"夸夸我的好妈妈"中，幼儿们纷纷夸耀着自己妈妈的工作和本领……轮到妍妍了，她低着头半晌才说："我妈妈是干部，在很远很远的地方上班。"妍妍的话刚讲完，与她做邻居的辰辰就大声反驳："不对！妍妍撒谎，她妈妈下岗了，她妈妈没有工作……"听了辰辰的话，妍妍的脸涨得通红。小朋友们议论纷纷，"妍妍不诚实。""妍妍家没有钱。"……

　　辰辰说的是实话。可是，其他小朋友的妈妈都那么"好"，妍妍为妈妈的"平庸""无能"感到不安呀……

　　幼儿因为父母的"不良表现"而感到不安，幼儿园的相关活动和不合适的导向，又使得幼儿内心的这种不安变得更加突出。

3. 超越幼儿能力的要求。教师对幼儿提出超过幼儿当前能力水平的要求，会让幼儿长久的不安。朋友的幼儿 4 岁 5 个月，正读大班，可是学写字有困难，总会把字写反，方向感不好，现在不肯上幼儿园。他没有大哭大闹，而是默默地流泪和哀求，问他原因，他说在幼儿园学写字不会写，其他小朋友都会写……确实是这样，超越幼儿能力的学习与要求会给幼儿带来很大的压力。

> **案 例　冬天不盖被子的小孩**　• • •
>
> 一天午睡前，我提醒小朋友们脱掉外衣盖被子再入睡。大部分幼儿都在认真地做着，只见李江楠小朋友脱下外衣后，用她那双小手轻轻地折打着叠得整整齐齐的被子，而后便悄悄地躺在枕头上。我走过去摸着她的头，轻声问："江楠，哪儿不舒服？怎么不盖被子？刘老师帮你盖好吗？"听到这儿，江楠立即坐了起来说："刘老师，我不冷，我不盖被子。"
>
> "那怎么行，一会儿睡着了会感冒的。"
>
> "我不怕。"她坚持说。
>
> 当我碰到她的被子时，她立即用身体挡着被子，好像老师要碰坏她的宝贝一样，大声说："我不会叠被子。"我马上明白了。这时子微跑过来对我说："刘老师，江楠不会叠被子，这个是昨天我给她叠的。"子微的声音很小，但传到江楠耳朵里像一声响雷，江楠用双手捂着自己的脸……①

应该让幼儿做力所能及的事，而不应让幼儿做那些力所不能及的事，否则，幼儿就会因为力所不及而处于长久的不安之中。

---

① 刘立霞.叠被子[A].吴晓燕.走进童心世界：幼儿教师优秀笔记集萃[C].北京市：北京师范大学出版社，2000：114.

4. 过于严厉的教师。过于严厉的教师往往会给幼儿造成内心的不安，如一位自我感觉很好的幼儿教师说，不管怎么"乱"的班级，只要让她去"整理"，她不久便能把小朋友们"镇住"，只要她在教室门口一站，小朋友们就会变得乖乖的——一动不动地安坐好。严厉的教师，不仅会影响到幼儿在园的活动，而且还会影响到幼儿在园外的活动，请看以下案例：

案例　我怕老师　　　　　· · ·

> 有一个小女孩从她自己的家到外婆家，她想打开草地上的喷头，非常想玩水，但非常矛盾，犹豫着。外婆说："你可以打开。"但是小孩说："不，我不能打开。因为老师告诉我们不可以玩水。"她外婆说："老师不在呀，外婆让你打开。"她说："不，那也不行。"

这说明，严厉的教师对幼儿的影响无处不在，她让幼儿感到害怕，让幼儿长时间地生活在不安之中。

5. 教师的迁怒行为。教师有时和同事、园领导、家长有些冲突，不理性的教师往往会将这种冲突中的不满情绪向无辜的幼儿发泄，这使得幼儿觉得教师很可怕，进而见到相关的教师都觉得不安。如六岁的朋朋，是一所幼儿园大班的幼儿，在幼儿园一直很乖，教师都夸他是好孩子。可自从上周周末爷爷在接朋朋时与教师发生口角后，情况发生了很大的变化，教师把怨气发泄在无辜的朋朋身上，对他实行了一系列"教育"措施：教师说朋朋上课捣乱，把他的座位从第一排调到了最后一排的角落里；上课时教师在讲台上用粉笔画了一个圆圈，让朋朋站在圈里不许动，一站就是一节课，放学后，朋朋同教师说再见，教师却对他吼道："给我滚回去，明天不要来了！"从此以后，朋朋再也不愿上幼儿园，一提起幼儿园就吓得瑟瑟发抖。

6. 教师的粗暴言行。教师的粗暴言行会让幼儿处于长久的不安之中。如小班有个幼儿上厕所时不小心弄脏了裤子，当他鼓起勇气去跟教师说时，教师却特别生气，尽管是冬天，还把该幼儿拽到阳台上，一边给他换裤子一边不停地对幼儿咆哮："你笨不笨啊，都上幼儿园了，还弄脏裤子，真是恶心死了。""长这么大了，连上厕所都不会！你羞不羞呀！"……从此以后，这个原本很活泼的幼儿变得内向沉默，在很长一段时间里这个幼儿见到这位教师眼中都会闪过一丝胆怯，并且不愿意和该教师单独相处，更别说主动和该教师交流。在幼儿园中，教师的粗暴言行往往会造成师幼关系紧张，会让幼儿处于深深的不安之中。

7. 教师威胁性教育。由于经验和能力的限制，教师的威胁对幼儿很容易产生"教育效果"，但其后果也是很严重的——幼儿可能会因此而过着担惊受怕的日子，因为他们很在意成人的"威胁"，可是他们却又不知如何应对，因此，极易陷入长久的不安之中。如4岁的浩浩在课堂上讲话，老师当着全班小朋友的面怒斥浩浩："你是不是多长了一张嘴巴，等一下我就拿把刀把它割掉。看你还说不说。"浩浩一听马上不敢说话了，而且从此以后一见到这位老师就用手捂着自己的嘴巴，生怕真的被老师拿刀割掉。

案 例　可怕的红椅子

上课刚刚开始，教师就对小朋友们说："等一下，如果哪一位小朋友上课不认真听课，就坐到门口这一张红椅子上去，你们听清楚了没有？"顿时，小朋友们的说话声、笑声全部停下来了。是什么原因使小朋友们能在这么短的时间内全部停下来呢？经过几天的观察，我才知道，小朋友们都非常害怕坐到那一张红椅子上去，因为教师说过，谁坐那张红椅子，谁就是坏孩子。

老师们陈述设置红椅子的理由是"不能因为一个幼儿而影响整个班级的教学任务和教学质量"。但是不能否认的是：具有如此特殊功能的椅子，会给小朋友们的心理造成巨大的压力，会令小朋友们在整个教育活动中都在忧虑和不安中度过。

8. 教师的"超自然能力"。教师为了教育小朋友，时不时地会告诉小朋友们教师有这样那样的"超自然能力"，由于幼儿能力有限，加上想象力丰富，这不仅增加了教师在小朋友们心目中的神秘感，同时还增加了幼儿对教师的恐惧感。比如，有一位老师，时常拿着一个袋子或水壶什么的对着不听话的小朋友说："发功，发功，把你装进来！"许多小朋友都被老师吓得哭了。

9. 受到同伴欺负。受到同伴欺负而无人为幼儿提供有效的保护，也会让幼儿处于不安之中。请看下列案例：

案 例　同伴的威胁　　　···

> 一天，小娟来到教室门口突然大哭起来，硬是不肯进教室。小娟说："妈妈我的脚有点痛，我不想上幼儿园，我想上小学。"她也没有对妈妈多说些什么，妈妈也没有想到什么……
>
> 后来在老师再三催问下，小娟说："小军很厉害的，他一直要打我，还要拿我的玩具，不还给我。"老师说："那你为什么不告诉老师？"小娟说："小军说了，你敢告诉老师，我就打你。"

10. 同伴过于优秀。同伴过于优秀也会给能力相对弱的幼儿带来不安。比如，思思是个能歌善舞、聪明美丽的小姑娘，深得教师和小朋友的喜爱，是小朋友们心目中的"偶像"，小朋友们都以能和思思坐在一起为荣。一天语言课后，只听蒙蒙叹口气说："我要是思思多好呀！"其实，小朋友们崇拜思思，希望能像思思那样，这说明思思的优秀给他们带来了内心的不安。

欣欣从进幼儿园的第一天起就得到许多老师的喜爱，每天在幼儿园里都得到老师的表扬，幼儿园的小朋友也特别喜爱她，她每天在幼儿园里都过得很开心，在家里更少不了父母的赞赏和奖励。可是欣欣上大班时，班里转来了一位比她更优秀的幼儿（可可），从此欣欣在老师这边得到的表扬就变少了，小朋友们也慢慢地走向可可，而父母爱面子，就拿可可为例子来批评她，说她哪方面不如可可，要向可可学习。从此欣欣就处处与可可作对，久而久之，老师对欣欣的喜爱变成了讨厌，说欣欣一天到晚只会惹是生非，搞得班里鸡犬不宁，此时的欣欣已哭得泪流满面。

其实，欣欣后来"惹是生非"是她失去优势后内心不安的一种表现，父母的批评，教师态度的转变都会进一步加重欣欣内心的不安。

（三）班级心理安全措施

为了在班级中建构安全的心理环境，教师可以从以下几个方面去努力：

1. 消除幼儿心理紧张源

当幼儿出现吸吮手指、衣服、被子，恋物、黏人、胆小等心理不安行为问题时，教师应该意识到幼儿正处在心理不安状态之中，他们需要的是帮助，而不是惩罚。有些老师没有认识到这一点，每当幼儿出现类似的心理行为时，不但没有给幼儿相应的帮助，反而以惩罚手段强行迫使幼儿改正这些问题行为，这不但没有减轻幼儿的内心紧张度，反而加重了幼儿心理的不安，进而使相应的心理行为发生的频率更高。如喜欢吸吮手指的幼儿，在吸吮手指时，如果被批评、打骂，以后可能吸吮手指的频率会更高。

所以教师在处理幼儿这类心理行为问题时，一定要慎重。当幼儿出现这类行为问题时，教师要意识到，幼儿正处在心理的不安状态；然后再找出引起幼儿处于这种心理不安状态的原因是什么，最后对症下药，消除造成幼儿心理不安的原因，从而消除幼儿的不安，进而消除幼儿上述的心理行为问题。

案 例 再尿床，我就把你的小鸡鸡割掉 `...`

> 　　一天午觉起床时，只有乐乐不肯起床，等我们都出去了他才起来。李老师在叠被子时发现乐乐尿床了。李老师咆哮道："别的小朋友都没有尿床，就你尿床，你丢不丢人啊？！"乐乐很委屈的样子，他刚刚想开口，李老师马上又吼道："你下次再尿床，我就把你的小鸡鸡割掉，听到没有？！"乐乐被吓坏了，哭着说："我不敢了，我不敢了！"

　　本来小孩尿床就跟其内心紧张和不安有密切的关系，小孩尿床后，老师如此吓唬幼儿，幼儿内心更加紧张和不安，这不仅不能解决幼儿的尿床问题，有可能还会增加其尿床的频率。正确的做法应该是在幼儿尿床后，想方设法减轻他的心理负担，消除他内心的不安，而不是加重他的心理不安。

2.为无助的幼儿伸出援助之手

　　教师应该是幼儿心理安全的坚强后盾，教师不能放弃自己的责任，教师要努力保证每个幼儿心理的安全，让幼儿感觉到在幼儿园里，他是受到老师保护的。因此，当幼儿因受同伴或其他人欺负而出现不安时，教师要及时伸出援助之手——批评教育攻击者，教会幼儿自我保护技能等，帮助他们摆脱心理不安的困境。

3.幼儿教师要有宽容之心

　　幼儿园应该是一个宽松、宽容、宽厚的地方；应该是舒展心灵、放飞个性的地方。由于幼儿能力和经验有限，他们经常会犯一些"低级的错误"，甚至屡屡犯同样的低级错误，这就需要教师有一颗宽容仁慈之心，要心平气和地接受幼儿的错误，并将之当作幼儿不断进步所必需的阶梯；而不要总是十分严厉苛刻地对待屡犯错误的幼儿，不能原谅幼儿犯的任何错误，否则，幼儿平日间会经常担心失败，害怕老师批评，因而做事总是缩手缩脚，这不敢尝试，那也不敢动，逐渐地养成了谨小慎微的性格，严重的还会产生心理学上的"无差错症"：他们经常如履薄冰，惧怕犯错误，不能容忍自己哪怕是很小的过错，偶有小的差错就惴惴不安，惶惶不可终日……

幼儿犯错误后，教师对幼儿应该确立如下几点认识和态度。

（1）幼儿犯的所有错误，都是可以原谅的。教师不应该因幼儿犯错误，而记恨幼儿，老师要以积极的心态去看待幼儿的犯错误——犯错误，说明幼儿在不断尝试新的事物，说明幼儿会因此而不断地进步；犯错误是幼儿成长所必需的，教师不仅允许幼儿犯错误，甚至还应该鼓励幼儿犯他们这个年龄应该犯的错误。

（2）敢犯错误，不怕犯错误，是幼儿心理生活环境安全的一种表现。

（3）教师不应该因幼儿屡犯低级错误而对他说："我恨死你了！"当然也不能为此而对他怀恨在心。

（4）教师不应该因为幼儿犯错误而对幼儿发火，而应该让幼儿从犯错误中获得发展。

专家建议，小朋友犯错误后，教师应该对小朋友说如下一些温暖的话：

（5）老师相信你一定能行。

（6）做了错事没关系，改正了就是好孩子。

（7）你又改正了一个小缺点，大家真为你高兴。

（8）摔倒了，没关系，勇敢地爬起来。

（9）做了错事没关系，以后我们怎么样才能不犯这样的错误呢？

（10）你心里是怎么想的，跟我说说行吗？

（11）你能不能说说，为什么这样做呢？你觉得今后应该怎么样做？

（12）你做错了……心里一定很难过，愿意和老师谈谈吗？

4. 温和地对待幼儿

人们说到幼儿教师，可能第一个反应就是温柔可亲，可是我经常见到一些幼儿教师对那些活泼可爱的小朋友皱着眉头，满怀厌恶地大声训斥，本来活泼可爱的小朋友，被训斥得像见了猫的老鼠。甚至，我还见过一家知名幼儿园的老师，看到幼儿扔垃圾在地上，不是和蔼地、理性地教育幼儿要讲卫生，而是双手叉着腰，指着幼儿恶狠狠地命令他把垃圾捡起来，可怜的幼儿吓得回头就跑，可没跑多远，就被那个老师逮住，然后拎过来，强逼着他把地上的垃圾捡起来。三岁多的幼儿在教师面前吓得发抖，想哭却又不敢哭出来，要憋又憋不住……

教师对幼儿说话声音要轻柔一些，对幼儿的态度要温和一些，动作要柔和一些，绝对不能粗暴地对待幼儿，否则，教师在幼儿心目中永远是个可怕的、令他内心强烈不安的教师。

5. 教师适当隐没于幼儿的视野之外

有位老师在向实习生介绍她的工作经验时自夸说，不管她在场还是不在场，她们班的幼儿都是乖乖的。她的经验就是在她外出办事时，她经常这样对小朋友们说："老师的眼睛可尖了，耳朵可灵了；老师不在时，谁离开座位，老师都能看见，谁说话，老师也都能听见。"

老师在现场，看得见活动室里发生的一切；老师不在现场，也看得见活动室里发生的一切——老师有如此的"千里眼""透视眼"，幼儿哪还有身心自由的时空呀，他们偶尔背着老师做了一些"蠢事"后，常常也会陷入长久的不安之中。

因此，教师在幼儿面前不妨傻一点，不妨来点装聋作哑，你虽然应该让每个幼儿每时每刻都在你的监控之中，以确保幼儿的生命安全，但你更应该想方设法让你的监控从幼儿的意识中消失，以便让幼儿有自由的时间和空间，在这些自由的时间和空间里，幼儿可以想自己的心事，可以做自己感兴趣的事，头脑里可以有些"坏念头"，有时甚至还可以做些他们感兴趣的"坏事"，在这样宽松的环境里，幼儿才会有真正的安全感。

幼儿有了心理安全感，幼儿才会产生爱的需要；有了安全感，幼儿才能有自信、有自尊，能与他人建立信任的人际关系；才能在与人交往中体验到交往的乐趣；才能在幼儿园各种教育活动中积极地表现自我、发展自我，其主体性、创造性才能得到充分的表现和发展。具有安全感的幼儿，在与老师、同伴交往中往往能感到被人喜欢、被人接受，并能从他人处感到温暖和热情，能感到是群体中的一员，对他人抱信任、宽容、友好、热情的态度，比较开朗，非以自我为中心，容易与他人合作，较多地表现出善意的行为和富有同情心。

六、如何在幼儿园班级中建构爱的心理氛围？

幼儿园应该是一个充满爱的地方。幼儿园里每个人都发自内心地关爱周围的人，关爱一切生命，幼儿园里的每个角落都应该充满着关爱的气息。在营造爱的氛围的过程中，园长、教师应起主导作用。因为有爱心的园长，才能营造出富有爱心的幼儿园；富有爱心的老师，才能营造出富有爱心的班级。当然，在这样的环境里成长的幼儿，自然地获得了别人的关爱，同时也学会了关爱别人。爱应该成为幼儿园教育的底色，没有了爱，幼儿园教育就会失去教育的基础，迷失教育的方向。因此，教师要注意在幼儿园班级中营造爱的氛围。

（一）爱一切生命

包括爱每一个人，爱护一切花草树木，甚至爱护一切蚁虫。在幼儿们面前，不要无情地消灭人类以外的其他生命体，我们可以采取驱赶的方式来减少它们对人类的伤害，而不应采取消灭的方式来对待它们。当我们的爱博大到对自身以外的生命种类的关切时，爱才真正成为幼儿园的一种文化。

（二）爱不仅要撒向远方，更要撒在眼前

许多幼儿园的爱总是在远方——他们时常发动教职员工和幼儿为福利院、敬老院献爱心，他们时常发动幼儿为灾区、贫困山区献爱心，可是很少有幼儿园发动教职员工和幼儿为本园、本班遭遇困难的幼儿献爱心。只有幼儿真切地感受到其周围暖融融的爱时，爱才真正成为幼儿园的一种文化。

让爱就发生在幼儿的身边，爱的付出，爱的收获，如此，幼儿才能真实地感受到爱及其力量。平日里可以通过班级一些爱的仪式活动让幼儿感受到老师和小伙伴的爱，同时，也让幼儿表达对老师和小伙伴的爱。

　　有一位老师为了稳定新入园幼儿的情绪，在幼儿刚入园的头三个月，每天早上在迎接幼儿时都和他们玩一个"猜数字"的游戏：

　　当幼儿走进教室时，伸着双臂跑向老师，然后说："你猜猜，今天我给你带了多少块'糖'？"，老师会说出一个数字，接着幼儿会说："不对。"他们会一直玩这个猜数字游戏，直到幼儿说："是的，我今天给你带了4块糖。一块在我的鼻子上。"（老师会轻吻他的鼻子）"一块在我的耳朵上。"（老师会轻吻他的耳朵）"一块在我的脸颊上。"（老师会轻吻他的脸颊）"最后一块正好在我的头发上。"（老师会轻吻他的前额）

　　幼儿每天都能从这种师幼间亲密的、充满爱意的气氛中开始一天新的生活，他们对自己、对他们的老师，甚至对整个世界都会感到安全和满意。

案 例 富有爱意的点名　　　　　　　　　　　••••

　　为了使自己在点名的过程中和小朋友拉近距离，培养情感，教师以游戏的方式进行点名。

　　在晨谈过程中，让幼儿围坐成一个大圆圈，然后用清晰、温柔的声音对幼儿说："某某你在哪里？"用这种刻意寻找的语气特别能使幼儿感到教师在关注他们，因此，他们也要好好地表现自己的存在，并大声地回答："袁老师，我在这里。"这时我就冲着他们微微一笑点点头，伸出手去摸摸他们的头，并根据本班幼儿的性格、能力、爱好特点，提出各种问题："今天早饭吃了什么？""谁送你到幼儿园？""有没有要妈妈抱呀？""你喜欢哪些动物？""昨天老师给你讲了什么故事"，等等。①

————————

① 高美娇. 点名的艺术 [A] 幼儿园课程实践研究 [C]. 北京：新时代出版社，2004：21.

这种点名配以询问、抚摸等，让整个点名过程活泼亲切，充满浓浓的亲情，着实让幼儿感觉到老师对他们的喜爱，幼儿由此对教师就有一种亲近感，从而为幼儿愉快地度过在园的一日生活奠定了良好的心理基础。

（三）爱应该成为每个人的一种习惯

我曾经看到过这样的一个例子。

> 一个如花的幼儿园，一群如花的幼儿。年轻貌美的老师正和幼儿们玩"闯关"的游戏。"啊！"一个女孩的尖叫声，将人们的视线拉回现实。操场边上，一个手持拐杖的乞丐，正一瘸一拐地向幼儿们乞讨："行行好吧！行行好吧！"幼儿们惊鹿般四散逃开，有的眼里还流露着厌恶与鄙夷。但那老人还是苦苦地乞讨着。一位男孩将刚拉开的易拉罐环扔进了乞丐手中的铁罐子里。老人的手一抖，似乎罐子就要掉下！年轻的老师，远远地大吼一声："干什么？老头子出去！"老人惊恐地拄着拐杖，一瘸一拐地离开。幼儿园门口，园长皱起眉声色俱厉地将这个可怜的乞丐驱逐出去。门卫冲着乞丐的背影大声呵斥："下回再来，打断你的另一条腿！"身后幼儿园的铁门严严实实地关上了，幼儿们依然在笑啊，闹啊……

爱应该成为每个人的一种习惯，爱不仅在园里，更在幼儿园的周围。只有我们园里园外都表现出富有爱心时，爱才能算是幼儿园的一种文化。

（四）师爱应该是神圣的

师爱不仅是无条件的，同时也是神圣且无价的，它是不可以被收买的，它不可以用来"交换"。

　　一位漂亮的小姑娘给她们（两位教师）带了两个苹果，她们高兴得又是笑又是抚摸，不知有多喜欢，还不停地说："真懂事！"我看在眼里记在心里。平时她们对小姑娘就关爱有加，而且她在各种活动中参与和表现的机会也最多，即使是做错了事老师也会原谅她。

　　一位网友时常给幼儿园老师送点礼物，每次老师都坦然、毫不客气地收下。投桃报李，她的幼儿也受到了一些照顾。后来，她忙于工作，有一段时间没顾得上给老师送礼，某天幼儿放学后很委屈地对她说："妈妈，老师现在对我不好了。"她听了心里难受，赶紧买了礼物给老师送去，随之她的幼儿就受到了"更上一层楼"的待遇。

　　师爱，不应该被金钱和权势所左右，它应该公平公正地撒向每一个幼儿的心田；关爱幼儿是幼儿教师的天职，对幼儿冷漠是幼儿教师缺乏职业道德的表现，靠家长以物相诱才显现出对幼儿的关爱行为，那是幼儿教师职业道德的沦丧。

（五）爱应该成为自觉行为

　　作为幼儿园精神文化中的"爱"，不仅反映在幼儿园张贴的标语口号上，更要反映在幼儿园全体教职工和幼儿持有并发自内心地认同的价值观念和行为方式上。只有那些深入了幼儿园里每个人的心灵深处，并在他们行动中自觉表现出来的爱，才能真正称得上是幼儿园的精神文化。我曾到过一所大门口显眼处印刻有"爱幼儿是我们的天职"标语口号的幼儿园，见到一个男孩站在幼儿园入口不远处孤独地大哭了20多分钟却没有人去关爱他：园领导匆忙地从他身边走过，不管他；老师们觉得不是自己班的幼儿，也不理他；小朋友们走过的时候，对那正在哭泣的小伙伴做鬼脸……这些都说明，爱，只是该园贴在墙上的一个标语口号而已，而非他们幼儿园的精神文化，因为爱没有真正深入他们幼儿园每个人的心中，更没有变成他们幼儿园每个人的行动。

（六）师爱应该是无条件的

无条件的师爱，体现为幼儿在任何情况下，即便是表现出弱点，甚至错误的时候，都能够得到成人全部的、真正的爱。即无论是遵守规则，还是违规的时候，都要让幼儿知道，老师都是深爱着他们的，我们不能因为幼儿未按教师所期望的方向发展，而不爱他，更不能因幼儿的背景不同而将师爱分成不同的等级撒向不同的幼儿。请看如下案例：

> 户外活动时间，中班的小朋友在玩大型玩具。有些小朋友在教师的多次劝告下，依然倒着滑滑梯。这时，杜老师用力地拍拍铃鼓说："老师喜欢听话的小朋友，不喜欢倒着玩滑梯的小朋友！"话音刚落，不少小朋友立刻争先恐后地跑到杜老师面前说："杜老师，我没有倒着玩滑梯！"

有条件的爱会导致幼儿逐渐失去自我。因为有条件的爱，实际上就是迫使幼儿逐渐用他人的眼光看自己。在这种控制氛围中长大的幼儿，将始终难以了解自己，缺乏主见，甚至越来越不喜欢自己。因此，为了避免这种状况的出现，就要给予幼儿无条件的爱。

（七）每天都有爱

幼儿对教师的关爱是很敏感的，因此，我们建议，每天早晨都要安排一名老师在班级活动室门口热情地迎接每个幼儿的到来，并且在迎接幼儿时尽可能通过各种形式，向每个幼儿表示我们对他的关爱。如给幼儿一个关怀的眼神，一个灿烂的微笑，一个温暖的拥抱，或者关切地对幼儿说一句话……这种爱的表示，会让幼儿快乐一整天。

1.动作表现爱。教师可以通过如下肢体语言体现对幼儿的爱：拍一拍他的肩膀，摸一摸他的额头，抱一抱他，亲一亲他的小脸，摸摸他的小脸蛋，拉拉他的小手，善意地微笑着看幼儿一眼，幼儿完成一项具有挑战性任务时，对他竖起大拇指。

在幼儿园见习时曾听到一位教师介绍，她为她们班的幼儿设计了这样一个游戏：她告诉小朋友们，他们和老师有一个特别的游戏，如果哪位小朋友需要别人抱抱，心里才好过，只要冲到老师的面前说："老师，今天你抱过我了吗？"老师就会伸出双手抱住他。大家紧紧拥抱着对方，心里一起数数："1、2、3……"这位老师还说：每次小朋友们离开她的怀抱，都是心满意足地、乐颠颠地继续玩他们的去了。

幼儿的健康成长，真的需要老师亲密的拥抱，这样可以让幼儿感觉到教师的关爱，进而感觉到幼儿园的温暖。

案 例 亲一下会让幼儿感受到老师的爱 ••••

吃午饭的时候，我的目光一边扫视整个课室，一边鼓励幼儿大口吃。我发现诗诗的餐巾掉在了地上，我马上走过去把掉在地上的餐巾捡起来给她，此时，诗诗脸上带着一丝天真的笑，很美，我不由自主地俯下身亲了一下她的小脸蛋儿。还没等我起身向别处走，忽然听到身后传来一个小小的声音："老师，你不喜欢我。"我转身一看，原来是顽皮捣蛋的恒恒。我不由得一惊，问他："你说什么？"恒恒说："我，我是说，你不喜欢我。"我说："你为什么会这么说？老师爱班上的所有小朋友。"我忙解释说。恒恒低着头说："因为你没有亲过我。"

我恍然大悟。看着恒恒有点委屈又有点可怜的样子，我的心不由一颤——他怎么会有这样的情感？我蹲下身子，认真地亲了他一下，问恒恒："你怎么不大口吃。"恒恒说："吃不下了。"我说："你可是每天都大口吃呀，都吃不下？！"恒恒说："可今天我要吃完。"我说："为什么？"恒恒说："因为老师好。""老师好？""因为你喜欢我。"①

2. 语言表现爱。教师可以通过如下语言体现教师对幼儿的爱：

"某某小朋友今天怎么没有见你笑呀，是不是有什么不愉快的事情？跟老师说说好吗？"

"今天有什么高兴的事？能不能说出来让我听听？"

"能不能告诉老师，昨天晚上在家有什么高兴的事情？"

"你心里很难过，愿意告诉我吗？"

"别担心，我来陪你。"

"轻轻地吹一吹再喝。"

"还有时间，慢慢来，你今天真能干，可以自己吃完饭了。"

"再试试，将旁边的衣服塞进去，就很整齐了。"

"要换牙了吗？吃慢点，换个位置嚼可能会舒服些。"

"做了错事没关系，改正了就是好孩子。"

"你又改正了一个小缺点，老师真为你高兴。"

"别着急，你一定能学会的。"

如此温暖的话语会让幼儿真切地感受到教师的爱，进而内心暖融融的。

3. 抓住爱的契机，让幼儿深深感受到教师对他的关爱。如果我们能抓住一些爱的契机，定能深深地打动幼儿，让他们感受到老师对他们的爱。

案 例　拒绝帮助幼儿的老师　• • •

一个调皮的小孩在上课时，把自己的衣服从背后扯到头上，盖住了头。当他想把衣服放下来时，却怎么也扯不下来。于是他向教师求助："老师，我的衣服盖住头了。"老师见状，不仅不帮他把衣服弄下来，

---

① 吕丹.由"老师，你不喜欢我"想到的 [J].学前教育研究，2001(2)：70.

相反还对那调皮的小孩说："这下扯不下来了吧？其他小朋友都认真听我说话，就你那么调皮，活该！就留它这样吧，我不想帮你！"幼儿听后，边哭边说："我不这样了，老师帮我扯下来。"

本来上述机会是增进师幼感情的极好机会，处理得好，幼儿由此而发自内心地感激老师，不再调皮，可是老师不仅没有利用它来增进与幼儿的感情，还用它来激化师幼间的矛盾——对幼儿说些毫无感情的话，这样会让幼儿发自内心地持久地不喜欢老师。

（八）特殊的关爱给特殊的幼儿

有时候一些处境特别的幼儿，确实也需要我们特别的关爱。如有一位老师有一次跟我讲起她是如何对待班上的小朋友的："有一个单亲家庭的幼儿，她妈妈总是没时间、没心情亲近她，所以我有意识地每天花一点时间把她抱在怀里，有时是跟她讲一个故事，有时是带她唱一首歌……还有一个刚刚从边远山区来的幼儿，讲的话谁也听不懂，没有小朋友跟他玩，老让我想起自己刚到学校里的时候，所以我的办法是，先教他几个班上小朋友最喜欢的游戏，让他尽快地能和同学玩到一起。"

我觉得，对于这些"特别的"幼儿，不仅老师要特别关爱他们，而且我们还要发动其他幼儿一起去关爱他们。因为这种特别的关爱，不仅对被特别关爱的幼儿的健康成长有利，对关爱同伴的幼儿的健康成长也是有利的。

让幼儿园处处充满爱，让幼儿时时感受到爱，那么，幼儿园就会成为幼儿真正向往的乐园。

七、如何在幼儿园班级中建构尊重的心理氛围？

尊重应该成为幼儿园的一种内在文化，园领导、老师、幼儿——在幼儿园里的所有的人们都应该发自内心地相互尊重。在幼儿园里应该营造一种相互尊重的心理氛围，让生活在幼儿园里的每个人都过着一种有尊严、有面子的生活。为了营造相互尊重的班级心理氛围，我们应该注意以下几点要求：

（一）尊重是无条件的

不同职位，不同年龄，不同性别，不同民族，不同出身，不同家庭背景，不同天赋，表现好与坏……在幼儿园里所有的人都应该受到同等的充分的尊重。

1. 幼儿个体的人格尊严从根本上来说与其知识水平没有什么关系，即便一个智力平庸的人，也有着做人的基本尊严。

2. 保护幼儿的尊严，其最好的方式就是平等地尊重和关怀每一个幼儿，让每一个幼儿在学习和生活中都能够发现和体悟自身的价值所在。

3. 承认幼儿在学业水平上有着差异，但不承认在人的尊严上存在着等差。因此，教育给予幼儿以关心、信任、尊重、支持、宽容则至关重要，它意味着把幼儿作为平等的人来看待，而不是把幼儿仅仅当作受教育者或者学习者来看待。

4. 不能根据"有用性""贡献""能力强弱"编排幼儿的人格尊严。在幼儿尊严上产生等差，从而使教育不可避免地在尊重和关怀某一部分幼儿的同时，歧视和侮辱了另外一部分幼儿。

5. 教师要确立"每个幼儿都重要"的观念，让每个幼儿都经常有为集体作贡献的机会，让每个幼儿在班集体中发挥其独特的作用，以彰显其才能和价值之所在。

6. 人的尊严是一种目的性价值，而不是一种条件性价值。试图给予一部分幼儿更多的尊重和信任，促进他们更好地发展；试图给予另一部分幼儿较多的冷漠和否定，激发他们的自尊心。这些做法是错误的。

7. 尊重是幼儿教育的底色。试图用贬损幼儿人格尊严的方式来提升幼儿的人格尊严感，不仅在经验上无法证明，在逻辑上也存在悖谬，很难想象一种根本不尊重幼儿尊严的教育会培育出具有人格尊严感的幼儿来。

（二）明白尊重幼儿的内容

幼儿教师应该明白尊重幼儿应该包括哪些内容，进而更加精准地、全面地保护幼儿的尊严。

1. 对幼儿整个人的尊重

对幼儿的尊重应该表现为对其整个人的尊重，既要尊重他的优点，又要尊重他的缺点；既要尊重他的成功，又要尊重他的失败；既要尊重他的长处，又要尊重他的短处。优点、长处是他的特点，缺点、短处也是他的特点。不能拿幼儿的缺点、短处来羞辱幼儿、贬低幼儿。

2. 尊重幼儿的隐私

说到隐私，人们总觉得是成人的事，与幼儿不搭界。其实，幼儿也有自己的隐私，他们对这些隐私也十分的敏感，这些隐私被暴露了，他们会在同伴、老师面前显得很尴尬，很丢面子。因此，无论是老师、家长，还是小伙伴，都不应在小伙伴们面前提及幼儿的这些隐私，更不宜嘲笑、挖苦。

幼儿的某些事情或自身的特性，如"尿床""鸡胸""多动症""过胖""痛苦的过去""色觉异常"等，都是其隐私的范围，尽管这些"毛病"有的是"明摆"着的，但公开它或者老师再次在公开场合提出它，会使幼儿在别人面前尊严受损或者承受很大的心理压力，甚至会使幼儿产生自卑、攻击性等心理行为问题。

有"毛病"的幼儿往往是比较敏感的，他们很在意自己的这些"毛病"。因此，在平时的教育活动中，教师要特别注意对那些属于幼儿隐私的"毛病"的保护。比如，老师发现一幼儿起床时，裤子湿了一大片，那幼儿摆出一副若无其事的样子解释说："那是我出的汗。"该老师没有利用自己的"聪明智慧"来揭穿他的小伎俩，而是装糊涂地替他保守了这个"秘密"。如果老师"糊涂"一点，能让幼儿有尊严地生活，那么，教师为什么不能多"糊涂"一点呢？！

另外，幼儿的成绩也属于幼儿的隐私，教师将幼儿的学习成绩张榜公布，这是侵害幼儿隐私权的一种表现，比如，有些幼儿园为了促进幼儿学好篮球，将幼儿篮球学习成绩排名并予以公布，这大大地伤害了成绩不理想的幼儿的自尊，长此以往，它必将让许多幼儿由此产生自卑心理。

3. 尊重幼儿的人格

幼儿教师不能贬低或羞辱幼儿的人格，为此，在与幼儿互动的过程中，应该避免以下的言行。

（1）夸大幼儿的错误

有些教师喜欢在幼儿犯错误后，夸大幼儿的缺点过失，给幼儿下"死结论"："你总是……""你将来……""从来""每次""总是""从来没有"等字眼，如"你怎么每次画画都要老师帮忙，从来没有自己独立完成过一次。""你总是说改正，从来没有做到。""你从来没有做一件好事，怎么做坏事总是有你的份呢。"

这些夸大其词的"死结论"会大大地挫伤幼儿的自信心、自尊心，很容易让幼儿自暴自弃。

（2）对幼儿不信任

教师不信任幼儿，总是以一种"恶的眼光""坏的视角"看幼儿，这是对幼儿的不尊重。

> 我朋友五十多岁了，他仍然还记得小时候的经历，他说："我从小个子矮，经常被小伙伴欺负。有一次，我跟老师说：'老师，丁铠小朋友又欺负我了！'结果，老师脱口而出：'你要是好的话，人家丁铠怎么会欺负你呢?！'我当场就当着全班小伙伴们的面号啕大哭；那位老师的名字我怎么也想不起来了，但那些细节我却记忆深刻，终生难忘。"

老师如此不信任幼儿，幼儿还如何成长?！

> 幼儿分好图书后，边看书，边听《卖火柴的小女孩》的音频。这时，一个小男孩指着另一个幼儿向教师告状："老师，他撕我的书。"令他没有想到的是教师如此回应道："你别再告别人了！你是什么样子我最清楚。"
>
> "老师我想帮你做……"幼儿兴高采烈地说。"你？不行！"幼儿黯然低头离去。

如此不信任幼儿，如此看贬幼儿，这将成为幼儿今后成长很难逾越

（3）将幼儿的过错进行累加

当幼儿做错了一件事时，有些教师喜欢借题发挥，爱算旧账，再三数落幼儿数周数月甚至数年来的过失和不足，多次重复批评幼儿的缺点或错误，严重打击甚至摧毁幼儿的自尊和自信心。如"上次你拿别人的东西吃，这次又抢别人的玩具，你到底是怎么了？""你又说话了，上次一个中午都在讲小话，你看你有什么好啊?！""上次你打小朋友,这次你又抢玩具,你看你有什么好！"……

幼儿犯错误时，只谈眼前，不翻旧账，做错的事已经批评过了就不应该再提了，不要老是抓着幼儿以前犯过的错误不放，否则，那些"过失"就像滚雪球似的越滚越大，会让幼儿觉得自己一无是处，并且在老师或家长面前永无"翻身"之日，进而自暴自弃。

（4）给幼儿乱起外号

案 例　我不是小胖子

午餐时，王阿姨在给小朋友分汤，分到奇奇时，王阿姨对我说："这个奇奇，太胖了，像个小皮球，还爱吃肉。"我注意到小奇奇端着碗怔了一下，就默不作声地走开了。我吃完午饭刚到活动室，就有小朋友前来"告状"："奇奇剩饭了。"我走近一看，小奇奇基本上什么也没吃，眼中有泪水滚动的样子。我轻轻把他揽在怀里，柔声问："小奇奇，你不高兴了？"他一下子哭了，大声说："奇奇不是小胖子，不是小皮球。"①

幼儿教师不应该根据幼儿的身心特点来给幼儿起幼儿不喜欢的外号，因为这些外号在幼儿心目中可能是一种羞辱。

---

①　许晓蓉 . 我们应该怎样当教师：来自前沿的报告 [J]. 学前教育研究，2002（3）：5—7.

一天，我们正在晨检，一向不爱说话、婴儿时期因患重病而使大脑受损的张雷小朋友突然走到我们跟前，拉住龚老师的手，眼里滚动着泪花，向龚老师喃喃地说："龚老师，我要回家！"龚老师忙于晨检，漫不经心地对他说："张雷，刚刚来到幼儿园怎么就要回家呢？"语音刚落，他甩开龚老师的手就向活动室外面跑去。

"张雷！张雷！"龚老师边喊边追了过去，抱住张雷低声问，"你告诉老师为什么要回家呢？"经过再三询问，张雷才吐出几个字："小朋友打我。"龚老师恍然大悟，最近几天是有几个小朋友常追着张雷跑。龚老师原以为他们在玩耍，便未加阻止，只是提醒他们小心摔倒。

后来，龚老师找来有关的小朋友问个究竟。没想到小朋友们说："我们玩孙悟空的游戏，张雷最笨了，他就是'猪八戒'，我们让他吃西瓜皮哩！"①

上述案例中，小朋友们的游戏快乐是建立在张雷的痛苦之上的，张雷不愿意扮演"猪八戒"，因为他知道"猪八戒"是个名声不好的带有一定侮辱性质的角色或外号。不尊重同伴是十分恶劣的行为，教师应该立刻制止，并且努力避免类似情况继续发生。

尊重，绝不仅仅是教师对幼儿的尊重，还有幼儿对老师，对小伙伴，对自己的尊重。

（5）取笑幼儿的缺陷

我曾见过这样一个令人痛心的事例：我所在班级的小毅长得胖胖的，并且智力发育有点迟缓。有一天，一个小朋友对小毅说："吃那么多，长肉不长脑。"之后，全班的幼儿就一起大声地对他说："吃那么多，长肉不长脑。"这时，小毅知道小朋友们是在说自己的坏话，便呜呜大哭着去找老师诉说，谁知那当班的教师不屑一顾地对小毅说："你本来就是这样，还怕别人说？！"后来，其他

---

① 侯娟珍.满足每个幼儿的尊重需要[J].学前教育研究，2002（2）：63.

小朋友更加得意忘形，经常对小毅说："吃那么多，长肉不长脑。"吓得小毅再也不敢来幼儿园了。

在这方面，老师的态度一定要明确，并且应该为幼儿树立一个良好的榜样，同时还要注意对幼儿的正确引导，不能拿别人的身心缺陷（残缺、畸形、动作不协调、口吃、胆小、吃手指、笨手笨脚等）来取笑别人，要尊重所有的人，包括尊重有缺点或者有缺陷的人。

（6）号召幼儿"帮助"犯错误的小伙伴

许多教师容易进入这样一个教育的误区，即一个幼儿犯错误，让所有的幼儿都来"帮助"他。其实，犯错误是个人的事情，更是个人的隐私，不需要大家都来关注，更不需要大家都来"帮助"，否则，大家都参与进来，可能会让犯错误的幼儿在他人面前失去尊严。请看下列的案例：

一天中午，孙海把李老师和小朋友刚刚辛辛苦苦做好没多久的墙饰弄坏了，许多幼儿都来告状。当时，李老师马上去看，看到那惨景，李老师很生气，也很激动。李老师马上把孙海叫了过来，准备狠狠地批评他。可是后来李老师冷静下来一想，不如让全班小朋友来帮助他，可能效果会更好。

于是，李老师组织好小朋友，并让孙海到其跟前来，然后说："今天孙海弄坏了大家的纸工，破坏了教室的环境，我们一起来帮助他改正缺点。"于是，小朋友就议论开了，纷纷指出了孙海的缺点："他吃饭掉饭粒，多浪费。""他上课不举手就发言。""他经常打小朋友。"……听完小朋友们的发言，李老师说："孙海，小朋友都给你提了这么多意见，你可要改正，否则，小朋友就不喜欢你了。"孙海低着头，两只手在裤腿上拧来拧去，一声不吭地点了点头。整个下午，孙海都显得很安静，活动时也没像平时那样捣乱。

吃过晚饭，他妈妈来接他了，小朋友又拥上去告状："孙海妈妈，孙海弄坏了我们的蜗牛。""孙海专门欺负小朋友。""孙海上课爱捣乱，不听话。"有一个小朋友大声说一句："孙海是个笨蛋。"一听这句话，我惊呆了，没想到小朋友会这么说。再看看孙海妈妈似乎用一种乞求的目光看着小朋友，连声说："我们孙海不是笨蛋，他会改正的。"孙海躲在妈妈的身后，紧紧地拉着妈妈的衣角，一副茫然的样子……①

当幼儿犯错误的时候，我主张，应该是老师和相关的幼儿私下沟通。过于张扬幼儿所犯的错误，不仅不利于幼儿改正错误，也不利于幼儿的心理健康，因为借助集体的力量去强行改变，会改变幼儿对教师的信任；同时，集体谴责，会让幼儿滋生对他人的轻率态度和冷酷无情。

（7）使用伤害性语言

俗话说，良言一句三冬暖，恶语伤人六月寒。幼儿教师在与幼儿交往的过程中应该避免如下有可能伤害幼儿尊严的恶语：

● 侮蔑——"你简直是个废物。""你真是不可救药！""我当那么长时间的老师，还真没见过像你这么笨的小孩，真是笨得没治了。""什么坏事都轮到你，你真是坏透了！"

● 责备——"你真笨，这点小事也做不好。""你把我的脸都丢光了！""就你给班级丢脸！""我一看见你就不高兴。"

● 强迫——"我说不行就不行。""你给我去干。""不许你说不行！""闭嘴！你怎么可以不听我的话呢？！""不许哭！""不许……"

● 失望——"我对你完全失望了。""对你我没法管了！""你真是笨得无法教了。"

● 预言——"你将来肯定没出息！""你要是能学好，太阳就会从西边出来。"

● 辱骂——"傻瓜。""没用的东西。""坏蛋。""笨蛋。"

● 讽刺——"亏你想得出这种蠢办法，你可真聪明。""你画的什么破画啊，简直就是四不像！""就你五音不全，还想当歌唱家，门儿也没有！"

---

① 范轶婷. 温柔的暴力 [A] 高美娇. 幼儿园课程实践研究 [C]. 北京市:新时代出版社,2004:56.

（三）明白尊重幼儿的形式

幼儿教师应该明白通过哪些方式来让幼儿感受到被尊重，感受到在班级各项活动中的尊严。

1. 要善于发现幼儿的优点

幼儿教师应该用放大镜看幼儿的优点，用缩小镜看幼儿的缺点。每个幼儿都有他的优点，关键看你是否善于发现。

我们有理由相信，好幼儿是夸出来的，而不是批评出来的。因此，教师要形成一种习惯——不断地发现幼儿的优点和进步，并且不断地告诉幼儿他什么地方行——哪怕是那些能力稍欠缺或者品行方面存在某些"问题"的幼儿，教师也要学会用欣赏的眼光去看待他们身上每一点微小的值得赞赏的地方——某幼儿园要求幼儿教师列出自己最不喜欢的五个幼儿，并且强制要求相关教师努力找出他们每个人的十个优点，这样，教师们普遍反映这些平时自己最不喜欢的幼儿其实是很可爱的；教师发现了这些幼儿的可爱之处，那么，今后这些幼儿将会得到教师不断的支持和鼓舞，他们定将不断地进步，进而逐渐树立起自信心和自尊心。

教师不是医生，不能总是只看到幼儿的不足与缺陷；教师不是警察，不能总是像盯着可疑的人那样，只看幼儿过去的"阴影"。教师应该是寻找宝藏的人，在幼儿心灵的土地上，寻找生命的精神资源，并把这种潜在的资源发掘出来，变成精神财富。教师不仅要发现幼儿的闪光点，而且要引导他们自己去发现其闪光点，使他们形成自尊自爱的心态，使他们相信自己就是最好的，自己有许多可爱的地方。我们经常教育幼儿要尊重他人、爱他人，可从来没有告诉他们要尊重自己、爱自己。幼儿因为找不到自己的可爱之处，于是，就放弃了许多追求。

2. 多用纵向评价，少用横向评价

纵向评价会让幼儿不断地看到自己的进步，进而对自己充满信心，不断地进步；横向评价——拿"落后"的幼儿与"先进"的幼儿比较，久而久之"落后"的幼儿就真的觉得自己什么都不行。如有的教师经常对幼儿这么说："瞧亮亮画得多好，看看你画些什么呀！""人家有八颗五角星，你才三颗，真让我失望！""看

小朋友都去玩了，你也去呀，这孩子什么都不会。""看，小明上课多会回答问题。""瞧，小强钢琴比赛得奖了。""你看人家小东，你怎么做不到？""小刚的体育多棒呀，你看看你这样，哎……"这种比较会使幼儿认为自己很笨、很差，进而怀疑自我的价值，这会给幼儿的自尊心和自信心以严重打击。

我们应该让每个幼儿树立这样的理念：任何人都会有不懂或不会的地方，也都会有比别人厉害的本领。例如，你唱歌跳舞不行，可你画画还可以；你画画不行，可你故事讲得好；你故事讲不好，但你会认很多字；你不认识字，但是动作灵敏；你动作不灵敏，但你心地很善良……

只要教师足够细心，他就会发现，虽然每个幼儿有很多地方不如别的同伴，但他总有一些项目比同伴优秀。对于他的弱项，只要他尽力而为就可以了，对于他的长处，就应该鼓励幼儿，使之更强、更好。

3. 告诉幼儿："老师小时候也犯过同样的错误。"

当幼儿犯某种丢人的错误时，教师告诉幼儿"老师小时候也犯过同样的错误"，这会让幼儿觉得犯某种错误并没有什么可丢人的，更不会因此觉得失去了做人的尊严。

案 例 老师小的时候也尿过裤子　　　• • •

瑶瑶是中班的一个小女孩，在班内少言寡语，有几次尿裤子的经历，她显得更胆怯和自卑，整天几乎不与人交往。瑶瑶的妈妈给她报了舞蹈班，希望她能活跃起来，在一个全新的环境里，舞蹈老师用全新的眼光去看待她，拉着她的手和她一起做动作，和她聊身边有趣的事儿。

每次训练后舞蹈老师总要找出一个闪光点来鼓励她，当她再一次因为尿了裤子躲在角落里哭泣时，舞蹈老师告诉她："我小的时候也尿过裤子，没什么大不了的，下次想尿尿就赶紧去厕所……"瑶瑶破涕为笑了，她变得越来越开朗了，连尿裤子的毛病也悄然不见了。

"老师小时候也犯过同样的错误。"会让幼儿放松身心,"犯错误"仍然能挺直腰杆做人,而不会因为"犯错误"觉得自己低人一等,这才是对待"错误"的正确态度。

4.看透,不说透

起床了,幼儿们各自做着自己的事情。这时,靖靖站到王老师身边,很不好意思地对王老师说:"老师,我出汗了。"看到她那紧张的样子,王老师马上意识到,她很可能是尿床了,但又不好意思对老师说。王老师随她来到床边,看到裤子确实湿了一大片。王老师安慰她说:"出汗了没关系,一会儿我帮你把裤子晾晒干就行了。你先去小便。"过了一会儿,王老师悄悄地把她带到一间无人的屋子里,帮她换上干净的衣服,她腼腆地笑着对王老师说:"谢谢王老师。"

老师应该很容易看破幼儿为保护尊严所采用的"伎俩",但为了让幼儿有尊严地生活,老师不仅没有揭穿幼儿的"伎俩",而且还为幼儿保守某些可能会让其在同伴面前失去尊严的"秘密"。

5.适当干预

当幼儿贬低自己时,教师还要进行适当的干预,如当幼儿经常说"我真笨""我什么都做不好"时,教师要努力发现幼儿的优点,并以坚定而肯定的语气对幼儿说:"你认为你笨,我可不这么想。我觉得你有……优点。""只要你……就……"当幼儿自我贬低时,发现并肯定幼儿的"优点",就成为一个规定必做的动作。

能否发现幼儿的优点,发现幼儿的进步,应该成为幼儿教师是否合格的一个基本标准。

当幼儿取笑别人的不幸时，老师要对幼儿进行适当的引导。引导幼儿，在别人出现"不幸"（如比赛失利、不慎跌倒、遭到批评等）时，要尊重别人——不仅不要取笑别人，还要关心、同情，甚至帮助别人。如有一天，一个小朋友走路时不小心摔倒在地，教室里发出了哄堂大笑。针对这种情况，带班的老师随即便组织了相关的教育活动，让小朋友们讨论："如果我们是小丽，那么，摔倒后会有什么感觉？""如果我们是小丽，那么，摔倒后被别人笑，我们又会有什么感觉？""我们应该如何对待别人的'不幸'？"小朋友们由此认识到取笑别人的不幸是不对的，进而学会同情和尊重处于不幸中的同伴。

6. 细节表现出对幼儿的尊重

在班级中，幼儿教师可以通过以下细节表现出对幼儿的尊重。

（1）常对幼儿说"请""谢谢""……可以吗？"也让幼儿学会对别人如此说。

（2）为幼儿布置一个发表园地——让每个幼儿都有展示的机会——展示自己的才能，让别人欣赏自己。

（3）经常告诉幼儿他的"当年勇"。

（4）让幼儿教老师和其他小朋友一些"新"事物——给幼儿机会，让他当老师，教大家一些他知道而大家不知道的"新"事物，这将令他神采飞扬。

（5）教师做错了与幼儿有关的事，要勇于向幼儿说"对不起"。

（6）幼儿园教育活动中应该流行这种温暖幼儿内心的做法："如果某个幼儿做得好了，你就大声地告诉他的小伙伴和老师；如果某个幼儿做得不好，你就只小声地告诉他自己。"这种温暖的做法，体现了对幼儿的尊重，让幼儿过着很有面子的生活。

在幼儿园任何一项活动中，不要让任何一位幼儿因任何的原因（先天或后天原因；身体或心理；智力或非智力）成为大家的笑料，让他们充分地感受到有尊严、有面子，这是幼儿园班级活动必须坚守的一条底线，也是幼儿健康发展的一种保证。

案 例 谁愿意做老师的助手 • • •

> 教师用激励的口吻说："看哪个小朋友坐得最好，我就请哪个小朋友来做老师的助手。"顿时，幼儿们挺直腰板，用期待的眼神看着老师，有的半抬着屁股，噘着小嘴，身体笔直；有的将头抬到不能再抬，眼睛盯着老师，希望老师能看到他是坐得最好的……

类似的做法在幼儿园很普遍。案例中幼儿们的表现是多么可爱，他们积极要求上进，都认为自己是坐得最好的，然而最后"坐得最好的"总只是一个，甚至总只是某一个。没有被叫到的小朋友全都像泄了气的皮球，瘫坐在椅子上，特别是那几个确实坐得特别好的幼儿，更是受了打击，嘴里发出长长的叹气声……

幼儿园应该是一个特别需要公平公正的地方。当幼儿感觉到幼儿园是个公平公正的地方，那么，幼儿就会心情舒畅，怨言、牢骚、压抑就会在幼儿中消失，幼儿园就会成为让幼儿心灵舒展的地方，幼儿园就会变成幼儿向往的乐园。

因此，我们应该努力创造条件，让幼儿园成为幼儿所向往的公平公正的地方。

（一）将每位幼儿的背景全部去掉

每位幼儿在教师心中都只是一个幼儿，一个普通的、人人平等的幼儿！

每位幼儿在幼儿园中的地位，与他们的家庭背景无关。每位幼儿，在老师心中就只是一位正在成长中的幼儿，就是一位需要教育、需要激励的幼儿。

因此，我极力建议在新生家长信息栏只留下幼儿姓名和父母姓名及联系方式，没有必要填写学历、职称、职位、工作单位之类的信息，教师也不要随意打听家长的相关信息，这样，家长在老师心中只是一个家长，可以降低因家长地位对教师教育态度及决策的消极影响。

（二）让每个人都有均等的获得关爱的机会

在美籍华人周励的自传体小说《曼哈顿的中国女人》中有一段她刻骨铭心、难以忘怀的幼儿园生活的描写：

一位年轻漂亮的老师很不喜欢我，嫌我丑，嫌我脏，嫌我穿戴土里土气。我总是悄悄地望着她一会儿抱抱莎莎——莎莎的爸爸很有钱；一会儿抱抱艳艳——艳艳长得特别漂亮……我多么希望老师也抱我一下，亲我一下。于是我鼓足勇气，怯生生地挨到老师身边，低声说："老师，您也抱抱我好吗？"谁料她却厌烦地一把将我推开说："去去，看你那两筒鼻涕，脏样！"

我幼弱的心一下凉到冰点，认为自己是世界上最难看、最不幸的幼儿，放声大哭起来……

这时，另一位漂亮的好心教师快步来到我身边，抱起我，用她干净、柔和，还带有香味的手帕，给我擦眼泪、鼻涕，又抱我到她房间给我洗脸、抹香香、点胭脂、梳头、扎小辫子，然后抱我到镜子前，甜甜地亲一下我的小腮帮说："看，励励是个多么漂亮可爱的孩子……"此时，我感到我是世界上最幸福的小女孩。

我们相信，前面一位教师的这种不公平对待给周励心灵带来的创伤，她一辈子都不会忘记，而后一位老师给她带来的温暖也会让她一辈子铭记心中，让她温暖一辈子。

（三）让每位幼儿都有均等的发展和表现机会

好的教育是让每个幼儿在其原有基础上得到应有的发展，而不是同等的发展。

让每位幼儿都有平等地展示自己、发展自己的机会。特别要防止"马太效应"的产生，不应把过多的荣誉和机会集中在少数幼儿身上。有时候，我们把机会给某些幼儿，可能会为我们幼儿园、为我们班级带来更高、更多的荣誉，但其他幼儿会因此而失去平等的表现和发展的机会。相对而言，大家平等的发展和表现自我比起所谓的荣誉显得更为重要。因为幼儿园是一个促进人发展的地方，而不是训练参赛运动员、演员的地方。比赛的赢输不重要，重要的是让每个人感觉到幼儿园是个公平公正的地方，同时每个人在其中都得到发展。为此教师应该注意以下几点：

1. 让每个幼儿都有平等与教师交往的机会，特别是与教师亲密的机会。

2. 让每个幼儿都有正确表达自己意见的机会。

3. 让每个幼儿都有被提问、被要求、被积极地暗示的机会。

4. 让每个幼儿在原有基础上都有所进步。

5. 让每个幼儿都有均等的与其能力、需要相适应的成功的机会。

6. 让每个幼儿都有均等的获得荣誉、赞美的机会。每个幼儿都有被赞美的地方，关键是我们要善于发现；要改变观念，不要以单一的"知识技能"为评价的标准。针对幼儿的个性差异，以"不求人人成功，不求人人优秀，但求人人进步"为标准来评价幼儿园班级活动。

（四）注意"公平"中可能的"不公平"

在平时的班级活动里，我们许多看似公平的活动或做法，其实蕴含着许多不公平。因此，老师们在设计和组织班级活动时，要避免使用这些方法。

1. "锤子—剪刀—布"

平时在班级活动时，为了公平地决定活动的顺序或者决定活动的内容，许多老师喜欢让小朋友们通过"锤子—剪刀—布"的方式来决定让谁优先。这看似很公平，事实上并不公平，因为在"锤子—剪刀—布"活动能赢到最后者往往是那些智力较好、反应比较敏捷者，而那些智力较弱、反应较迟钝者几乎没有机会赢。因此，"锤子—剪刀—布"并不公平，我们主张"锤子—剪刀—布"可以当作一种游戏来玩，但在决定幼儿相关利益时则不宜使用，在决定幼儿相关利益时，我们更加倾向使用"抽签"代替"锤子—剪刀—布"，因为前者完全是随机的，相对比较公平。

2. 少数服从多数

我前段时间到幼儿园里去参加一个研讨会，园长给我展示了他们的一个课例，这个课例叫作"民主选举"，她们说，在班级活动的内容、形式的选择方面，她们都是以民主投票的方式来做选择。比如，春游、秋游地点的确定——先由所有的幼儿提出自己想去的旅游点，然后大家投票决定——以少数服从多数的方式决定到底应该去哪里春游、秋游。

对她们的这种做法，当时，我的评价是这是"民主启蒙教育"的好方式。不过，在这里我想表达另外一个意思："少数服从多数"作为一种实行民主的操作性原则，在有时候可能会变成"多数人"对"少数人"的不尊重——少数人的权利，少数人的意愿也应该被尊重——特别是在教育的过程中。因此，我们万万不可将"少数服从多数"作为一种教育选择的普遍性原则，我们要尽可能地使得我们的教育变成对每个幼儿兴趣、愿望的尊重——而不应仅仅是对部分或多数幼儿的尊重。

3. 谦让

案 例　到底应该谁让谁 • • •

大（2）班有一个温馨的"玩具流动区"，在这里有很多小朋友从家里带来的、可供交换的玩具。小明是最喜欢到这里玩的小朋友。今天小明来得很早，有趣的"机器猫"吸引了他，他一个人自得其乐地坐在软垫上玩了起来。8点以后，小朋友陆续来园，这时一阵嘈杂声从"玩具流动区"传来，"李老师，李老师，小明和平平吵起来了，他们在抢玩具！"紧接着，就听到了平平的哭声。李老师马上赶到现场。小明说："是他要玩我的机器猫，我不肯。"李老师安抚了哭泣的平平，对小明说："小明，玩具是小朋友一起玩的，平时你很大方的，今天怎么不大方了？！把机器猫借给平平玩，他就不哭了！"李老师边说边将机器猫从小明手上拿（用"抢"字或许更合适）了过来，给了平平。平平破涕为笑，而小明却一脸沮丧。

李老师平息了平平的哭泣，小明却一脸的无奈。这种现象在幼儿园非常普遍——大方的幼儿，总是谦让"小气"的幼儿——我想说，这种现象正常吗？为什么谦让（说明白些就是吃亏）的总是大方的幼儿，这样的处理方式，对大方的幼儿来说公平吗？大方行为得不到实质性的鼓励，相反还经常受到打击——不能玩自己想玩的玩具，不能做自己想做的事，不能……

我认为，这种"谦让"对生性大方的幼儿的成长是不利的，对习惯于"占便宜"的幼儿的成长也是非常不利的。请看下述案例：

点点聪明可爱，长得小巧玲珑，年龄在班里也最小，老师教育小朋友要相互谦让，点点小妹妹成了大家谦让的对象。渐渐地，点点习惯了被大家照顾。有一天吃完早饭，点点想去图书角看《吹牛大王历险记》，可是宁宁正看得津津有味，点点理直气壮地要求："我最小，你应该谦让我。"宁宁实在舍不得放弃这本新书，于是点点向老师告状："老师，她不谦让。"

我们主张，幼儿园应该建立一种比较合理的"序"，幼儿们的一切活动，都要按"序"行事，该是谁的就是谁的，别人想占有或使用，必须经过按"序"拥有者的同意，教师没有必要动员按"序"拥有者做出"谦让"。

4."优秀者"才能参加"公开课"

许多幼儿园都有这样的惯例，对上级领导或园外老师上"公开课"或"展示课"

时，上课教师总是选择一些她认为乖巧、聪明、听话的小朋友参加，而另外一些小朋友则没有这样的机会——让保育员带他们到外面去溜达……公开课提问时，老师总是提问那些老师认为"能干"的幼儿，而那些"不能干"的幼儿把手举得再高，老师还是不提问他……

连上课的机会都没有，这太不公平了，太伤幼儿们的自尊心和自信心了！我想问，到底我们的"公开课"想公开些什么？我们的"公开课"难道就是公开一种教育的不公平吗？好的课应该让每个幼儿都有受教育的机会，都有表现自我的机会。

5. 有些幼儿永远只能做看客

案 例 我们队不要他了 ...

某幼儿园的运动会快要开始了。小朋友们都在热身——跳绳、转呼啦圈……只有个子最小的森森，这也不行，那也不行，还一个人站着。怎么办？最简单的项目是夹物跳，看来凭他的实力只能参加这个组了。

成了参赛队的一员后，森森可高兴了，他从家里带来了一个雪碧瓶，一有空就夹在腿中间跳呀跳的。可是不知怎么搞的，他的速度还是比别人慢，怎么也快不了。可是这是接力赛呀，他这样子不是"拖后腿"了吗？组里的小朋友都着急了。有一天早晨，小朋友们气呼呼地来对我说："森森跳得太慢，我们会输的！""对，我们队不要他了！"这时，站在一边的森森就像做错了什么似的，低着头一句话也不说……

我想，幼儿园的运动会，也是教育活动的一个有机组成部分，它应该面向全体幼儿，让每个幼儿都有参与的机会，赢不是最重要的，参与并从中获得快乐和发展才是最重要的。我们幼儿园的运动会、联欢晚会之类，过于看重"名"，而让许多幼儿永远都只能做"看客"，而不能在其中表现自我、发展自我。我觉得类似的活动还是少办些好，因为它们

（五）适当的教育补偿

在幼儿园班级管理的过程中，要注意对"弱势群体"（即那些家庭经济状况处于不利地位的贫困家庭幼儿，身体或智力、性格处于不利地位的、肢体障碍和智力障碍、性格怪异的幼儿，以及家庭成员犯罪等非正常家庭幼儿等）进行适当的补偿，因为"弱势群体"中的幼儿从一开始就处于不利地位，他们的成长环境是不完整的、有欠缺的。幼儿园班级管理过程中，教师应该更多地注意那些天赋较低和出生于较不利的社会地位家庭的幼儿，将较多的班级教育资源花费在智力较差而非较高的幼儿身上，在班级管理过程中，给予"弱势群体"的幼儿更多特殊的教育关照，使其得到更好的发展，从而缩小其与其他幼儿间的差距，促进幼儿的共同发展。

对"弱势群体"的特殊教育关照，是社会良知的反映。当然教育补偿不应引起未获得补偿者的不安。比如，老师比较关心单亲家庭的幼儿，不要引起其他双亲家庭幼儿的不安，不应引起其他幼儿渴望成为单亲家庭的幼儿；老师比较关心智力障碍的幼儿，不要引起其他智力正常幼儿的不安，不应引起其他智力正常的幼儿渴望成为智力障碍的幼儿。要让"优势群体"的幼儿一起来关爱有困难的幼儿，让他们在帮助处于弱势的幼儿的过程中获得成就感、幸福感。

（六）细节中体现公平意识

在细节中体现出教师的公正意识。

1. 对有差异的幼儿表示普遍的关切。

2. 对幼儿的看法评价公正，没有偏见，避免个人感情色彩的影响。

3. 给每个幼儿提供均等的发展条件，能较好地控制课堂上不同幼儿的发言机会。

4. 不根据幼儿学习能力的差异去处理幼儿做错的事。

5. 幼儿之间发生矛盾时，先调查清楚，不急于下结论，不偏袒某一方。

6. 不同的幼儿犯了同样的错误，要考虑不同的动机与原因进行处理。

7. 不得因少数幼儿的不听话而责备全部幼儿。

（七）以"平等视角"反思

教师在班级管理的过程中，可从以下几个方面反思一下，我们是否真的做到了公平对待每个幼儿：

1. 对于那些脏兮兮的、穿得破破烂烂而又有气味的幼儿，或是那些不讨人喜欢的幼儿，我的感觉如何？

2. 对于那些行为不符合我的要求的幼儿，我的感觉如何？

3. 是否有些幼儿是我一见就不喜欢，或觉得不舒服的？这些幼儿的特征是怎样的？

4. 对于那些喧闹的、好攻击的、粗鲁的、欺负弱小的幼儿以及好哭诉的幼儿，我是否有强烈的情绪反应？

5. 一般说来，我是不是比较偏爱男生或是女生？

6. 我是否对班上某些聪明的、乖巧的幼儿比较偏爱？

7. 我是否会对特别内向、被动的幼儿或是大声说个不停的幼儿怀有强烈的情绪反应？

8. 我是否会对来自某个社会阶层或是某个种族的幼儿，产生强烈的情绪反应？

9. 我是否会对学习特别迟钝或是有障碍的幼儿怀有某些情绪反应？

10. 我是否会对某些特别聪敏的、常常恶作剧或是故意捣蛋的幼儿作出强烈的情绪反应？[①]

经过上述反思，如果发现我们在班级各项工作中，确实存在一定的不公平倾向，那么，一定要努力改进，进而保证每位幼儿都感受到班级环境的公平。

九、如何在幼儿园班级中建构快乐的心理氛围？

幼儿园应该是一个充满快乐的地方。幼儿来幼儿园的原动力不是学习，而是快乐。幼儿园能给幼儿带来快乐，幼儿园就会成为幼儿向往的地方；反之，

---

① 张燕.幼儿教师专业发展 [M].北京：北京师范大学出版社，2006：218.

幼儿园没有能够给幼儿带来快乐的活动,那么,幼儿园就不会被幼儿喜欢。因此,幼儿教师要努力在幼儿园创造一种能给幼儿带来快乐的环境。幼儿教师应该注意以下几点:

(一)让快乐成为一种职业习惯

情绪具有很大的感染性。因此,幼儿教师要以快乐的情绪去感染幼儿,以积极的情绪去感染幼儿。调查中发现,当某些老师出现时幼儿欢欣雀跃,而另外一些老师出现时,孩子则鸦雀无声,表情沉郁。其中的原因在于第一种老师是热情快乐的,而第二种老师则是沉闷压抑的。幼儿情绪是易被感染的,因此,在师幼互动中,幼儿教师要以积极的情绪去感染幼儿,以便能创造一个快乐开心的工作心理氛围。

因此,我们建议:快乐应成为幼儿教师职业活动中的主导情绪,微笑应成为他们的一种职业习惯。

(二)富有童心

幼儿教师要富有童心,要天真地和小朋友一起唱歌、跳舞、追逐、嬉闹,一起疯,一起专注、好奇地观察搬运食物的蚂蚁,这样才能真正与他们融合在一起,也只有这样才能与幼儿们共同快乐。

如果有人问我:"孩子为什么会这样喜欢你?你是怎么做到的?"我会告诉他:"把自己也当成孩子,你会找到最好的教育方法,站在孩子的位置上,你会获得可贵的童心!"①

确实是这样,教师要想得到幼儿的喜爱,就要把自己的姿态降低,时刻保持着一颗童心,要真正融入幼儿的生活。幼儿就喜爱那些和他们一起"疯",一起玩的教师,而不喜爱那些高高在上,从不和他们玩那些"幼稚"游戏的教师。

或许有些教师会说:"我性格内向,平时沉默寡言,我'疯'不起来!"在这里,向你提供一个十分简单且有效的方法,那就是忘我地、全身心地投入幼儿的一切活动中去。

1. 当小朋友们唱歌时,你不妨展开歌喉和他们一起唱。

---

① 张立.站在孩子的位置上[A].吴晓燕.走进童心世界:幼儿教师优秀笔记集萃[C].北京市:北京师范大学出版社,2000:2.

2. 当小朋友们跳舞时，你不妨也随着乐曲翩翩起舞。

3. 当小朋友们看动画片时，你不妨和孩子们一样，笑得前仰后合。

4. 当与小朋友们游戏时，你不妨也全身心地加入进去，和他们一起跑呀、跳呀、追逐呀、嬉闹呀，一起疯，一起闹……

5. 当小朋友们趴在地上观察蚂蚁时，你不妨也和孩子们一样专注、好奇地观察蚂蚁搬运食物，观察蚂蚁的各种活动……

6. 当小朋友手上拿着青菜虫玩弄时，你不妨也饶有趣味地看着他的青菜虫，千万不可表现出恐惧和恶心……

7. 当小朋友在户外活动时，捡回了几只小蜗牛，不妨和孩子一起为孩子的这些宝贝安个家，然后一起喂养它们，研究它们，千万不可强迫孩子把蜗牛扔掉……

……

慢慢地，你就会惊喜地发现，你似乎又回到了童年；同时，你还会发现，每当你面对活泼可爱的小朋友们时，你自然而然地与他们融合在了一起，你也自然而然地成为一个充满童心的、深受幼儿喜爱的教师。

案例 和幼儿玩，你才算得是他们的朋友

记得孩子们上了中班，慢慢有了自己的好朋友。有一次户外活动时，小蓉蓉跑来问我："蒋老师，你有没有好朋友啊？你的好朋友是谁啊？"我笑着回答道："我的好朋友是你们啊！"忽然骁骁大声说道："老师是老师，老师不是朋友；要是朋友，你为什么不和我们荡秋千、玩攀岩啊？""对啊，为什么呢？"小朋友们开始议论起来，我一时不知如何是好。这时张铭哲跑来拉我的手，说道："老师，我们一起去玩滑梯吧！"说完，不由分说地拉我来到滑梯前，看着孩子期盼的眼光，我"勇敢"地用手抓住了滑梯，虽然看起来我的身体和幼稚的滑梯是多么的不适宜，但是看到小朋友们高兴的样子，我感到很幸福，因为我在他

们心中不再是那个高高在上的老师，我变成了他们中的一员，我是他们可以信赖的朋友。那次活动后，我和小朋友们的心走得更近了，他们和我的感情更深了。于是，我常常以朋友的身份和他们交流，引导他们正确地和朋友相处，在一次次的感情交流活动中，让他们体会朋友间的友爱。

小朋友们愿意把我当成他们的大朋友，和我一起玩，把他们的小秘密和我一起分享，有时他们会突然走到我身旁，在我身上挠痒痒，又嬉笑着跑开。有时，他们会悄悄地走到我身后，蒙住我的眼睛，让我猜猜他是谁……那时，我的心中被一股甜蜜和快乐包围着。因为，我们希望的不就是这样一种平等融洽的师幼关系吗？

——摘自一位教师的教育笔记

幼儿园是一种特殊的生命圈，幼儿的生存发展需要特殊的环境，需要童心和童趣。教师和幼儿一起玩游戏，幼儿的玩兴会更足，心情会更好，笑容会更灿烂。如果说幼儿的童心是一种天真的纯净，那么，教师的童心则是一种教育的智慧。教师有了童心才能使自己更年轻、更活泼，设计和组织教育活动更充满童趣；有了童心，教师才能真正走近孩子、理解孩子、体谅孩子；有了童心，教师才能想孩子所想；有了童心，教师才能和孩子打成一片，才能和他们一起唱、一起跳、一起哭、一起笑，最终成为他们的朋友。

案 例 和孩子们一起疯的教师 ● ● ●

每天都要进行户外活动，我利用班级的自制器械"疯狂老鼠"，锻炼幼儿跑的技能。小朋友们见到栩栩如生的老鼠，立即来了兴致，争着要做小老鼠。于是一个孩子先扮演"老鼠"，其他的孩子做小猫捉"老鼠"，我就是猫妈妈。

　　游戏开始了，扮演老鼠的孩子真的像小老鼠一样，跑得飞快。我带着"小猫"们也不甘示弱，"小猫"还不时地发出"喵喵"的声音，有几只"小猫咪"竟然还会被"老鼠"追得乱跑。最后"小猫"捉到"老鼠"后，不知道该怎么办。我说："我的猫宝宝真棒！妈妈累了，你们想一想怎样让妈妈变得有力气呢？"高何鑫拿起"老鼠"就递给我说："妈妈，吃老鼠吧。吃了你就不累了，我们再去捉老鼠。"我表扬了他，并"吃"了几口"老鼠"，"小猫"们立刻又要拉着我去捉"老鼠"。

　　当我做"老鼠"的时候，所有的"小猫"跑得更快了。我被捉住的时候，也会让他们"吃"几口。

　　活动中没有一个孩子离群，其间我佯装很累的样子，有很多孩子都知道用什么办法让我变得有力气。

　　活动结束后，还是有很多孩子会叫我"猫妈妈"或是"大老鼠"。

——摘自一位教师的博客

　　在上述游戏中，由于富有童心，教师完全进入了游戏的角色，幼儿也进入了他们的角色；幼儿是快乐的，教师也是快乐的，师幼关系十分融洽，整个活动充满了童趣。

（三）注意快乐资源的积累

　　为了能给师幼互动带来更多的快乐，教师平时要注意快乐资源的积累，快乐的资源丰富了，教师就可以随时随地给孩子们带来快乐。我要求我的学生掌握 60 个快乐小游戏（小班、中班、大班各 20 个不需要特别场地和材料的小游戏，可以随时随地与孩子们玩耍，这些游戏可以让幼儿百玩不厌，其乐无穷，经常玩这类游戏，有利于营造班级愉快的氛围，教师和幼儿同玩，其乐融融）、掌握 60 个幽默小故事（小班、中班、大班幼儿能听得懂的各 20 个幽默小故事，教师随时随地张嘴就能给孩子们带来无穷的想象和快乐）、30 个小魔术、30 个快乐小舞蹈、30 首快乐儿歌等，随着快乐资源的逐渐积累，快乐的资源丰富了，教师就可以随时随地给孩子们带来快乐。

（四）要有游戏的心态和游戏精神

游戏是幼儿的一种生活、生存方式。在幼儿眼里，什么都是可以游戏的，他们的生活充满着游戏，他们往往以游戏的心态来对待他所面临的一切，包括他们的生活、学习、工作，他们的思维，他们的做事时常以游戏的方式来展开。因此，教师必须有游戏的心态，这样才能融入幼儿的生活，和他们快乐地在一起。

在小班的"儿童医院"中，毛毛和欢欢在玩游戏，他们的任务是给全班的小朋友注射预防感冒的疫苗。在全班幼儿差不多都被注射过后，毛毛把目光转向了我，然后说："周老师，请你来医院注射疫苗！"虽然我正忙着与一位幼儿讨论画的颜色，但还是微笑地注视着她："什么疫苗呀？""就是注射了冬天天冷不感冒的疫苗。""真的吗？我可是最不喜欢感冒的啦！我要注射！"我说着把手伸给毛毛，问："疼不疼呀？我很怕疼！""不疼，一会儿就好！"毛毛说着就开始忙活起来。

在打针的过程中，周老师先是装出很勇敢的样子，然后挣扎着哭天喊地："痛死我了，痛死我了！"

孩子们看到老师打针的样子，都开心地笑了。然后好几个小朋友围过来安慰周老师："不疼，不疼，一会儿就好了！"

确实是这样，教师只有具有了游戏的心态和游戏的精神，才能融入幼儿的生活，才能和幼儿打成一片，才能在师幼互动中营造一种快乐的氛围。

（五）学会欣赏

教师要用欣赏的眼光去看幼儿。如果教师都能以欣赏的眼光去看幼儿，那么，他们看到的幼儿都是天使，他们也就生活在天堂里。基于这样的认识，我主张，作为教师要不断地发现幼儿的"优点"，并且不断地告诉幼儿："你今天 ×× 方面表现真不错！"

（六）营造一种幽默的氛围

教师在与幼儿交往的过程中，要努力让自己幽默起来，努力在班级里创造一种幽默的氛围，让幼儿在幽默的氛围里成长，让自己和同伴在幽默的氛围里快乐地工作。调查表明，幼儿特别喜爱那些"爱搞笑""能搞笑""幽默"的教师，因为幽默不仅能给幼儿带来欢乐，而且能让幼儿在轻松的氛围里受到教育，获得发展。

第三章

幼儿行为管理

一、幼儿行为管理是什么？

幼儿行为就是幼儿的所行所为，它包括幼儿的行和言。幼儿行为按其适宜性来分，可分为适宜行为和问题行为。幼儿行为管理的目的和任务就是培养幼儿的适宜行为，防止幼儿不良行为的产生，矫治幼儿的不良行为。其重点在于培养幼儿的良好行为。

幼儿行为管理，可以理解为对幼儿行为的"管"和"理"。

"管"的本原含义是"管道"的"管"，"水管"的"管"，"管"对其内流动物质有管束的作用——"管"中的物质，如水、空气等，只能在"管"里面流动，它的流动方向、大小是由"管"决定的，"管"对水和空气有管束和引导的作用。"管"有宽的，有窄的；有硬度很大的，也有软度很大的——"管"的这些特性，决定了在其内流动的空气和水流动的自由度和方向——"管"越大，越软，在其内流动的空气和水的自由度就越大，反之，则越小。铺设"管道"是为了对空气和水的流动进行管束和引导。

"理"就是空气或水管堵了，或漏水或漏气了，就要梳理或修补。

我想借用上述"管""理"的含义来诠释幼儿行为管理中的"管"和"理"——幼儿行为管理中的"管"就是为幼儿的行为设置管道（规则），让其只能在"管"内运转，发现幼儿行为有"问题"时，教育者就要用"管"来引导幼儿行为进入正确的"管道"；幼儿行为管理中的"理"就是幼儿行为进入行为"管道"后，如果出现"堵塞"现象——幼儿不理解，不怎么接受行为"管道"对他的约束，甚至出现了抵触情绪和行为，那么，教育者就要对幼儿的情绪和行为进行及时的疏通，让行为"管道"变得通畅，让幼儿的"行为流"变得顺畅欢快。

教育者给幼儿铺设的"行为管道"，有的宽，有的窄；有的硬，有的软。"行为管道"的宽窄度和软硬度，代表着教育者对幼儿行为的管束力度，它决定了幼儿在行动时的自由度。教育者对"行为管道"宽窄度和软硬度的把控非常重要，过宽、过软，不利于幼儿良好行为习惯的形成；过窄、过硬，则不利于幼儿自主性的发展，当然也不利于幼儿良好行为习惯的形成。

前两天，在网上看到一个视频："我想要一部好一点的手机，你都满足不了，你以后还能给我什么好生活？！"——无论外婆在中间如何阻拦，都没有阻拦住那小孩对妈妈的攻击。

许多人看了录像后都会谴责那不懂事的男孩，可是我更想表达的是，这男孩之所以如此蛮横无理，没有人性，其根本原因在于其小的时候教育者们没有为其行为设计好"行为管道"，以至于他长到如此年龄却仍然不懂事——不知道做人，不知道尊重教育者。孩子行为的培养是有时效性的，在这个年龄，形成了这样的习惯，教育者很难把他往正常的"行为管道"扭转了——对此，我真的有点悲观。

另外，"行为管道"对幼儿的行为有引领作用，教育者在为幼儿铺设"行为管道"时，一定要清楚你将幼儿的行为引向何方，否则，方向错了，"行为管道"就会成为阻碍幼儿发展的桎梏。比如，媛媛有一天来到幼儿园班里的活动室，找一把椅子静静地坐在那里，一动不动。李老师随即就表扬了她："媛媛，你真乖！"然后号召全班小朋友向媛媛学习，从此，李老师所带的班的孩子们都变成乖乖的——一到班上就找椅子在那里静静地坐着，一动不动，一句话也不说，完全失去了童年应有的活力和热情，更失去了幼年的灵性。李老师所带的班为什么变成了静悄悄的？根本原因在于她为幼儿的行为铺设了一个有利于静悄悄的"行为管道"。

大家可以从下面这些名家的名言中体会到幼儿行为管理的重要性：

种下一个行为，收获一种习惯；种下一种习惯，收获一种个性；种下一种个性，收获一种命运。

——威廉·詹姆士（心理学家）

如果你希望出类拔萃，也希望生活方式与众不同，那么，你必须明白一点——是你的习惯决定着你的未来。

——杰克·坎菲尔德（全球畅销书《心灵鸡汤》的作者）

重视幼儿行为管理的合理性在于：

1. 幼儿园作为公共教育机构，旨在促进幼儿个体社会化。许多幼儿只有在有秩序的环境中才能正常健康地生活与成长。每个幼儿遵守幼儿园各项活动的常规本身就是一种社会学习，有利于幼儿社会性的发展。

2. 幼儿期是行为习惯培养的关键期，在幼儿期对幼儿进行良好行为习惯的培养可以取得事半功倍的效果。

3. 幼儿期的孩子可塑性大，好的和坏的行为习惯都容易形成，也容易消失。因此，教育者要为幼儿行为发展把握好方向，让幼儿良好的行为，经过不断练习，逐渐转化为良好的行为习惯，让幼儿的不良行为得到及时矫正。

实际上，良好的行为习惯对于幼儿的生活、学习以至今后事业上的成功都是至关重要的。

案 例 幼儿园里学到的东西最重要 ･･･

1987 年，75 位诺贝尔奖获得者在巴黎聚会。有一位记者问其中一位老人："您在哪所大学学到的东西最重要？"老人平静地说："是幼儿园。"记者又问："在幼儿园里学到了什么？"老人回答说："在幼儿园学到要乐于同别人分享一切东西；要公平正直、光明正大地与别人竞争；永远不打人；不要拿不属于自己的东西；在你伤害别人时要道歉；吃饭之前要洗手；要知害羞，要有廉耻之心；热牛奶有利于身体健康；要让生活过得丰富多彩；不仅在每天都要有所学，有所思，还要在工作的同时作画、唱歌、跳舞；每天下午要小睡一会儿；踏入社会的时候，要随时注意交通安全；要互相团结，彼此扶助；要始终保持一颗惊喜、好奇的心。"

诺贝尔奖获得者所讲到的在幼儿园里学到的东西，正是幼儿行为管理的主要内容。

幼儿教育是根的教育，幼儿教育工作者应该铭记：与其为孩子留下万贯家财，不如帮助孩子从小养成良好的习惯。多一种好习惯，孩子就会多一份自信心；多一种好习惯，孩子就会多一个成功的机会；多一种好习惯，孩子就会多一种享受美好人生的能力。

幼儿行为管理旨在让幼儿养成良好的行为习惯，为成就他们幸福的人生做贡献。良好的行为习惯对于幼儿的生活、学习以至今后事业上、爱情上的成功都是至关重要的。

二、幼儿行为管理应遵循哪些原则？

为了让幼儿行为管理更加有效，教育者在培养幼儿良好行为习惯和矫正幼儿不良习惯的过程中，应该遵循以下几条原则：

（一）价值引领原则

对幼儿进行行为训练，不仅要重视对幼儿进行行为的训练，还要注意对幼儿进行行为背后价值观念的引领。只有这样，幼儿的行为才更具有可持续性，碰到类似的行为情境时，幼儿才更能主动、有效地采取适宜的行为应对。比如，在训练幼儿在洗手间洗手的行为时，不仅要让幼儿知道洗手的最后一个环节，"洗完手后，在洗手池上甩手20下，让手上的水珠全部落在水池里"。同时，还要让幼儿知道这一行为背后的价值观念"心中有他人，不要给别人添麻烦——不让水珠掉落在地上，给别人行走带来麻烦。"——如此，不断地强调各种行为背后的价值观念——"心中有他人，不给别人带来麻烦。"久而久之，幼儿心中就会形成一种十分坚定的价值观念——"心中有他人，不给别人带来麻烦。"这就可以成为幼儿今后一切行动的指南。

在日常的行为训练过程中，幼儿教育工作者也应该将社会主义核心价值观（富强、民主、文明、和谐；自由、平等、公正、法治；爱国、敬业、诚信、友善）渗透于日常的行为训练过程中，让社会主义核心价值观深入幼儿的内心，并成为他们行动的指南。下面为大家提供一些思路。

敬业：责任心，物归原处，自己的事情自己做，独立生活的意识和能力。

友善：与小伙伴友好相处，从善的角度理解别人，爱一切生命，乐于助人，成人之美，同情心。

文明：文明礼貌，爱护女性，女士优先，不给别人添麻烦，不随地吐痰，不乱扔垃圾，不大声喧哗。

民主：少数服从多数，商量，尊重别人及其不同意见。

和谐：环保意识和行为，谦让意识和行为，分享意识和行为，学会与人合作，有宽容之心。

平等：有序排队，抽签决定次序。

法治：遵守常规，维护秩序，排队有序，遵守游戏规则。

诚信：不说谎，说话算数，兑现承诺。

富强：节约，光盘行动，劳动，信仰。

自由：以不影响别人为前提追求自己的自由、游戏自主性。

公正：看到别人的优点不嫉妒，为别人的进步、成功高兴。

爱国：爱自己，爱家人，爱同伴，爱老师，爱幼儿园，爱家乡。

平时，教育者不仅要注意在行为训练方面对幼儿进行正确价值观念的引导，同时，还要注意努力避免错误的价值观念对幼儿的误导。

（二）一致性原则

为了取得更加好的行为训练效果，教育者要注意坚持一致性原则，要做到前后要求一致，不同教育者的要求也要一致，家园要求要一致，说的和做的一致。只有坚持了一致性原则，教育上才有可能形成合力，才有可能取得 1+1>2 的教育效果，否则，可能教育无效，甚至会出现负的教育效果。比如，一幼儿被问及为什么打人时，他竟然十分果断地如此说："爸爸说，你和别人打架，打不过人家，那怪爸爸这个师父没有教好；如果你打赢了，爸爸给你庆功！打伤人了，爸爸拿钱去帮你赔人家医药费！"如此教子，哪有不打架的？再比如，在幼儿园，教师教育幼儿，得到别人的帮助要说"谢谢"，可是孩子回家后父亲夹菜给他时，他对父母说了"谢谢"，父亲却跟他说："自家人，别来这一套。"如此，孩子刚刚出现的文明礼貌行为也就消失了。

在对幼儿进行行为训练方面，不仅要做到教育者的要求一致，还要做到对幼儿的要求前后一致，只有这样，才能有效地促进幼儿良好行为习惯的形成。

（三）示范性原则

示范性原则，要求教育者在训练幼儿行为习惯时，要求幼儿做到，教育者首先要做到。教育者要给幼儿树立一个良好的行为榜样。坚持示范性原则的理由有：一是幼儿喜欢模仿，模仿是幼儿行为习得的一个重要途径。二是教育者就是幼儿最喜欢模仿的榜样之一。三是幼儿行为方面的模仿学习，许多都是一种潜移默化的影响，是无意识的，是在不知不觉中受到影响、习得的行为。四是"其身正，不令而行；其身不正，虽令不行。"

案 例 老师不排队 ...

一个初夏的早上，天气较热。通过半小时的户外早锻炼，孩子们已玩得满头大汗。早锻炼结束回到教室，人人感到口渴，大家迫不及待地取茶杯喝水。这时，我捧着一大堆孩子们脱下的衣服急匆匆地回教室，也口渴，因此马上拿茶杯，进入盥洗室，看到孩子们都有序地排着队伍喝水，我也顺便围上，先倒了点热水，洗洗杯子。可是我刚倒好水，不知是谁冒出一句话："老师，你怎么先开热水呢？"我没理解孩子的意思，爽快地答了一句："茶杯应用热水消毒一下呀！"我边说边又倒了点冷开水。当我按下饮水器开关时，只听见航航小朋友大声地说："老师，你怎么不排队！"

霎时，周围的小朋友也起哄了："张老师，不排队。""张老师，先开热水。"在孩子的一番热烈议论声中，浩浩小朋友走到我面前迷惑不解地问我："张老师，你为什么不排队？你不是告诉我们，人多的时候要排队，不能抢先呀？"我刹那间意识到，我犯了错误，我顿时感到脸红得发烫，不敢抬头面对小朋友们了。

案 例 苏老师，你还没有洗手呢！ •••

有一次，我去上厕所后，没有洗手，被在水房喝水的张宇涵发现了，他毫不客气地说："苏老师，你还没有洗手呢！"

上述例子充分说明，教育榜样对幼儿行为形成的重要性。

（四）21 天原则

在行为心理学中，人们把一个人的新习惯或理念的形成并得以巩固至少需要 21 天的现象，称之为 21 天效应。就是说，一个人的动作或想法，如果重复 21 天，就会变成一个习惯性的动作或想法。

21 天效应的理论基础来源于整形医学专家马尔茨博士。他发现对于截肢患者来说，手术后的头 21 天中，他们往往不适应已经失去的身体部分，经常仍然能"感觉到"它的存在。而 21 天后，他们就不再无意识地要去"使用"它了，已经习惯了他们截肢后的状态。

因此，教育者在对幼儿进行行为训练时，不要天真地期望通过 1 ~ 2 次活动，更不要期望通过一个故事就能让幼儿形成相应的行为习惯！

在幼儿行为训练方面，教育者要做好持久战的准备，至少要有坚持 21 天的不断强化和训练的准备，在坚持 21 天的基础上，如果能不断地坚持够 90 天，那么，幼儿的行为就能达到十分稳固的自动化的程度。

幼儿行为管理方法,就是对幼儿行为进行管理的手段、方式、途径和程序的总和。了解幼儿园行为管理方法,有利于教育者更加有效地对幼儿进行行为管理。

(一)自然后果法

法国的著名教育家卢梭就提出:我们可以"通过孩子体验其过失的不良后果,来纠正他们的过失"。有时候幼儿出现不良的行为后,教育者不必直接去教育他,而让他通过亲身体验,让他体味到不良行为所带来的自然恶果,从而使他记住教训,明白事理,这就是自然后果法。比如,幼儿吃饭时间不好好吃饭,而是不停地玩他的玩具——这,没关系,让他随意地玩,和他约定好一餐饭的时间就是 30 分钟,时间到就收碗,到下一餐到来之前,让他体验到挨饿的痛苦——下一餐到来之前,他感觉到肚子饿后,无论他如何哀求,就是不给他食物,让他多次体验到这种"不好好吃饭"的后果后,他就不会再出现"不好好吃饭"的不良行为。

在利用自然后果法方面,在确保安全的前提下,要让幼儿品尝到自己不良行为所带来的足够的痛苦,教育者不要轻易地进行补救,这样,其效果更佳。

(二)表扬奖励法与批评惩罚法

表扬奖励法就是在幼儿表现出教育者所期待的良好行为后对其进行表扬奖励,进而提高其良好行为发生的概率的一种行为训练方法。批评惩罚法就是在幼儿表现出不良行为后对其进行批评惩罚,进而降低其不良行为发生的概率的一种行为训练方法。

表扬奖励与批评惩罚的比例最好控制在 3:1。如果远远超过了这一比例,那么,你的表扬或许已不太真诚或者就有点夸大其辞的成分;如果低于这一比例,那么,你就可能是个过于挑剔的教师,这将令幼儿情绪长期不安,进而会破坏幼儿的自然成长,使其变得神经质、怯懦,或者不诚实,甚至还可能学会用粗暴的态度对待他人。

使用表扬奖励法和批评惩罚法时，要注意及时性原则，让良好行为与良好情绪、不良行为与不良情绪建立紧密联系，这样，才容易取得更好的行为训练效果；另外，使用表扬奖励法和批评惩罚法时，还要让幼儿知道他今后行为的方向——表扬奖励要让幼儿知道他行为方面具体好在哪里，批评惩罚要让幼儿知道他行为方面错在哪里，并且还要让幼儿知道正确的做法是什么——这方面，越具体越好。教育者不要抽象地跟幼儿说"你真乖！""你真棒！""你真是个好孩子！""你一点都不乖。""你真是坏透了！"……因为这些抽象的话并不能让幼儿明白他今后行为的方向，因此，这些表扬、批评对幼儿良好行为的形成是没有真实意义的。

为了让批评、表扬更加有效，请教师试用以下句式：

批评的句式：你做了……你这样做是不对的，因为……你应该……

例子：刚才你抢了小娟手上的玩具，你这样做是不对的，因为你侵犯了小娟的权利，她现在很难过，你想玩她的玩具，你应该跟她商量说："小娟，我想玩一下你的……玩具，可以吗？"如果小娟说，可以，那么，你就可以玩了；如果小娟说，不可以，那么，你是不可以玩的。

表扬的句式：指出特质或能力＋描述实际的行为表现或具体事件＋教师的感受＋老师的期待

例子：你真是个有责任心的孩子，游戏完后你能把玩具整齐地收拾进盒子里，老师为你感到高兴，相信以后你一定还会收拾好玩具。

总之，使用表扬和批评法，特别应该注意三点：表扬为主，及时再及时，具体再具体。

（三）行为榜样法

幼儿是喜欢模仿的，教育者可通过提供适宜的行为榜样，为幼儿模仿学习做人做事提供榜样，进而促进幼儿良好行为的发展。榜样可来自教育者自身，也可来自幼儿的同伴，幼儿自己，还可以来自文学艺术作品，特别是来自幼儿喜欢的影视人物。做早操走步时，有的幼儿缩脖、猫腰，老师讽刺地说："××走得多好啊，跟老头子一样。"幼儿听了，不但不挺起腰来，反而都缩脖、猫腰，"小老头"越来越多。在这种情况下，正确的做法是正面引导，表扬走步正确的小明说："小明走得多精神，真像个解放军！"小朋友们听了，就会学小明，抬头挺胸，走得很精神。因此，给小朋友们树立良好的榜样，对幼儿的正确行为的形成是十分重要的。

　　休息时，老师让孩子们排队去喝水，那条队总也排不好。有几个小调皮总要去"加塞"，其他的孩子不服气，一个顶一个地往前挤。最前面的孩子被挤得摇来晃去，一下子把水泼在了身上。王老师扯起嗓门提醒孩子们，队伍排好了，可过一会儿还是乱了。这时，她也口渴了，端起杯子就准备接水，碰到水龙头的一瞬间，她下意识地停住了，转而排到了队伍的尾巴上。孩子们看见了，互相交头接耳："快看，王老师也排队了。"队伍慢慢变直了，几个小调皮乖乖地排到了王老师的身后。

　　俗话说，喊破嗓子说教，不如自己做出样子——这确实蕴含有正确的教育原理在其中。

（四）代币法

　　代币是一种符号，可以是小红花、五角星、小红心、小红旗，也可以是记分卡、点数等。代币法就是运用代币来激励幼儿良好行为的一种方法，如当幼儿表现出良好行为时，就奖励他若干个代币；当他做了不良行为时，就扣除他若干个代币，进而促使他不再做不良的行为。

　　为了提高代币的教育功能，一定要让代币具有累积兑换功能，也就是指幼儿通过努力（如帮助小伙伴——2代币，向老师问好——1代币，向老师提出问题——1代币等，平时老师、家长要告诉孩子如何挣代币，获得一定数量的代币，如小红旗、五角星、小红花等）后，幼儿能根据自己意愿选择教师规定的幼儿特别喜欢的奖品（如拥有性奖品或消费性的奖品等）。研究表明，花掉代币比不花掉代币的教育效果好得多。如果代币不能兑换成幼儿喜欢的物品或活动，那么，随着时间的推移，幼儿就会逐渐地对代币失去兴趣，代币就会失去其原有的激励功能。

平时许多老师都会发现，小红花基本上没有教育效果了，其根本原因就是随着年龄和经验的增长，幼儿觉得小红花是没有任何价值的——不能吃，不能用，又不美观。因此，强调小红花的兑换功能对发挥其作用的持续性具有十分重要的意义。

在兑换功能上，家园应该达成某种共识，孩子积累到一定数量的小红花后，可以在幼儿园或在家里兑换其喜欢的某些物品或活动。如得了20朵小红花可以去动物园一次，15朵小红花可去儿童乐园玩一次，10朵小红花可以当值日生，30朵小红花可以当幼儿园升旗的国旗手等，这样，小红花在幼儿心目中才会永远有魅力。

案 例 某中班的小红花累积兑换内容表 ···

	具体内容	代币❀
幼儿工作	● 高兴入园	1
	● 早上入园时向老师问好，并和家长说再见	1
	● 早餐愉快完成任务，并收拾干净桌面	1
	● 午餐……	1
	● 午睡……	1
	● 一天内与同伴积极互动	1
	● 给自己种的花浇水	1
	● 拿玩具来班上分享一次	2
	● 向老师提一个问题	1
	○ 抢夺别人的东西	−1
	○ 打人	−5
	○ 在班里吃饭速度连续两次倒数5名内……	−1

具体内容	代币✿
● 自由换一次座位，和好朋友坐在一起一天	2
● 播放自己喜欢的餐前音乐	5
● 站在队伍的最前面为小朋友们领操	10
● 第一个选游戏及其角色	10
● 可以带一件喜欢的玩具回家玩一天	10
● 与老师击掌一次	1
● 与老师碰碰头一次	1
● 与老师玩撞屁股游戏一次	1
● 当老师助手一次：饭前给小朋友发餐具	5
● 当老师助手一次：集体教学活动时给小朋友发学具	5
● 当老师助手一次：和老师一起去倒垃圾	5
● 在班上表演技艺一次	5
● 外出散步，排在第一位，牵老师的手	5
● 当幼儿园升旗的国旗手一次……	20

（左侧表格行标题）幼儿工作报酬（赚的✿数可以兑换的强化物）

上述图表，将幼儿如何赚取代币，如何利用手中的代币来达到自己的目的具体明确，让幼儿具有明确的行为方向和奋斗目标——这相当于我们成人世界里的奖金发放制度。

下面给大家提供一些创意奖励方式，期待对大家有所启示：

1. 坐老师的座位。

2. 排队时站在最前面。

3. 在游戏中做主持人。

4. 照顾一天班里饲养的花花草草。

5. 给园长或教师做一天的助手。

6. 和他（她）喜欢的小朋友一起午餐。

7. 给老师选择一本书，让老师读给大家听。

8. 可以多玩一会玩具。

9. 可以额外加一份自己喜爱的点心。

10. 按自己的意愿换座位。

11. 休息时第一个挑选活动器材。

12. 教师给幼儿家长打表扬电话。

13. 把班里饲养的小动物带回家一晚。

14. 跟老师共进午餐。

（五）环境暗示法

环境暗示法就是通过具有暗示性的环境间接地对幼儿的心理和行为产生影响，进而促进幼儿产生教育者所期望行为的训练方法。教育者要通过让环境"说话"，帮助幼儿了解在不同的环境场合里的行为规范要求，进而达到规范幼儿行为的目的。例如，在需要幼儿排队的地方绘制了排队的小脚印的环境，帮助幼儿学会排队（比如，要排出直线，要保持人与人之间的一个拳头的距离等）。又如，为了阅读区能保持安静，教师和孩子们一起商量设计了一个小嘴巴上竖着一根小手指的画面，意思是保持安静，看书的时候不能影响干扰别人。再比如，为了限制活动区的人数，可用标志标明进入区域的人数，比如用"6个小朋友"表示"该区域可以进入6个人进行游戏"。用"5双脚印"表示"该区域可以进入5个人进行游戏"等。还可以在活动区入口处贴挂钩，从活动区入口挂钩数可看出，该活动区最多只能进9位小朋友，挂钩挂满了小朋友的出入牌，后来的小朋友就不能再进该活动区活动了。

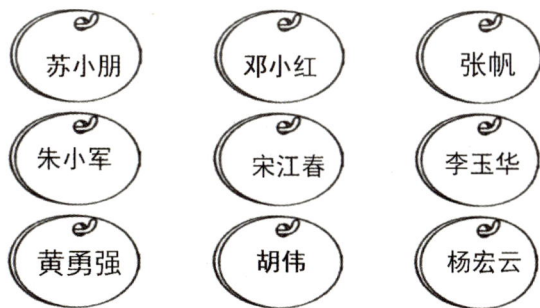

活动区入口处挂钩

环境暗示法，避免教育者的简单命令、重复命令的组织行为方式，可以让幼儿感悟环境所蕴含的教育指令，幼儿一般不会产生抵触心理，较容易接受环境暗示的引导，进而形成良好的行为习惯。

四、班级常规制定与管理应该注意哪些事项？

班级常规是指以维护幼儿园班级日常的教育教学和生活秩序为目的，幼儿园教师和幼儿共同制定的幼儿在幼儿园集体生活和学习活动中应该遵守的规则。班级常规既是幼儿园教育的目的，又是促进幼儿发展的手段。也就是在班级常规训练的过程中，不仅要让幼儿形成遵守相应常规的行为习惯，还要对幼儿进行各项常规背后的社会价值的灌输，还要利用常规教育培养幼儿的意志品质、思维习惯、责任感、自我控制意识和能力等，班级常规不是为了约束幼儿而制定的，而是为了更好地促进幼儿发展而制定的。

班级常规管理应该注意以下几点：

（一）班级常规要求要简单明确

根据幼儿的年龄特点和现有的接受能力，对幼儿的常规要求，要简单明确，切忌抽象、复杂、繁多，这样幼儿才能理解和执行。比如，幼儿滑滑梯常规要求：

1. 要排队，不能插队。
2. 不能推人。
3. 只能往前走，不能向后走。
4. 在滑滑梯上不能跳。

违反常规的人，就罚坐 2 分钟。

上述规定，幼儿一听就明白玩滑梯时，应该怎么做，不该怎么做，还知道不按常规要求做将受到什么样的处罚。

最初的某一事项的常规，不应超过 4 条，多了幼儿记不住。

（二）常规要求要循序渐进

常规制定要循序渐进，由简单到复杂，由容易到困难。请看下面这些常规要求：

1. "禁止跑"的常规年龄要求

3～4岁，走路，不要跑。

4～5岁，楼道内、室内不得奔跑。

5～6岁，进入楼内，任何地方都不能跑。

2. 自理的年龄规则

3～4岁，把鞋子放整齐。

4～5岁，把鞋子放整齐，衣服叠好。

5～6岁，把鞋子放整齐，衣服叠好，固定地方。

（三）班级常规要有明确的指向性

班级制定的各项教育活动常规一定要让幼儿明白他该做什么，不该做什么，该怎么做，不该怎么做。请幼儿教师们看看以下常规与分析，期待大家能从中悟出制定规则的一些要求：

周老师在美工区制定了这些规则：①每次进区的人数为6人；②使用剪刀要当心；③废纸不能随便乱扔；④用过的笔要放回原处。你是如何评价周老师制定的该区域规则的？

在该案例中周老师制定的规则①和④能让幼儿明白应该怎样做；规则②没有告诉幼儿安全使用剪刀的方法，因为"当心"是个很抽象的词语，幼儿无法真正理解它的具体含义与要求，应改为"使用剪刀不能将剪刀的尖头指向自己或别人，剪东西时小心剪到自己的手"；规则③用否定的句式给幼儿提出要求，幼儿只知道废纸不能随便乱扔，但要扔在哪儿，他们还是不清楚，教师应明确告诉他们"废纸应扔在垃圾篓内"。因此，教师在制定规则时，能给幼儿正确做法的，就尽可能采用肯定语句，而不宜采用否定的语句，因为否定语句只告诉了幼儿"不能做什么""不能怎样做"，却没有告诉幼儿正确的"能做什么""能怎样做"。

（四）强调不守常规的后果

对幼儿提出做事的常规要求，不要要求他们在脑子里提前做计划，而要试着给他们强调其不按要求做的后果是什么，这样更加有效。比如，你跟幼儿说："现在外面好冷，你们去拿外套，准备到外面散步。"你希望幼儿能为未来做好计划："哇，外面好冷喔，要穿外套才会暖和。"结果你会发现，幼儿，特别是小班幼儿的大脑不是这样运作的——他们往往是走到外面了，感觉到寒冷了，然后提取关于外套的记忆，最后才会想去拿外套。现实中，我们确实看到许多这样的现象：如果教育者只是一次又一次地要求幼儿提前准备某些东西，那可能没什么效果。有效的方法应该是，试着引导幼儿去感受相应的情境，进而引发他们的反应功能，比如，我们可以跟幼儿说："我知道你现在不想去拿外套。不过，等一下你站在外面冻得直哆嗦，你就会想回来把外套穿上了。"

（五）严格执行常规

常规一旦经过师幼商议、制定好后，就要严格执行——要求幼儿严格按常规要求去做，严格地对违规者实行常规约束，不能有例外。

幼儿教师牵着违规幼儿的手，面向在玩耍的其他孩子静站。记住，这不是体罚，是暂停活动，暂停活动的时间长短要根据违规行为的严重程度来确定。然后，教师和违规孩子背一遍规则，违规孩子要就自己的违规行为道歉。在这一过程中，幼儿教师不要说太多的道理，更不要挖苦、恐吓、辱骂、推搡幼儿。

（六）批评的是幼儿的错误行为，不是人

幼儿违规，幼儿教师批评的是幼儿的违规行为，而不是他这个人，此时，幼儿教师不喜欢的是幼儿的违规行为，而不是他这个人，一定要将人本身和行为区分开来。

一个孩子没有把玩具放回原处：

批评行为："你没有把玩具放回原处，老师很不高兴。"

批评人："你怎么不听话？老师不喜欢你了！"

一个孩子把颜料弄洒了：

批评行为："噢，我看见颜料洒了，我们得弄些水和抹布过来。"

批评人："你总是这么毛手毛脚的，为什么总是这么不小心呢？"

案 例 李老师，你还喜欢我吗？ ● ● ●

下午放学时，钟铧和妈妈来到了幼儿园门口，钟铧突然在幼儿园门口旁边停住了。钟铧死死拉着妈妈的手不让走了。妈妈问："钟铧，你想干什么？快点回家！"钟铧说："我要在这里等李老师！"妈妈问："你为什么要等她？"

大约等了15分钟，李老师终于出来了，钟铧远远看到李老师就大声地喊："李老师，你还喜欢我吗？"李老师被问得莫名其妙……但李老师虽然有疑惑，但她还是很快地做出了反应，她笑眯眯地说："当然喜欢呀，为什么不喜欢呢？"一面说一面快速小步走向钟铧，然后抱着他，亲了又亲……

钟铧终于开心地和妈妈回家了。

李老师想了又想：钟铧刚才的奇怪表现，原因是什么。后来她终于想起来了，原因是钟铧今天下午跑步时，他从后面推了奔跑中的小朋友，李老师狠狠地批评了他。

上述案例提醒我们：一是在批评幼儿违规的时候，一定要人与事分开，我们不喜欢的，我们要批评的是幼儿所做的错事，而不是幼儿自身；二是在批评的过程中，要让幼儿感受到老师的爱。下面向各位教师提供批评中表达爱的技能。

批评与爱的流程与要求

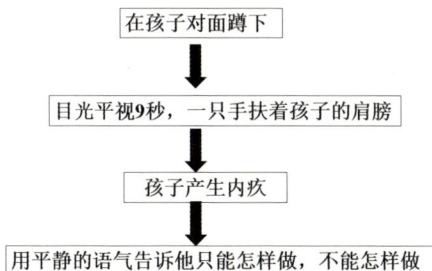

在孩子对面蹲下

↓

目光平视9秒，一只手扶着孩子的肩膀

↓

孩子产生内疚

↓

用平静的语气告诉他只能怎样做，不能怎样做

在孩子入园活动中，应该注意几个方面的常规。

（一）入园活动对幼儿的常规要求

1. 按要求带齐当日所需的生活和学习用品。

2. 着装整洁舒适，便于活动。

3. 有礼貌地向老师、同伴问好。

4. 微笑地与家人说再见。

5. 愿意接受晨检，身体不适能告诉保健老师。

（二）入园活动对教师的常规要求

1. 主动、热情、礼貌地迎候幼儿和家长。

2. 观察幼儿身体、情绪和精神面貌。

3. 查看是否携带不安全物品，是否按要求带齐当日所需用品。

4. 清点幼儿出勤情况，并做好记录。及时与未到园幼儿的家长取得联系，了解原因。

5. 做好晨检工作：一摸，摸幼儿额头、颈部和手心有无发热；二看，幼儿精神和面色是否正常，有无流涕、流泪、结膜充血，身上有无皮疹，咽部是否充血，体表有无伤痕；三问，问幼儿在家的饮食、睡眠、大小便等一般情况及有无传染病接触史；四查，查幼儿是否携带有不安全物品。

6. 提前开窗通风，保持空气流通。

7. 做好室内及其走廊清洁工作，做到"六净"：地面、桌椅、门窗、玩具柜、口杯架、毛巾架干净。

（三）入园活动对家长的常规要求

1. 按要求协助孩子带齐当日所需的生活和学习用品，确保孩子不带危险物品到幼儿园。

2. 按时护送孩子到幼儿园。

3. 将孩子交到教师手上方可离开。

4. 与孩子简单告别即离开——不因孩子情绪不好逗留幼儿园。

六、班级进餐活动应该遵守哪些常规？

（一）进餐活动对幼儿的常规要求

1. 饭前洗干净双手。

2. 掌握独立进餐的技能。

3. 进餐时不大声讲话，不说笑打闹。

4. 细嚼慢咽，不慌不忙。

5. 骨头、残渣放在指定的地方。

6. 饭后漱口、擦嘴、洗手。

7. 35 分钟左右吃完饭菜。

8. 小班老师帮盛饭菜，少盛多添；中大班幼儿根据需要自己盛饭菜。

9. 实行光盘行动。

10. 餐后，把自己面前的桌面及地板擦干净，然后送餐具到指定地点。

11. 餐后，刷牙或漱口。

（二）进餐活动对教师的常规要求

1. 组织幼儿按时进餐，两餐间隔时间不少于 3 个半小时。

2. 餐前餐后半小时不做剧烈运动，进餐前后十五分钟内组织安静活动。

3. 时常变换幼儿就餐座位、餐具等，使进餐形式多样化。

4. 可以鼓励幼儿吃，不可以强迫幼儿吃。

5. 幼儿用餐时，值班教师的站位要保证每个幼儿至少在一位教师视野范围里。

6. 实行三级预警：最后 10 分钟、5 分钟、1 分钟分别提醒幼儿吃饭结束的时间。

七、如厕活动应该遵守哪些常规？

（一）如厕活动对幼儿的常规要求

1. 能自己脱裤子，解便时不弄湿自己和同伴的衣裤，便入便池中，便后会整理服装。

2. 便后会用手纸自前向后擦屁股，并用肥皂或洗手液、流水洗手。

3. 便后要冲厕所。

4. 大、小便有异常情况（拉稀、便血等）主动告诉老师。

（二）如厕活动对教师的常规要求

1. 保持厕所清洁通风，随时清洗、消毒，做到清洁、无异味，为幼儿如厕创造温馨的环境。

2. 为幼儿准备好如厕的物质条件——卫生纸、肥皂或洗手液等。

3. 对幼儿如厕技能（如擦屁股、便后整理服装等）给予正确而有耐心的指导。

4. 提醒幼儿按需如厕，不限制幼儿如厕次数。

5. 温暖提醒容易遗尿的幼儿解小便。

6. 及时、温暖地为遗尿的幼儿更换和清洗衣、裤。

八、午睡活动应该遵守哪些常规？

（一）午睡活动对幼儿的常规要求

1. 睡前上厕所，安静进入卧室。

2. 小班幼儿在教师的帮助下，脱衣服，把衣物整齐地放在指定地点。中大班幼儿轻轻上床，自己脱衣服，叠好衣服放在指定地点；袜子放到鞋子里，鞋尖对齐整齐地放床前或床底。

3. 睡姿正确，侧卧或仰卧，不能俯卧或蒙头睡。

4. 有便意、身体不适或发现同伴有异常情况时及时告诉教师。

5. 睡醒后不打扰同伴。

6. 安静起床，小班幼儿在教师的帮助下，穿好衣服和鞋子，及时如厕；中大班幼儿迅速穿好衣服和鞋子，及时如厕。

7. 中大班幼儿学习独立或与同伴合作整理被褥。

（二）午睡活动对教师的常规要求

1. 提前30分钟做好幼儿睡前卧室环境的准备工作，空气清新、温度适宜、光线柔和。

2. 午饭后组织幼儿进行安静散步及如厕，努力避免新异刺激导致兴奋，影响入睡，禁止高声谈笑、喧闹现象，创造安静气氛。

3. 播放具有催眠等功能的音乐或信号（睡前音乐、起床音乐），并且注意音量。

4. 为幼儿穿脱衣服提供适当指导和帮助：如穿袜子：让幼儿知道袜子分袜尖、袜跟、袜筒，手捏袜尖（大拇指在内，四指在外），将脚伸入袜内，将袜筒向上拉。穿鞋子：学会把脚伸入鞋后，将鞋提起，分清左右脚。穿上衣：两手握住衣领、衣里向外，大拇指握在衣领处，四指握在衣里，右手经头上，从左绕到右边，将衣服披在肩上，先将左手伸进左边袖子里，然后再将右手伸进右边袖子里。将上衣穿好，前襟对齐，从下往上逐个扣扣子。穿裤子：让幼儿知道裤子前后，两手抓住裤腰，两脚伸入裤腿内，向上拉，两脚露出裤腿时，站在地上把鞋穿好，将裤子提起，学会把内衣塞进裤腰内。

5. 及时细致地为每一位幼儿盖好被（毯），纠正不良睡姿，培养幼儿右侧卧或仰卧、不蒙头睡觉的好习惯。

6. 注意个别关照，比如有分享焦虑的，病初愈的，情绪问题的，难入眠的。

7. 保证每个孩子都在教师的视野里。

8. 不断巡视，发现幼儿神色异常应及时处理。

9. 尽量保证睡垫之间有 15 厘米的距离。

10. 随时保持室内空气新鲜，天气无风时可打开窗户，拉上窗帘，但应避免对流风吹在幼儿身上。

11. 午睡值班人员保持清醒、专注状态，不能以任何借口离开寝室，不得做私活，不能看书，不能玩手机，不允许睡觉，不允许与人闲聊，发现异常情况及时处理。

12. 奖励首批入睡者。准备 10 个小的毛绒玩具，将其放在固定的容器里。大约 30 分钟后，轻轻在卧室里走一圈，将毛绒玩具放在已经入睡的孩子的脚边，并记下他们的姓名。孩子醒来后，会查看自己的床，用以判断自己是否是首批入睡者。然后让获得奖励的孩子将毛绒玩具放回容器，以便明日再用。

13. 幼儿仪容仪表检查完毕离开寝室。

九、盥洗活动应该遵守哪些常规？

（一）盥洗活动对幼儿的常规要求

1. 形成饭前、饭后、便后、手脏时会自觉洗手的意识和习惯。

2. 洗手时不湿衣袖，节约用水。

3. 掌握盥洗活动的正确方法。

（二）盥洗活动对教师的常规要求

1. 做好盥洗准备，保证幼儿用肥皂、流动水洗手。

2. 将正确的盥洗方法、爱清洁、节约用水等教育内容用图示、图像、简单文字、童谣等简明形象的方式，呈现在幼儿盥洗处，并提醒幼儿遵守。

3. 让幼儿学会"六步洗手法"：首先挤一点洗手液，然后双手合拢搓揉；然后互相搓揉手掌手背；打开手指搓揉；将手部的关节露出来搓揉；握住大拇指旋转搓揉；最后将指头尖清洗干净即可。洗手的时候一定要用流动的水，否则清洗不彻底。

4. 让幼儿学会正确洗脸：展开毛巾，先擦眼睛，再擦嘴和鼻，再将毛巾翻面擦额与脸颊，并将毛巾放在固定的地方。

5. 让幼儿学会正确的刷牙方法：将牙膏挤在牙刷上，按一定顺序刷，上牙从上往下刷，下牙从下往上刷，保证上下、左右、前后、内外及咬合面均刷到，反复多次（3分钟以上）后吐出泡沫，再用清水漱口。洗净牙刷，向上放在漱口杯内。

6. 检查或指导中、大班值日生检查盥洗结果。

7. 组织幼儿有序进入盥洗室：不拥挤、不抢行，排成一列行走。

8. 正确站位：两名教师组织幼儿，一名在活动室关注幼儿的安全，一名在洗手间监督幼儿的盥洗活动与安全。

十、饮水活动应该遵守哪些常规？

（一）饮水活动对幼儿的常规要求

1. 按照先来后到有序地接水。

2. 接水后在不影响他人的地方安静喝水，喝水时不说笑，不边走边喝水。

3. 能用自己的杯子喝水，在取放杯子、接水、喝水的过程中能正确使用杯子，喝水后把杯子放回原处。

4. 接水要适量，不把水洒在地上，不浪费水。

（二）饮水活动对教师的常规要求

1. 运动后、上下午各组织一次集体饮水，提醒并允许幼儿随时喝水。

2. 观察幼儿饮水量，保证幼儿日饮水量达 400 ～ 600 毫升。

3. 幼儿个人专用饮水杯每天清洗并消毒一次。

十一、离园活动应该遵守哪些常规？

（一）离园活动对幼儿的常规要求

1. 收拾好自己的生活和学习用品。

2. 感恩老师。

3. 主动与家长交流当日在幼儿园的生活及活动情况。

4. 主动使用礼貌用语向老师说再见。

（二）离园活动对教师的常规要求

1. 在这个时间段不要让幼儿看电视，否则，家长怀疑孩子在园一天都是看电视。

2. 与幼儿进行简短谈话，小结当日活动情况。

3. 或组织幼儿开展小型安静的自选活动。

4. 组织幼儿检查仪容仪表是否整洁，提醒幼儿带好回家的物品。

5. 尽可能地向每个家长反馈幼儿在园情况。

6. 交代次日活动准备和要求。

7. 做好个别特殊幼儿的交接。如受伤幼儿的受伤过程和处理情况，应向家长详细汇报等。

8. 提醒幼儿有礼貌地向教师和小朋友告别。

9. 组织部分晚接的幼儿开展游戏活动。

10. 教师积极主动地与家长交流，展示老师对孩子的爱。

11. 待所有幼儿离园后，再做好次日各项活动的准备：清洁、消毒。消毒时要确定室内无幼儿，关好门窗。

（三）离园活动对家长的常规要求

1. 做好离园的相关记录。

2. 了解幼儿园和班级有无通知，看看孩子们的作品展示。

3. 三问孩子：一问，今天玩了什么好玩的游戏；二问，今天和哪些好朋友玩了；三问，今天向老师提了哪些问题。

4. 检查孩子该拿回家的物品是否带齐。

5. 每月至少与班级教师交流沟通一次孩子发展与教育的情况：进步、问题、教育措施。

6. 准备好次日活动的物质材料。

十二、游戏活动应该遵守哪些常规？

（一）游戏活动对幼儿的常规要求

1. 参与游戏材料的收集与准备。

2. 在室内游戏时，轻声说话，不影响同伴。

3. 想拿别人的材料时要和人家商量，经允许才能拿。

4. 轻拿轻放材料，不损坏，玩后放回原处。

5. 与同伴友好合作，愿意与同伴分享游戏材料和经验。

（二）游戏活动对教师的常规要求

1. 制定目标明确、有指导和观察要点的游戏活动计划。

2. 为幼儿提供充足的游戏材料。

3. 幼儿游戏时，教师站位要保证能看到每位幼儿及其活动。

4. 为幼儿提供适当的指导。教师的指导要尊重幼儿的游戏意愿，要尊重幼儿游戏的自主性。

十三、集体教学活动应该遵守哪些常规？

（一）集体教学活动对幼儿的常规要求

1. 在集体教学活动时逐渐转入专注状态：听—回应，操作—思考—表达。

2. 大方地表达自己的想法和疑问。

3. 有良好的倾听习惯、发言习惯，用眼、握笔、坐立姿势正确。

4. 不能随意摆弄桌面的学具、学习用品。

（二）集体教学活动对教师的常规要求

1. 根据本班幼儿实际需要和已有经验制订切实可行的集体教学活动计划。

2. 根据集体教学活动目标准备必需的教玩具，创设相应的教学环境。

3. 每次活动小班 15 ～ 20 分钟；中班 20 ～ 25 分钟；大班 25 ～ 30 分钟。

4. 集体教学活动中，教师站位要保证每位幼儿都在自己的视野里。

5. 以游戏为基本活动，以幼儿操作为主。

6. 活动后收集幼儿活动作品，记录幼儿活动典型情况，分析幼儿发展状况。

十四、区域活动应该遵守哪些常规？

（一）区域活动对幼儿的常规要求

1. 和老师一起制定区域活动的规则。

2. 遵守各个活动区的规则，不影响其他人的游戏。

3. 主动、积极地活动，能与同伴友好地玩。

4. 有序选取活动材料：每次选一份材料，不多拿，不多占；操作结束后，物归原处；轻拿轻放，珍惜材料。

5. 活动室内不能跑，只能走。为此室内不要留过宽的通道，以免诱发幼儿奔跑的欲望。

6. 遵守先来者有优先权的原则：先来区域的先玩，先拿到玩具的先玩；不能抢夺别人正在玩的玩具；想插入别人的活动区活动时，要有礼貌地征得对方的同意。

7. 有序收拾、整理活动材料：结束乐曲响起时活动结束，马上开始收拾整理活动材料；谁玩的材料谁整理，共同游戏的材料共同整理；物归原处，摆放整齐。

8. 恢复活动区环境的原样：谁制造的垃圾谁负责，收拾好垃圾，放到垃圾桶，及时清理活动中产生的污渍，保持活动区域的卫生。

（二）区域活动对教师的常规要求

1. 根据幼儿发展需要设计适宜的活动区。

2. 根据活动区活动需要及幼儿发展需要往活动区里投入材料。

3. 与幼儿一起制定各区域活动的规则。制定规则是为了幼儿更好地活动，进而获得更好的发展，制定规则绝对不是为了把幼儿管死，而是让幼儿最大程度地活跃身心。比如，选区、进区规则：可用固定音乐提示幼儿开始区域活动与结束区域活动的时间。再比如，人数控制规则：利用插卡、挂牌、鞋子印等帮助幼儿确认每个活动区可容纳多少人，已经有多少人了，先来先玩，人满了，后来者就不能再进去了，得另选区域。

4. 正确站位：幼儿在活动区活动时，幼儿教师的站位要保证能看到每位幼儿。

5. 注意介入幼儿区域活动的时机。教师介入幼儿区域活动的时机有：当幼儿在游戏中有不安全的倾向时；当幼儿在游戏中主动寻求帮助时；当幼儿在游戏中因遇到困难、挫折、纠纷，难以实现自己的游戏愿望时；当幼儿在游戏中出现过激行为时；当幼儿在游戏中反映不符合社会规范的消极内容时；当幼儿较长时间从一个区游荡到另一个区，无所事事时；当孩子一再重复自己原有的游戏行为，进一步延伸和扩展有困难时；当孩子缺少材料，游戏难以继续时；当孩子发生游戏技能的困难时；当幼儿邀请教师共同游戏时；当游戏中出现负面行为效应时。[①]

切记：任何时候的介入，都尽量不打断幼儿的游戏，尊重幼儿的自主性。

案例 忘我 ● ● ●

> 一个小女孩在工作，她的认真已经达到了极点，以至于鼻涕流下

---

① 华爱华. 学前教育改革启示录 [M]. 上海社会科学院出版社，2009：123.

来都感觉不到，当鼻涕流到妨碍她工作时，她也只是用劲地一吸。这时教师发现了，立刻过来打断了她的工作，让她去擦鼻涕，小女孩很不情愿地用手抹了一下。教师说："请你用纸去擦。"小女孩只好无奈地去拿纸。[①]

我深信老师的强势介入，小女孩擦完鼻涕回来后，她的玩兴也几乎都消失了。

十五、如何应对集体教学活动中幼儿的开小差?

在幼儿园参观、学习，很多时候都看见老师在组织教学活动时，有的孩子总是东张西望，不专心参与教学活动，而这时，组织教学活动的老师就会提醒该孩子要专心听老师讲课，提醒多次不见有效时，老师就会对其进行批评，进而强迫孩子坐在位置上听课，如果这样做还没有效果的话，保育员往往就会坐在该孩子的身边进行"监视"，甚至用双手放在该孩子的肩上，强迫孩子坐好并认真听课。

面对孩子的开小差，如此处理真的有效吗? 我们应该如何正确认识和对待教学活动中孩子的开小差呢?

(一)治"标"之法

当幼儿出现注意力分散的情况时，教师可以采取如下方法调控幼儿的注意力。

1. 凝视

当某一两个孩子出现注意力分散行为时，当班教师暂时停讲，凝视注意力分散的孩子，或向他摇摇头等。

2. 邻近控制

为了使信号更加有效，老师可一边凝视，一边走近注意力分散的孩子。

---

① 孙瑞雪.爱和自由:孙瑞雪幼儿教育演讲集.天津:新蕾出版社，2004:152.

3. 提出问题

（1）"小朋友们要认真听老师讲课，一会儿老师要提问的。"——孩子们为了能回答老师的提问，为了被老师提问后不会因回答不出而被批评，往往会认真地听老师讲课。

（2）"××小朋友你来说一说，老师刚才讲什么了？"——如此直接提问刚才注意力分散听课的孩子，会让他因回答不出老师的提问而得到"教训"，今后变得"老实"。

（3）当有孩子出现注意力分散行为时，教师装模作样地面向全体孩子提出问题，然后指名让注意力分散的孩子回答，当他因不专心听讲而无法正确回答老师的提问时，因势利导地对他和其他孩子进行教育。

4. 特殊安排

当某一两个孩子反复出现注意力分散行为时，教师可以将他的位置安排在适当靠近老师的地方。

5. 直接批评

当某个孩子注意力分散时，老师直接点名批评相应的孩子，达到警示教育其本人和其他孩子的作用。

6. 通过信号等整顿全班常规

当有超过 20% 的孩子出现注意力分散行为时，教师可以通过如下方式达到将孩子注意力转移回来的目的。

（1）"请你像我这样做"

即老师做出某种动作的同时嘴里说："请你像我这样做。"然后让幼儿在跟着老师做相应动作的同时嘴里同样回应："我就像你这样做。"如：

师：请你像我这样做！（拍手）

幼：我就像你这样做！（拍手）

师：请你像我这样做！（跺脚）

幼：我就像你这样做！（跺脚）

（2）对答法

即幼儿对教师的口令做出相应回答并做出相应的行为。

当幼儿出现东张西望、手脚乱动时，教师可采取如下方式来调控幼儿的注意力。

老师："小手？"——幼儿："背好。"（并做出背手的动作）

老师："小脚？"——幼儿："并好。"（并做出并脚的动作）

老师："小眼睛？"——幼儿："看老师。"（并做出眼睛看老师的动作）

老师："小嘴巴？"——幼儿："不说话。"（并做出闭嘴的动作）

老师："一、二！"——幼儿："安静。"

老师："三、四！"——幼儿："坐好。"

老师："一、二！"——幼儿："三三四！"；老师："五、六！"——幼儿："七七八！"

老师："一二三！"——幼儿："坐坐好。"

老师："四五六！"——幼儿："看老师。"

老师："七八九！"——幼儿："没声音。"

教师说："一二三！"——幼儿回应："请安静！"

教师说："请安静！"——幼儿回应："我安静！"

老师："我的小手拍一拍！"——幼儿按节奏拍手。

老师："我的小手勾一勾！"——幼儿按节奏用小手拉钩。

老师："我的小手弹一弹！"——幼儿按节奏用小手做弹指动作。

老师："我的小手捏一捏！"——幼儿按节奏用小手做捏的动作。

老师："我的小手握一握！"——幼儿按节奏用小手做握的动作。

这些方法能让幼儿迅速停止无关动作，进而集中注意力参与活动。

（3）琴声法

在幼儿注意力分散的情况下，利用钢琴弹奏幼儿熟悉的律动或歌曲，让幼儿随着老师弹奏的音乐做律动或唱歌，注意力自然就集中到教育活动中来了。

（4）找眼睛

当教师发现有的幼儿东张西望、左顾右盼，不注意听课时，不妨和小朋友们做个"找眼睛"的游戏。"小朋友，现在老师要来找你们的眼睛，你们仔细看看，老师的眼睛里有没有你的眼睛。"这时，小朋友们就会两眼紧盯住老师。这种方法常常用于教育活动的开始。

（5）"录音"

当幼儿的注意力分散时，老师对幼儿说："小朋友，你们的小耳朵就是'录音机'，现在请你们打开'录音机'准备'录音'，看谁的'录音机'最灵。"小朋友们的注意力自然而然地被老师的话吸引过来。这种方法常常用于教育活动中途老师要范唱、范诵或交代某一重要事情。

（6）看口形

譬如音乐教育活动中的范唱或幼儿跟唱几遍后，要求幼儿看老师的口形跟唱，而老师并不发出声音。在幼儿熟练以后，再让小朋友不出声地唱，老师看小朋友的口形。这样做，既集中了幼儿的注意力，又激发了幼儿学习的兴趣，增强了幼儿记忆的效果。音乐、故事、诗歌、散文教育活动可采用此法。

（7）铃铛铃鼓节奏法

幼儿开小差时，教师用铃铛或铃鼓或者用手掌打出一定节奏，让幼儿用手击掌跟着打同样的节奏，那么，东张西望的幼儿会很快地把视线转移到教育活动中来。

上述 7 种"口令法"一般都需要多次训练、强化，让幼儿熟稔于心方能有效。因此，平时要注意对幼儿进行适当的训练，让他们形成条件反射——当教师发出"口令"时幼儿则条件反射地出现相应的行为。

（8）表扬他人

当有超过 20% 的孩子出现注意力分散行为时，教师还可以通过表扬守常规的孩子来达到让所有的孩子变得守纪的目的。比如，老师在混乱的班级中发现有几个特别守纪的孩子端坐着听课，这时老师可以对孩子们说："×× 小朋友的常规最好，我看谁能像他一样。""×× 小朋友听得最认真了，小眼睛一直看着老师。""×× 小朋友坐得最好了，两脚并得好好的，一动不动。""我发现某某小朋友表现得很好，一点都不吵闹，我想和他做游戏。""×× 小朋友做得真好。他听课认真，还大胆举手回答老师提出的问题。"其他小朋友听了会很快模仿他，继续专注于教育活动。

（9）许诺

多数孩子在教学活动中都注意力分散时，老师利用教学活动后的"好处"

来让孩子们为了那"好处"而控制好自己，专心地听老师讲课。比如，有的老师说："如果大家现在好好地听课，今天放学时，老师给每个小朋友发一朵小红花。""老师一会儿要给听课认真的小朋友一个五角星。""如果……老师将……"

（10）降音法

如果部分幼儿注意力不够集中，甚至交头接耳，影响了其他幼儿，这时教师如果提高声音制止，往往收效甚微，但如果突然降低声音，反而会引起幼儿注意。

值得注意的是，上述所列的 10 种具体的控制幼儿注意力的方法，只是治"标"之法，而非治"本"之法，它们不可能从根本上改变孩子的注意力分散状况。治"标"之法，只能让孩子形似"老实"，而未能让孩子身心都变得"老实"，因为孩子们变得"老实"是由于外力所致，而不是被教师组织的教学活动所吸引，所以也无法达到较好的教学效果。比如方法 6 的（1）～（6），这些方法只能让孩子暂时变得"老实"——一动不动或者装模作样地"用'眼睛'看着老师""小嘴巴闭得紧紧的""小手背得好好的"，但小朋友们可能身在曹营心在汉，外表言行变得"老实"了，可内心还是开小差——胡思乱想而没有真正把心放在当前的教学活动上。而方法 6 的"（8）表扬他人"也仅仅能让孩子为了得到老师的表扬和肯定而变得"老实"——一动不动，但并不一定将心思放在当前的教学活动上。方法 6 的"（9）许诺"可能会误导小朋友们为了教学活动后的"五角星""小红花"等而变得"老实"，但他们并没有因此而真正地发自内心地喜欢当前的教学活动。

（二）治"本"之法

我们要努力寻找矫治孩子开小差的治"本"之法，即让孩子对教学活动本身感兴趣，为此，各种教学活动必须以符合幼儿心理需要的方式来展开，以孩子们的身心需要为出发点和归宿，教学活动的目标、内容、实施方法和手段等都要充分关照孩子们的各种身心需要。唯有这样，教学活动才能变成孩子们发自内心的向往的活动，他们对这样的教学活动会乐在其中，他们被教学活动本身所吸引，在教学活动过程中，他们会神情专注，他们绝对不会开小差。

1. 教学活动要以游戏为基本活动。

2. 教学活动要充分关照每位幼儿的合理需要。

3. 教学活动的内容、形式要富有一定的挑战性。

4. 教学活动要引发幼儿认知上、情感上的适当冲突。

5. 适当地开展竞赛活动。

6. 以幼儿的操作探索活动为主。

十六、如何应对幼儿的同伴冲突？

幼儿在一起交流，难免会产生冲突，如何应对幼儿与同伴之间的冲突，进而更好地促进幼儿的发展呢？下面向大家推介美国儿童教育专家处理幼儿与同伴冲突的程序与要求。

（一）倾听

倾听幼儿的诉说，了解冲突发生的相关情况，这时老师可以问幼儿："你们能不能告诉我到底发生了什么？"

（二）感谢

感谢每个幼儿，感谢他们告诉你刚才所发生的一切。教师认真地倾听他们每个人的想法，然后对他们说："谢谢你们告诉我发生的事情。"教师并不责备其中任何一个幼儿，不要让两个幼儿陷入谁应该受到批评的争吵中去。

（三）让幼儿尝试了解别人的需要和感受

问每位当事幼儿："对方想要什么？你那样做，对方的感受是什么？"教师对幼儿不是指责和羞辱，而是将事情转移到了尝试了解、感悟对方的需要和感受上，这时，大部分幼儿都会将注意力集中到对方的需要和感受上，并会诚实地回答这个问题。

（四）引导幼儿追求共识

老师可以问每个幼儿："请说出，你认为可以让对方感觉好一些的三种以上的做法。"在每个幼儿回答相关问题后，教师总结每个幼儿所说的自己怎么做可以让对方感觉好一些的措施，然后与冲突双方讨论，确定大家能接受的可以让共同利益最大化的解决方法，并握手达成协议，大家一齐大声地说："我们同意……"

相信每个幼儿对此都会感到如释重负，因为他们没有受到责备和惩罚，另外，幼儿自己可以控制解决冲突的办法。这意味着幼儿会按照他们决定的去做，以后不再发生冲突。一个成人强加的解决方案是不会令人满意的，而且经常导致幼儿不好的情绪感受或持续的冲突。但是幼儿自己的解决方式也许比成人的方式更富有创造性，更令人满意。

教师还可以在合理解决幼儿间冲突的基础上，以点带面地对其他幼儿开展讨论、交流和教育活动，通过多种形式使幼儿学会观察、体验、理解他人的情绪、情感并展开讨论、交流，习得正确的与人相处的方式方法。

（五）遵循达成一致的解决冲突的方案

让幼儿明白如何去执行大家达成共识的方案，并监督进展以确保大家的意见能够按既定的方案公平公正地进行。

（六）反思：解决冲突的方案有效吗

不是所有的方案都能如期地成功解决幼儿与同伴间的冲突。如果无效，又该怎么办呢？最后一个阶段就是评价解决方案，其中幼儿也有机会反馈该方案的效果以及他们的感受。如果幼儿不满意这个结果，他们可以尝试另外的方案，由此他们将重新经历上述五个阶段。

通过冲突的解决，上述解决冲突的方案中所蕴含的各种理念（如同理心，换位思考，自己的问题自己来处理等）和技术将会逐步内化为幼儿的观念和行动技能，他们的社会行为就会从以自我为中心转化到了与人友好合作和对他人的尊严给予关注上面。

案 例 **谁抢了谁的玩具** • • •

背景：

郑美娟说，何勇拿走了她正在玩的积塑。郑美娟开始大哭起来。

何勇说，那是他先拿来玩的，只是把它们放下几分钟，去了一下厕所。他回来的时候，发现郑美娟已经拿走了，所以他要从郑美娟那里拿回来。

如何应对?

第一步 倾听儿童

莫老师:"你们能不能告诉我到底发生了什么?"

郑美娟告诉莫老师:"这是何勇的错,因为他从我这里抢走了积塑。"

何勇反驳说:"这是郑美娟的错,因为那是我先玩的,只是我把它们放下一小会儿,去了厕所一趟,回来后发现郑美娟把我的积塑拿走了。"

第二步 感谢每个儿童告诉你所发生的事情

莫老师认真地倾听他们每个人的想法,然后对他们说:"谢谢你们告诉我发生的事情。"莫老师并不责备其中任何一个人。

第三步 问每位幼儿:对方的感受是什么

莫老师接着问:"郑美娟,你认为何勇对所发生的事情是什么感受呢?"

郑美娟听到这个问题很是吃惊,她回答说:"但这是他的错。他从我手上抢走我的积塑。"

莫老师回应道:"我知道了,你已经告诉我了。但是现在我们谈论的是感受。你认为何勇的感受是什么?看着他的脸。"

郑美娟最终回答:"何勇看上去很愤怒。"

莫老师再问何勇:"你认为郑美娟的感受是什么?"

何勇也很吃惊并仍然想指责郑美娟,但是教师坚持要他谈论感受。

何勇最后说:"她感觉很糟糕,因为她在哭。"

第四步 问每个儿童应该怎样做才会让另一个儿童感觉好一些

莫老师又分别问郑美娟和何勇:"郑美娟,你说说,你应该怎样做,何勇感觉会好一些?"

"何勇,你说说,你应该怎样做,郑美娟感觉会好一些?"

第五步 遵循达成一致的解决方法

郑美娟和何勇提出了"轮流玩积塑。""一起玩积塑。""一起玩猜谜语游戏。""一起玩积木。""给对方一个大大的拥抱。"等等。

最后，莫老师说："那就按你们的想法去做。"

郑美娟和何勇之间的冲突解决了，他们又愉快地玩在一起了。

第六步 反思介入

应对幼儿与同伴冲突的最后一个环节就是教师对本次应对幼儿冲突的过程与效果进行反思，教师介入完本次幼儿与同伴冲突后，可以从以下几个方面进行反思：

（1）对幼儿发生冲突的原因确定是否正确？

（2）如果对幼儿发生冲突的原因确定不正确，那么，造成这方面判断失误的原因是什么？这种失误导致了哪些后果？如何补救？

（3）对幼儿冲突的介入是否取得了预期效果？

（4）如果介入幼儿冲突没能取得预期效果，那么，原因是什么？如何进行补救？

（5）本次幼儿与同伴的冲突还可以用来促进幼儿哪些方面的发展？它们的路径是什么？方法是什么？

（6）本次介入幼儿与同伴的冲突发生了哪些意想不到的效果（好的或坏的）？原因是什么？对我们今后的工作带来哪些启示？

在解决郑美娟和何勇之间的冲突过程中，莫老师没有批评，没有说教，没有对与错的判断，只是启发幼儿如何在做事之前和做事之后，除了想着自己外，还要想着别人。

对这个应对幼儿与同伴冲突的程序值得肯定的观点有：

1.重点不是做谁对谁错的判断，而是让幼儿形成解决冲突的能力；

2.让幼儿学会换位思考，让幼儿学会体验对方的情绪体验；

3.让幼儿思考要基于对方快乐的行为，学会为他人着想，学会站在别人的立场上思考问题、解决问题；

4.始终没有直接指导，而是启发幼儿思考，得出解决问题的方法——由幼儿决定解决冲突的路径。

当这些观念通过幼儿在教室里的经验逐步内化后，他们的社会行为应该也从以自我为中心变化到了合作和对他人的尊严给予关注。

期待幼儿教师在实践中反复演练上述处理幼儿与同伴冲突的程序，然后不断内化、自动化，将其变成一种教育技能。

十七、如何正确应对幼儿的任性行为？

任性是幼儿期孩子出现比较多的心理行为问题之一，当幼儿出现哭闹任性行为时，教师可以通过以下技术要领来让其受到教育，改正其哭闹任性行为：

（一）忽视法

忽视法，就是幼儿出现任性心理和行为时，教师漠然置之，幼儿的任性心理和行为就会自然地消失。采用忽视法矫正幼儿的任性心理和行为的操作程序为：面对任性的幼儿，只说一句警告的话，然后通过以下的几个步骤矫正他。

1.面对幼儿的种种理由与各种胡闹行为，采取不解释、不劝说、不争吵的办法，否则就会强化他的争吵、胡闹行为，使他的目的得逞。可以先保持一段时间的沉默，做你正在做的事。

2.如果幼儿进一步胡闹，且使你难以忍受，你可以暂时离开现场。这时仍然保持不批评、不与之讲道理、不骂的态度。

3.等孩子情绪稳定后，告诉他："你刚才胡闹是不对的，现在你情绪稳定了，你可以做你自己的事去了！以后你再这样，我们仍然不会理你。"或者可以跟他说："我知道你不开心，但你不闹了，真是一个好孩子。"并表示出高兴、满意和关心，跟他讲道理，分析其行为对不对，并用"相信你以后不会再随意哭闹"的话来鼓励他。

面对幼儿的任性心理与行为，教师都应漠然置之，几次后，幼儿会从中自然领悟到，靠任性、发脾气是不能实现自己不合理的愿望的。

（二）转移注意法

转移注意法，就是当幼儿出现任性行为时，教师将幼儿的注意力转向另外的场景，进而达到消退他的任性行为的目的。如幼儿硬要某种东西，教师可以把它藏起来，并说："你听，外面有什么声音？"然后带他到外面去走一下，时过境迁，该幼儿很可能就不会再想要那东西了。再如，当一个幼儿在那里哭个不停，怎么劝都无效时，那么，这时你可以跟他说："你看，你哭得周身都是汗，老师带你去洗手间用毛巾帮你擦擦。"或者说，"你看，你哭得满脸都是鼻涕和眼泪，多难看，老师带你去洗手间用毛巾帮你洗洗。"随着幼儿跟着老师走进卫生间，随着老师帮他擦呀、洗呀，幼儿的哭声就会逐渐地停止。

（三）自然后果教育法

自然后果教育法，就是让幼儿体验到自己由于任性酿成的自然后果。比如，幼儿不按要求吃午饭，边吃边玩，甚至只玩不吃，无论你如何说他也不听，那就让下午的饥饿这种自然后果来惩罚他，让他知道不按要求做的后果，使他从经验中获取判断力。有一两次教训后，他在吃午饭时肯定不敢再那么任性地玩了。

案 例　只能赢不能输的小牛　　　•••

小牛很喜欢下棋，但只能赢不能输，常常不按规定下棋，一输就掀棋盘。老师平时讲道理他也不听。终于有一天，当他要求与别人下棋时，没有一个小朋友愿意，小朋友们回答他的都是："不跟你玩，你老要赖。"此时，他感受到了掀棋盘行为的后果，体验到了没有玩伴、备受冷落的孤独、无奈。看着别的小朋友愉快地玩着，他只好央求小伙伴："你们和我一起玩吧，我不再要赖了。"可是还是没有人愿意跟他玩……

老师看到教育时机成熟了，在对小牛进行相应的教育的前提下，当着小牛的面请求其他小朋友们给小牛一个机会。

小牛从此以后能赢能输，再也没有出现过掀棋盘的行为。

第四章
幼儿园家长工作的开展

一、家长工作的目的是什么？

陈鹤琴曾说过："幼稚教育是一种很复杂的事情，不是家庭一方面可以单独胜任的，也不是幼稚园一方面可以单独胜任的，必定要两方面共同合作方能得到充分的功效。"

苏霍姆林斯基也曾说过："儿童只有在这样的条件下才能实现和谐的全面发展，就是两个教育者——学校和家庭，不仅要一致行动，要向儿童提出同样的要求，而且要志同道合，抱着一致的信念，始终从同样的原则出发，无论在教育目的上，过程还是手段上，都不要发生分歧。"[①]

从陈鹤琴和苏霍姆林斯基的言语里，我们可以看出，他们都看到了家园合作、家长工作对孩子发展的意义，家长工作就是为了形成教育上的合力，更好地促进孩子的发展。确实是这样，只有家园通力合作，才能更好地促进孩子的发展，否则，家园在教育要求上相互冲突，教育是很难取得预期教育效果的。

案例　妈妈大嗓门"骂"老师　• • •

滑滑梯时，文文站在滑梯的入口处，喊："明明快来滑滑梯呀！"很快，明明跑来，站在滑梯的入口处。就在明明想坐下准备玩滑梯时，文文突然从背后用手猛推明明。幸好杨老师站在滑梯旁，眼疾手快，一把抓住了明明的衣服，明明才安全地滑了下来。于是，杨老师将文文喊了过来，严厉地批评道："今天你在滑梯上推明明，真是太危险了。我不喜欢你这样的动作，现在请你站在滑梯旁，向其他小朋友学习，看看别人是怎样滑滑梯的！"老师暂停了文文的游戏，文文伤心地掉下了眼泪。

离园时，杨老师主动将这件事告诉文文的妈妈，本想取得妈妈的

---

① （苏）苏霍姆林斯基. 给教师的建议 [M]. 杜殿坤编译. 北京：教育科学出版社，1984：397.

支持，共同帮助文文改掉这个危险的行为。万万没想到的是，妈妈竟火气十足，开始兴师问罪："我家文文推别人，又没有把别人的胳膊推断，有什么关系？你们凭什么不让他滑滑梯？我看你们就是不喜欢他，故意不让他滑滑梯。"文文看到妈妈这么大的嗓门"骂"老师，被吓哭了，杨老师也委屈地流下了眼泪。[①]

案例中的妈妈如此配合老师的教育，教育是无法取得预期效果的，并且还有许多负面后果，比如，孩子不再"怕"老师，不再接受教师的教育——无论老师的教育正确与否，因为他知道他的后面有一位不把老师放在眼里的妈妈，家长藐视老师，其孩子一样轻看老师。

业界正是基于上述认识，许多学者在给幼儿园班级家长工作下定义时，都强调了家园形成合力才能更好地促进孩子的发展，比如"幼儿园班级家长工作是指幼儿园为促进幼儿的健康发展，建构家园的和谐关系而展开的各项活动的总和。""家长工作就是以教师为主导，以各种日常的以及专门设计的活动为途径，与家长沟通幼儿情况，交流意见，使教师和家长（幼儿的主要教养者）之间互通信息，达成共识，从而发挥教师与家长、幼儿园与家庭的教育优势，达到优势互补，形成合力，共同促进幼儿全面、健康发展的活动。"

不过，在我看来，幼儿园班级工作，绝对不仅仅是为了更好地促进幼儿的发展——它不仅是为了更好地促进幼儿的发展，也是为了建构良好的亲师（亲：家长；师：教师）关系，增加教师的职业幸福感。基于这样的认识，本人认为，幼儿园班级家长工作是指为了建立良好的亲师关系，进而更好地促进幼儿的健康发展，同时，让教师体会到职业幸福感而对本班家长开展的各项工作的总和。

幼儿园家长工作做好了，家园关系就融洽了，教师的职业幸福感也就增加了。我的许多学前教育专业的学生工作不到五年就离开幼儿园去做其他工作了，其中最重要的原因不是幼儿园里的小孩太难教，而是幼儿园家长工作太难做——

---

① 黄贤. 做一个善于沟通的家长 [J]. 山东教育：幼儿教育，2009，(10)：46—47.

与家长关系的融洽度，直接影响到教师的职业幸福感的获得，甚至会直接导致他们离开幼儿教育这个行业。

我在培训幼儿园教师和园长时，时常会问他们这样一个问题："幼儿园里，是幼儿教育工作更难做，还是幼儿背后的家长工作更难做？"他们都异口同声地回答："家长工作！"有教师说："我见了孩子就高兴，见到某些家长就头疼！"我相信，这位教师所说的话是真的！相信他的感受也是真的！

案 例 激动的外婆 ....

国庆节后的第一天，许多孩子因长假休息在家，又开始哭闹。这天，祈祈是由外婆送来的，老师热情地把祈祈抱过来。祈祈哭个不停，外婆不客气地丢下一句："开学这么长时间了，怎么还有这么多小孩在哭？"说完扭头就走。

第二天早上，祈祈又是外婆送来的，老师照例热情地把祈祈抱过来。祈祈的外婆毫不顾忌身边的其他家长，气势汹汹地说："本来小孩在家里好好的，你们催命鬼一样地打电话把我们叫来！"老师说："外婆您误会了，让宝宝坚持来园是为了能让她早点适应。""来了又怎样，还不是哭！老师，我跟你说啊，我们虽然不高贵，但你们也该对我们好点，让她不要哭！"老师追上去，但外婆控制不住自己激动的情绪，头也不回地离开了。

如此外婆，相信我们教师的情绪会大受影响，并且这种影响不是一两天能消除的。

案 例 家长的理解就是一种幸福 ....

有一位老师在谈到工作的幸福感时说："工作这么辛苦，有幸福感

135

是因为家长对我特别地尊重。尤其是我们搞半日开放活动，家长看到我们的工作后，提出了赞扬和各种建议。老师做什么事，家长都记在心里，过了许多年，家长见到老师后还很客气，还提到以前的事。家长愿意跟我交流，把我看作可以信赖的人，看作真正的老师而不是保姆。我认为，在幼儿园班级工作中，我真诚地付出了，总会得到家长的尊重、肯定，家长们不是拉关系的那种，而是发自内心地尊重我，我觉得自己蛮有价值的。家长们也很理解、体谅我，有一次，我班有个小女孩不小心跌倒了，到医院缝了 3 针，家长不仅没说什么难听的话，反而安慰我，不要难过，他们自己带孩子也会有受伤的时候，其他家长也说，这是正常的。这种被理解的感觉是非常好的。"[1]

确实是这样，家长对我们理解、谅解、肯定、尊重，哪怕工作再辛苦，我们也会感觉做教师的幸福感。

案 例 家长的感激，教师的幸福 · · ·

那天班里的小朋友陆续都被接走了，只剩下张旭可怜巴巴地坐在那里，眼里充满了期望，我走过去正想安慰他，还没等我开口，张旭就大哭起来。我急忙抱起他边陪他玩，边打电话与家长联系，原来家长有事脱不开身，一会儿过不来。我一方面请家长不要着急，一方面抚慰着孩子。张旭逐渐安静下来，我们一起做游戏，一起吃东西，一直等到了晚上八点多，虽然天很黑，我的家也很远，但我看到家长感激的目光，孩子信任的眼神，我心里有着说不出的高兴。

家长对我说："老师，我的孩子多劳你费心了，你辛苦了。""嗯，这个老师真不错。"就这么一句话或几句话，说明老师的工作得到了家

① 束从敏,姚国荣.教师获得职业幸福感原因的调查与思考[J].学前教育研究.2003（6）:39－42.

长、社会的认可和尊重，家长的支持、配合、理解是对老师的付出的回报，这也是教师的幸福所在。

家长的感激，可以成为教师的职业幸福的来源之一。幼儿园及其老师平时一定要让家长了解我们老师的辛苦和不容易，让他们由衷地对我们产生感激之情，这也是很重要的；教师还可以通过平时的点点滴滴努力，尽职尽责，让家长时常被感动，进而让我们不断地在工作中累积幸福感，成为一位幸福的教师。

案例 感动到哭 ····

俺家闺女幼儿园小朋友的妈妈们有个读书会，在昨天感恩节的时候，她们自发组织了一个小活动来感谢幼儿园的老师们。伴随着《感恩的心》的音乐，妈妈们排成两排，用手臂的动作来表达对老师们的谢意。在场的老师们都感动得哭了，相互拥抱在一起。妈妈们也跟着哭了一大片。

这场面俺还真没见到过。我觉得这比教师节给老师送礼强吧。这是真心的交流。

——一位家长的手记。

在感恩氛围里工作，在感激的眼神中交流，这是何等的幸福呀！

案例 情感通一切都通 ····

小明外婆早上送孩子入园时说："小明今天早上在家里没有大便，请老师白天一定要提醒他大便。"

结果，一直到中午吃完饭，小明也没有大便。教师在饭后就提醒小明说："小明，到厕所蹲蹲看，可能有大便呢。"果然，小明中午就大便了。

　　下午外婆来接的时候，老师将小明大便的事告诉了她。外婆非常高兴，连连对教师说谢谢，以后逢人就说："这个幼儿园的老师负责任。"当有其他家长责怪教师时，还主动上去打抱不平。

　　有一天，小牛奶奶来接小牛时，发现小牛拉链没有拉好，就说："老师真是的，怎么没有帮着拉一下呀！"小明的外婆立即说："老师照顾那么多孩子多忙啊，拉链没拉有什么关系呀，孩子都中班了，应该让他自己学着拉呀。"①

　　上述案例说明，家长工作做好了，家长认可了你，接受了你，那么，他就会到处维护你的正面声望，正可谓"赢得一个家长，就等于赢得一百个家长"。

　　幼儿园班级家长工作是一门艺术，家长对幼儿园教学的配合与满意程度，不仅取决于我们的保教工作是否做得好，更离不开与家长的及时沟通与适当的交流，"做"得好还要"唱"得好，这样的家长工作才是成功的，才能更有效地促进幼儿的全面发展！

　　因此，教师在班级管理的过程中，确实要认真地研究如何做好家长工作，进而获得职业幸福感。

二、为什么幼儿园教育离不开家长的支持？

　　《幼儿园教育指导纲要》第三部分《组织与实施》指出："家庭是幼儿园重

---

　　① 吴邵萍.家园共同体的建构:幼儿园家长工作的方法与策略[M].教育科学出版社,2011:133—134.

要的合作伙伴。"幼儿园与家庭在教育幼儿方面都有各自的优势，一旦家长与教师为着一个共同的目的携起手来,那么,教育就会很容易取得 1+1>2 的教育效果;如果家长和教师在教育理念和教育要求上相互冲突，那么，教育效果就会出现 1+1<2，甚至出现 1+1<0 的教育效果。

（一）家庭对孩子的发展有着不可替代的重要作用

家庭这个以血缘关系组成的，人一出生就生活在其中的社会群体是幼儿最重要的安全基地；人类最初的幼儿教育是家庭承担的，随着社会生产力的发展，这一责任部分地转移到幼儿园，但不能以幼儿园教育完全取代家庭教育。因为家长与孩子有天然的联系，家长在教育孩子方面具有别人难以替代的优势，瑞典的贝肯罗斯博士曾说:"在个性、社会性、智力发展和文化特征方面，父母是孩子的第一个和最重要的环境影响因素。"我国已经有研究证明，在幼儿的社会性发展方面，家庭教育的效果并不亚于幼儿园；在城市里，尤其是父母文化水平较高的家庭在幼儿认知发展中的作用还超过了幼儿园。

（二）幼儿在家庭获得的经验是幼儿园教育的基础

每个孩子在进入幼儿园之前的生活都是在家庭里度过的，家庭的影响印刻在幼儿的认知、语言、行为、情绪、态度上，每个幼儿都从自己家庭的生活中获得不同于他人的经验、感受，形成自己待人接物的态度和行为习惯等。

因此，可以说，每个幼儿都不是空着脑壳来到幼儿园的，他们的脑壳里都装着自己独特的经验，这些经验仍然极大地影响和制约着幼儿园教育。教师必须研究每位幼儿在家庭里所形成的成长基础，幼儿园教育必须在每位幼儿原有的基础上展开，否则，很难有效，甚至还会产生负向的效果——成为幼儿发展的一种障碍。

家长是掌握其孩子入园前成长信息最多的人，家长是教师了解幼儿的最好的信息源。教师必须通过家长才能更好地了解幼儿的成长背景及其特点，才能更好地建构起基于每位孩子原有发展基础的课程，进而更加有效地促进每位幼儿在其原有基础上获得发展。

（三）家长本身是幼儿园教育不可或缺的十分重要的课程资源

家长本身就是幼儿园课程的重要资源，家长中不乏各类人才，蕴涵着丰富的资源，幼儿园应积极争取家长支持，利用家长的个人爱好、职业特点、工作便利条件，开阔幼儿眼界，丰富幼儿经验，拓展幼儿学习途径。家长参与幼儿园活动可以和教师形成优势互补，共同办好幼儿教育。

下面我们了解一下家长和教师各自的优势，以便我们更好地利用这些优势，更好地促进幼儿的发展。

1. 与教师比较，家长有如下优势

（1）对自己的孩子非常了解。

（2）在某些或某一领域有专门的知识和经历。

（3）对自己的孩子在家里、家族里、邻里之间的表现很了解——许多孩子在家和在园不同。

（4）与孩子有更强烈的情感联结，对孩子也更加关心。

（5）想要把最好的东西给孩子。

2. 与家长比较，教师有如下优势

（1）你与孩子的距离和你对孩子的看法，不会投入太多的感情因素。

（2）你理解幼儿这个年龄阶段的"典型"行为。

（3）经历过许多不同的孩子和家庭，在某些领域有专长。

（4）有丰富的资源：人、机构、材料和各种分类信息（文献资料、图书清单、网站资源）。

（5）具有解决问题的办法和不同的策略。

（6）有一对能认真倾听的耳朵。[①]

当然幼儿家长与教师各有长处和短处，不能互相替代，却可以互补，相辅相成，相得益彰——教师应该把自己作为家长的一种教育资源和教育支持，而不是一个教育专家，并且经常问自己："在教育孩子方面，我能帮家长做点什么吗？"当然，家长也应该经常这样问自己："在教育孩子方面，我能帮教师做点什么吗？"

---

① （美）SteffenSaifer. 教师工作高效应对策略 [M]. 曹宇译 . 中国轻工业出版社,2012:218 − 219.

（四）家园教育要一致才能有效促进幼儿的发展

正如苏霍姆林斯基所说的那样，只有家长和教师在教育态度、教育要求上达成一致时才能有效促进幼儿的发展，反之，就很难促进幼儿的发展。

案 例　分享教育需要家园合作　• • •

> 春学期开学初，洪老师发现，春节过后每个幼儿手中都有 1～2 件新颖的玩具。她认为这是培养幼儿集体意识、分享意识的好机会，于是，她鼓励每个幼儿拿家中最好的玩具来园与大家分享，并准备第三天开一个玩具展览会。可是，第二天全班 36 位小朋友，只有其中的 3 位带来了自己的玩具，洪老师问孩子们为什么不将自己的玩具带来与大家分享，有的孩子说："妈妈不让带来，怕搞坏了。""奶奶说：'你拿去，奶奶以后就不再给你买玩具了！'""爸爸让我带旧玩具给班级，新玩具会弄坏的。"……

洪老师在培养幼儿分享意识和行为方面的想法是好的。但由于这项工作没有得到家长们的支持和配合，结果没有取得预期的分享教育效果，相反，还为家长教育孩子自私、小气创造了机会。这不能不引起我们的反思啊！

另外，孩子的物品在分享过程中，如果受到损坏，家长不要责怪自己的孩子不该与人分享，更不要责怪损坏物品的孩子。因为学会了分享，比任何物品都重要。曾经有位家长这样指责孩子："我今天早晨就跟你说了，不要把玩具带到幼儿园里给别人玩。现在你看看玩具坏了吧，拿回去还有什么用？！"被骂哭了的孩子，可能就此记住一个道理：所有的好东西以后都要藏在家里，由自己一个人独享。

欣怡不喜欢吃木耳，看到木耳就呕吐。宋老师引导欣怡观察木耳的颜色，并介绍木耳的营养价值，然后鼓励她选尝一小块，欣然坚决地摇了摇头，宋老师没有勉强她。第二次吃木耳的时候，宋老师也是先耐心地教育欣怡，欣怡再次拒绝，宋老师仍然没有勉强她。第三次吃木耳的时候，宋老师向欣怡"撒娇"："吃一口，就吃一口。"欣怡拒绝，宋老师继续"撒娇"，最后欣怡无奈地笑着吃了一口，宋老师说："木耳没有那么难吃吧，以后是不是要吃呀？"欣怡点点头。

宋老师把孩子的进餐情况告诉了家长，并请家长配合教育孩子。但是，等到下一次吃木耳的时候，宋老师又发现欣怡一口也不吃了。她问欣怡："前几天你不是答应老师要吃木耳，今天怎么不吃了？"欣怡理直气壮地说："每次在家里吃饭，妈妈都把木耳挑出来，说不爱吃就不吃吧，所以我不吃了。"①

从上述案例我们可以看出，家长的教育要求与教师的教育要求相互矛盾，教师的正确教育要求是无法达到预期教育效果的。

正如《幼儿园教育指导纲要》第三部分《组织与实施》指出的那样："家庭是幼儿园重要的合作伙伴。"家园要在实践中努力做到态度一致、要求一致，进而有效地促进幼儿的健康发展。

三、如何让家长感觉到你很爱他的孩子？

教师在平时的家园互动中，一定要努力让家长感受到你非常爱他的孩子，这是建构家园良好关系的情感基础。当家长感受到你非常爱他的孩子的时候，

---

① 晏红.幼儿园家庭教育指导形式与方法[M].北京：中国轻工业出版社，2012：1.

他就会很容易在情感上接受你，在认知上认可你，从而比较容易支持你的工作；反之，他就会反感你、抵制你，就会从"坏"的角度来审视你，如此，他就很难看到你的"好"——你对他孩子再好，他也认为不好，甚至怀疑你是装的，他永远怀疑你——"背后还不知道怎么整孩子呢。"

为了让家长感受到你对他孩子的爱，你可以从以下五个方面去努力和尝试：

（一）向家长汇报其孩子的情况要主动、具体

主动地用具体事例向家长汇报他孩子的在园情况——这样能体现出教师对其孩子的关注、了解、用心。作为一位负责任的教师，不应在家长问老师时，才告诉其孩子在园情况，而应定期或不定期地主动告知家长他孩子在幼儿园的状况。

每当家长问教师："老师，我家宝宝近来在幼儿园表现怎么样？"请教师们不要含糊其辞地回答："你家宝宝最近表现还行。""你家宝宝上课还可以。""你家宝宝挺好的。"而要用具体事例来说明他孩子在幼儿园的情况："吃得怎么样""睡得怎么样""和小朋友们玩得怎么样""各项教学活动情况怎么样"等，如此，家长才会感到他的孩子在幼儿园被老师关注到了，进而对你形成好感。

为了能够更加具体地向家长汇报其孩子在园的情况，我们应在观察的基础上做好相关的记录：

幼儿	情绪	午睡	吃饭	喝水	表达	同伴交往	成人交往	大便
幼儿A								
幼儿B								
幼儿C								
幼儿D								

情绪：√，稳定，开心；△，比较稳定，偶尔哭一下；×，不稳定，哭半个小时以上；○，缺勤。

午睡：√，2小时；△，1小时；×，没有午睡；○，缺勤。

吃饭、喝水：√，独立、主动；△，教师引导下进行；×，需要老师喂或提醒，不喜欢吃或喝；○，缺勤。

表达：√，主动表达、声音适中；△，主动表达，声音小；×，不愿意表达；○，缺勤。

同伴交往：√，乐于、友好与小朋友交往；△，愿意交往，但有时有攻击行为；×，独立玩，或对他人不友好；○，缺勤。

成人交往：√，愿意、主动；△，被动交往；×，不交往；○，缺勤。

大便：有 / 无。①

另外，向家长汇报孩子在幼儿园情况时，要特别关照家长的关注点，比如，对非常重视孩子"学本领"的家长，要特别汇报其孩子在学习上的情况；对关注孩子"内向问题"的家长，要多汇报孩子在当众发言、与人交往方面的情况，并告知家长自己在这方面采取了哪些措施。当然，还可进一步向家长提出一些改进其孩子内向心理行为的建议——这体现出你对他的孩子很关心。有时候，三五句话，就足以获得家长的认可。

（二）对家长交代的事情要努力做好并及时反馈

家长交代的事情，没有重要与不重要之分——因为家长交代给教师的事情，在家长心中都是重要的。因此，教师要努力做好家长交代的每一件事情，并且做好家长交代的事情后要及时向家长反馈——不要光说不做，也不要光做不说。

案 例　小勇今天有点发烧　• • •

有一天，妈妈将小勇送到班里就对王老师说："王老师，我家小勇今天有点发烧，请帮我留意一下，另外，还要提醒小勇多喝点水。"说完就匆匆地去上班了。傍晚，妈妈来接小勇时，王老师跟她说："今天，我每半小时摸一次小勇的额头，发现没有发热，我还让他喝了 6 杯水，一整天精神状态都蛮好的，吃得和平时差不多……"妈妈听后非常高兴，连连对教师说谢谢，以后逢人就说："这个老师很负责任。"

① 晏红. 幼儿园家庭教育指导形式与方法 [M]. 北京：中国轻工业出版社，2012：141.

确实是这样，教师认真做好家长交代的事情后及时反馈，就容易获得家长的认可，家长就会尽力维护你的好名声。

（三）让孩子喜欢你以及你所设计的活动

有位园长在介绍家园工作策略时说："你搞不定家长，可搞定他孩子。他孩子喜欢你喜欢得不得了，家长也没办法不喜欢你。"确实是这样。当孩子来到幼儿园门口就想往里面冲，放学时还对幼儿园恋恋不舍；见到老师就情不自禁地上去亲近，回到家里说的常是幼儿园快乐的事或表达对老师的喜爱，周末总闹着要上幼儿园——面对孩子如此喜欢的幼儿园和教师，家长也会身不由己地接受和喜爱幼儿园及教师。

（四）对孩子的爱要永恒

不管家长怎么看教师，不管他们怎么对待教师，甚至在家园之间出现了误会、裂痕时，作为负责任的教师仍然要始终表现出对他孩子的关爱，相信持之以恒的爱，定能感动家长，并最终赢得家长的认可。一个教师在向我们的实习生介绍其家长工作经验时说："家长越是不信任我，我越对他的孩子好，结果孩子见到我就想让我抱，时间久了，家长就不得不信任和接受我。"我赞成这种正能量的说法和做法，相信持续的正面影响定能打动家长。

（五）从细节中表现师爱

一是通过细节让家长感受到你很爱他的孩子，比如，每月至少给每个女孩梳一次漂亮的发型、温柔地抚摸男孩的头、耐心帮孩子整理衣襟、给每个孩子亲切的拥抱等；二是不要疏忽了某些细节，让家长以为你不爱他的孩子了，比如，放学时，家长发现自己孩子脸上有鼻涕痕迹、嘴角有吃点心痕迹、头发乱糟糟、鞋子穿反了、鞋带散开了等——但凡家长看到这些被老师疏忽的细节，将会对老师产生不信任感。对家长来说，他们不在乎教师漂亮与否，论文是否获奖，是不是能歌善舞，他们只要求教师对孩子真正用心。细节能体现教师对幼儿的爱，同时也能让家长感受到教师对其孩子的爱。有一位家长说，她很敬佩陈老师，因为在一次交谈中，她了解到陈老师特别细心——陈老师在孩子午睡值班时，对哪些孩子容易出汗，睡觉前要脱几件衣服，哪些幼儿容易着凉，要捂实，哪些幼儿喜欢蹬被子，要帮助其盖被子等，说得清清楚楚——她对陈老师的敬业、专业真是佩服得五体投地。

为了让家长感受到老师很爱他的孩子，教师应该注意以下要求：

1. 每天至少在家长面前抱 2 次孩子。

2. 每周至少将其小孩 1 次精彩瞬间的照片发给家长。

3. 每月至少给每个女孩梳 1 次漂亮的头发。

4. 每学期至少给每位幼儿写一封能体现老师对孩子的认识、爱和期待的信，并让家长念给孩子听。

5. 家长交代的事情要及时做好并反馈。

6. 每周至少告诉家长他孩子一个方面的进步。

7. 每月至少主动与每位家长沟通 1 ～ 2 次孩子的情况。

8. 每月拍一张与他孩子亲密互动的照片发给家长。

9. 每周至少主动与家长交流孩子的趣事 1 次。

10. 家长开放日，让每位家长看到你对孩子的爱。

……

"爱要让家长感受得到"应该成为教师维护好家园关系的一个努力方向。

案 例　孩子不见了　•••

小伟妈妈来接孩子的时候，发现他们家的孩子不在教室，于是，小伟妈妈很生气，责怪带班的宋老师没有看好孩子。

非常着急的宋老师和小伟妈妈，一同在幼儿园里寻找孩子，当找到孩子的时候，宋老师抱着小伟都快哭了："傻孩子，你跑哪里去了？吓死老师和妈妈了！"看着眼睛里含着泪花的老师，小伟妈妈一下子也理解了老师的牵挂与疼爱。

宋老师抱着小伟时候的情绪和语言几乎是一个"找到孩子"的父母

的真实再现，宋老师对小伟的担心和爱一下子打动了小伟的妈妈，小伟的妈妈和宋老师的关系和好如初。

宋老师的情绪和语言是她平时对孩子深深的爱的一种自然流露，这种爱的流露，让小伟的妈妈感受到了，这就为化解前面的家园冲突奠定了良好的感情基础，有良好的情感作为基础，其他的问题都不是问题了。

四、如何让家长感觉你很专业？

教师要想赢得家长的尊敬，就要努力在家长面前表现出你的专业品性、专业能力、专业知识，让家长感觉到你是个很专业、很敬业的教师。为了让家长能感觉到教师的专业，可以从以下四个方面去尝试：

（一）引领家长

教师是专业人士，有责任和义务对家长进行教育上专业的引领——在教育理念、教育策略、教育内容、教育方法、教育手段上给家长以全面的引领，以彰显教师的专业性，进而赢得家长的认可和尊重。

为了能够在专业上给家长更好的引领，教师可以从以下四个方面去努力：

1. 提供亲子游戏

教师每周给家长提供一个有发展价值的易于操作的亲子游戏。教师可以从网上搜集或买几套亲子游戏的书，结合本园、本班情况和自己的工作经验，整理出一套适合大中小班孩子家庭玩的亲子游戏，让家长感受到教师的专业和敬业。

2. 给予教育策略与艺术的指导

平时，教师要多收集家庭教育方面的材料，适时通过各种平台（网上网下）向家长推送，让家长感受到教师的用心和专业。如许多年以前我在某幼儿园的"推文"里看到这样的一个内容，让我印象深刻："家长们，在孩子做事之前，请坚持问孩子：'宝宝，做此事能告诉我三个理由吗？'——①这个事，你可以做，但你要考虑它的后果——让孩子有长远眼光。②你这样做，别人怎么想——让孩子站在他人角度上思考问题。③这个事情有没有更好的办法——让孩子富有创造性，追求卓越。"经常得到如此既有高度又有操作性的教育指导，家长就会感受到教师的教育理念和教育策略、方法。

3. 为家长提供有效的教育方案

如果教师经常到家长那里告他孩子的状，那么，家长是不高兴的，这样的教师是不受家长欢迎的，因为在每个家长心里自己的孩子都是最好的。孩子存在的问题，许多家长都知道，但他们苦于找不到教育的有效方法和策略，如果教师在指出其孩子存在问题的同时，还能提出有效的解决方法和策略，那么，教师就会得到家长由衷的感激和敬佩。

4. 不说教育上绝望的话

教师绝对不要在家长面前说那些教育上绝望的话。比如，教师不能跟家长说："你们家阿牛总是喜欢打人，我们三个老师都没有办法了，你们父母看看有没有办法。"因为幼儿园是专业机构，教师是专业人士，幼儿园及其教师应该比家长对孩子的问题更有策略和方法。当碰到某个孩子的某些问题比较难解决时，可以和家长一起探讨应对的策略与方法，在探讨的过程中解决问题，在探讨的过程中，增进亲师之间的了解、理解和感情。

（二）帮助家长解决孩子教育的难题

如果孩子的某些问题，入园前家长一直想解决却没有办法解决，入园后，教师发现了，并能有效地帮助解决了，那么，教师的专业威信和地位就能很快地得到确立，家长对教师的敬佩之情就会油然而生。

案 例 不吃饺子的小琪 ● ● ●

小琪入园前从来不吃饺子，入园后见了饺子就哭，一口也不吃。教师向家长反映这一问题时，小琪家长总是很无奈地说："在家里都是她爱吃什么，我们才做什么，她不爱吃我们就不做。"教师听后没有责怪家长，只是默默地行动：开始吃饺子时，老师没有强迫小琪吃饺子，只是鼓励她舔一口，小琪感觉舔一口没关系；紧接着，老师又鼓励小琪咬一小口，她就咬了一小口，老师竖起大拇指表扬她，小琪十分高兴。然后，老师拿出其他食物给小琪吃。到再吃饺子的时候，老师既为小琪准备了其他食物，又鼓励小琪慢慢地多吃一点饺子。一个月以后，小琪不再怕吃饺子了。老师把事情的经过告诉了家长，家长听后非常感动，不断地对老师说"谢谢"。

（三）让家长了解活动室环境布置所蕴含的教育原理

幼儿园各班活动室环境是一个班级的窗口，它反映着本班教师的教育理念和专业能力。教师在布置好活动室环境后，一定要引导家长了解如此的活动室环境对孩子发展的意义以及它蕴含了哪些教育理念。比如，有位教师告诉家长，活动室里 1.3 米以下的墙面张贴孩子们的作品，对满足孩子们的自我表现需要、成就需要有着十分重要的意义，同时，还可以促进同伴之间交流——让家长感受到教师的做法是有理念支撑的，不是教师在偷懒，而是教师对孩子的用心所在。经常将自己在班级环境创设中的理念及意图告诉家长，家长们就会感觉到教师是有专业素养的，进而对教师由衷地佩服。

（四）展示教师的专业品性

教师对家长都要公平、公正、无私、有耐心、有责任心、热心……同时让家长感受到教师的这些品性。

1. 公平

在家园互动的过程中，要让家长感受到教师是平等的：一是教师和他是平等的——在家园合作这个前提下，教师和家长的身份是一样的，都是教育者，教师在每个家长面前，特别是在那些权贵家长面前要不卑不亢，当然在普通市民家长面前也要平等相待，不要趾高气扬。二是教师对待每个家长都是平等的，要让每位家长感受到他们受到了同等的待遇——不管是普通市民，还是企业经理、大老板、大官员，在教师面前只有一种身份——那就是孩子的家长——教师对每一个家长都应一视同仁，一样看待，一样尊重，不要因家长地位的高低而有亲疏之分。

为了让家长能感受到平等，教师可以从以下三个方面去努力。

（1）注意与家长说话的口气。教师应该经常用商量、询问等口气与家长沟通，而不要用命令、训斥的口气与他们说话。有位家长说："我蛮害怕和孩子的老师沟通的，总觉得自己好像是个小学生。像我这样一个在农贸市场里卖菜的，没有多少文化，经济基础也不好的家长，平时不太敢跟老师沟通，老师和我谈话的机会也很少……"这位家长的话里透露出她的无奈。

（2）以平等心态与家长交往。教师不要巴结任何家长，特别是不要巴结有权有势的家长，保持教师在家长面前的尊严。教师过分巴结一部分家长，往往会导致另外一部分家长对教师的不满和怨恨，进而导致家园关系的恶化。

（3）给家长平等交流的机会。在早上的送孩子和傍晚的接孩子这两个环节，教师与任何一位家长的谈话不能超过 2 分钟。把这两个时间段的交流机会尽可能给更多的家长，如果与哪位家长有更多的话要交流，则应另约其他时间交流。即使有时候，有的家长有许多话要说，也应该提醒他后面再找时间谈。

2. 廉洁

教师要廉洁从教。教师不能利用从教来谋取任何的不合法、不合德的利益，只有如此才能赢得家长的敬重。为此我们应该注意做到以下几点要求：

（1）不要让家长成为你的客户。如果你家有小超市，请不要让家长成为你家的客户；不能帮家长代购任何东西。

（2）不能利用家长职权来为自己谋私利。

（3）不能接受家长任何礼物。

（4）不能接受家长任何宴请。

（5）结婚不能向任何家长发请帖。

案 例 万老师下周要结婚 • • •

万老师下周要结婚了。高兴之余，她希望自己班上的小朋友也能分享自己的喜悦心情。于是，万老师给班上的每个孩子发了一张喜帖，邀请小朋友在家长的带领下参加自己的婚礼。一下子,班上的家长们炸开了锅。按照传统婚礼习俗,凡是参加婚礼的亲朋好友都要给新人送上红包以示祝福,家长们都在议论:"那万老师是什么意思?是公开索要红包吗?"[①]

万老师错在哪里?教师要将私人生活与专业生活严格区分开来,不要将之混淆在一起,否则,我们的专业尊严、专业威信就会扫地。

(五)建立一个公众号

每个幼儿园都应该利用网络平台建立一个属于自己的公众号,宣传自己的幼儿教育理念和教育技能,展示自己的专业品性——将自己对幼儿教育的理解和做法,将自己对每位幼儿成长的关注,家园互动等内容发布出来,让家长们及时了解我们教师和班级的各项教育活动,了解孩子们在幼儿园的表现,解答家长各种类型的教育问题,进而赢得家长的信任和佩服。

五、如何让家长感受到他被你尊重?

在班级家长工作的过程中,一定让每位家长(不管他家贫富,不管他孩子表现优秀与否)感觉到被尊重,否则,容易引发家园对立,甚至对抗,良好的家园关系就无从谈起。

为了让每位家长感受到被尊重,教师应该注意以下几点:

(一)坚持"家长只是'家长'"

在面对家长时,教师应该将家长所有的背景去掉,在幼儿园教师心中,每位家长都只是一个家长——将他们背后的财富、权势、地位等全部去掉。只有这样,家长们,特别是那些处于弱势群体中的家长才会感受到尊严。

(二)尊重家庭的隐私和意愿

幼儿园及其班级要尊重各个家庭的隐私,不要有意无意地泄露一些家庭的

---

① 冯婉桢.教师专业规范与行为礼仪[M].北京:高等教育出版社,2013:88.

隐私，否则，会让部分家长感到非常不舒服，甚至长久不安。比如，幼儿园秋游、春游，不是租一个大巴，而是自驾游，这让"无车"的家长感到很不舒服——虽然幼儿园发动有车的家长乐于帮助那些"无车"的家庭，但许多"无车"的家长仍然感到很不舒服——因此，帮助别人也要征求别人的意愿，强行帮助也是对别人的一种不尊重。再比如，幼儿园开展亲子活动，经常强行要求父母双亲都来参加（虽然幼儿园此做法没有什么恶意），还有，有的幼儿园课程涉及家庭人员结构的，也会无意中暴露一些家庭的"单亲"这一隐私，这样的活动，会让单亲家庭的孩子不安，进而引发单亲家庭家长的不安和不满。

家长拒绝老师去家访应该得到谅解。有些家长可能对自己家的处境感到难为情，也有些家长单纯地不喜欢别人到家里做客，所以在家访前，一定要事先联系预约，征求家长的同意，如果家长找了个理由拒绝老师去家访，请不要问理由，更不要生气，要心平气和地接受。

（三）家委会要有代表性

无论是幼儿园的家委会，还是班级的家委会，都要有代表性，它的成员应该来自社会的不同群体，让幼儿园及其班级管理者能听到各种不同的声音。家委会不应该成为有钱有势之人的俱乐部。

（四）不得贬损任何孩子和家长

为了关照家长的尊重需要，教师不得在任何场合贬损任何一个家长及其孩子，为此我们应该注意以下几点要求：

1. 不要在任何公共场合点名或不点名地批评任何一个家长。

2. 不要在任何公共场合点名或不点名地批评任何一个孩子。

3. 不得因孩子难教、笨拙而责怪、辱骂家长。孩子有问题，孩子难教，更需要家园的精诚配合，更能让我们的专业素养特别是专业能力得到磨炼和提高。

> **案 例** 家长会上的尴尬　　　　　　　　　　　　• • •

家长会结束前，艾老师提到了班级中频频发生的攻击性行为，她阐述了自己的观点："孩子年龄小，争抢玩具现象时有发生，也因此出现了打人、抓人、咬人的现象，特别是我们的何小贝，经常争抢其他小朋友的玩具，好几次都把小朋友的脸抓破了，希望何小贝的家长能予以重视，加强对孩子这方面的教育，让何小贝形成良好的习惯。"何小贝的妈妈听到教师对孩子的评价，霎时显得很难为情，手足无措。何小贝妈妈向其他家长道歉，并表示一定会加强对孩子的教育。[①]

家长会上点名批评某一孩子及其家长，不管老师出于什么动机，这都将成为后续家园沟通的一种难以逾越的障碍。

六、如何与家长保持适度的距离？

为了处理好家园关系，教师与家长要保持一定的距离，这种距离包括专业上的距离和人情上的距离，否则，容易引发家园冲突，甚至不利于幼儿的健康发展。为了与家长保持适度的距离，教师应该注意以下两点。

（一）在专业上与家长保持适当距离

教师是幼儿教育的专业工作者，相对于家长，他对幼儿教育有更科学、更合理、更全面、更有远见的认识，他要以自己的专业知识和能力来引领家长——不仅不要迁就家长不正确的教育要求，还要用科学的儿童观、教育观来引领家长，进而让家庭教育和幼儿园教育更有利于幼儿的健康发展。

有人说：金杯银杯不如家长的口碑，家长只要觉得她的孩子学到东西，其他的都是次要的。

我想说：家长口碑对幼儿园的生存确实很重要，但盲目迁就家长的非理性教育要求，要么是幼儿园及其教师不专业的表现——因为他们真的不专业，不知道正确的幼儿教育是怎么样的——要么是幼儿园及其教师缺乏职业良心的表现——他们明知家长的"小学化"等非理性教育要求对幼儿身心发展的伤害，

---

① 汪秋萍，陈琪.家园沟通实用技巧[M].华东师范大学出版社，2012：52 — 53.

但为了更好地经营幼儿园，他们还是选择了迁就家长的非理性教育要求。

（二）在人情上与家长保持适当距离

在人情上，教师要与家长保持足够的距离，以利于幼儿健康成长，同时，也是对教师和家长的保护。为此，应该注意以下三点：

1. 不能与任何家长结拜姐妹兄弟。因为你做不到与每一位家长都结拜成姐妹兄弟，如此，将影响你对不同家长的不同态度，进而影响到你对他们孩子的态度，影响幼儿园教育的公平性。如果要做，我建议大家将所有家长都当作自己的兄弟姐妹，在情感上接受每一位家长，进而更好地与他们沟通交流与合作，更好地促进每一位孩子的健康发展。

2. 不能做任何孩子的所谓干爹、干妈。因为教师与幼儿有了"干爹""干妈"这种关系后，它将影响教师教育的公平性，影响家长对教师的信任。

3. 与异性家长保持足够的情感距离。与异性家长交往要有分寸感，有些话题不宜与异性家长聊的就不要聊。

七、如何在家园互动中发挥教师的主导作用？

在良好家园关系的建构上，教师应该起到主导作用：主导家园关系发展的方向——主动、热情、专业，引导家园关系向积极方向发展。

（一）主动热情

教师面对家长要主动热情：见到家长要主动问好，主动交流；与家长交流时微笑应该成为一种习惯。有位教师对我说："我都给某某家长笑一个星期了，可是那家长仍然对我爱理不理的。"我和她说："继续保持职业的微笑，相信总有一天会打动家长的。"教师对所持的热情要有足够的耐心！

为了做到在家长面前表现出足够的热情，请各位教师从以下几个方面去尝试：

1. 早晨微笑着与每位家长说："早上好！""谢谢你早上把孩子送来幼儿园！"

2. 接待家长时，总是说："为了孩子上学，你们辛苦了"，家长们听了心里总是甜甜的。

3. 与家长见面时，如果你没有合适时机与家长说说话，那么，微笑着与家长点点头。

4. 热情地回答家长的提问。

5. 经常跟家长说："你有什么困难需要我帮助吗？"

6. 热情地向家长汇报其孩子在园的情况。

7. 孩子生病了，要主动通过家长表达你对孩子的关爱和问候。

8. 见到家长来接孩子要主动打招呼："哟，某某的爷爷来接孙子啦？""哟，某某的奶奶来接孙子啦？""哟，某某的爸爸来接孩子啦？""哟，某某的妈妈来接孩子啦？"……热情要大声说出来！

9. 下午微笑着和家长、孩子说"再见！"

10. 早上家长委托你给孩子喂药——感谢家长对我们的信任，同时要主动地向家长汇报其孩子一天当中吃药情况和身体状况，每2小时通过微信发一次相关信息。

（二）与家长有误会要主动化解

有些教师与家长有误会只会生闷气，不会主动化解，让相互之间的误会变成了积怨，并且越积越深，以至于一见到某位家长脸色就晴转多云。这严重地影响了教师职业生活的质量。因此，建议教师与家长有误会就以最快的速度将其化解，自己不能化解的还可以借助外力（如请其他同事，甚至园领导）来化解。

在误会方面，不管自己有错无错，教师都应该主动去化解——这不是我们怕家长，不是我们有理无理，这无关面子问题，只为提高我们的职业生活质量。

案 例 **以怨报怨** ...

邓老师说："有的家长实在是不敢恭维。我们老师没办法与其沟通了。对那些态度一直很不好的家长，我态度也不会好的。"一次，一个家长对我说："喂，孩子衣服呢？"我说："在柜里。"家长说："哪个柜呀？

第四章 幼儿园家长工作的开展

155

你也不说明白，我哪知道！"我说："当然是孩子自己的柜子，还能是别人的柜子吗？"家长就没有说什么。这个家长对老师的态度向来如此，众所周知的。以前对他客气的时候，他总是态度极差。我们老师都认为他很多时候都是故意的，总爱习难老师。

从邓老师上述的话语中，我们可以看出，这个班的老师与这个家长积怨是多么深，上班总得与这样的家长打交道，如此怨恨，并且冤冤相报，幼儿园工作哪里还有快乐幸福可言？！

当教师与家长之间有误解时，不要"以恶报恶"，而应该通过展示自己对孩子的爱心来化解家长的误解，进而赢得家长的理解和尊重。

（三）引导家园关系正向发展

在家园互动的过程中，当家长向我们发出负面信息时，作为专业人士的教师，一定要努力将家园关系引向正向的运动轨道，而不能让其在负向轨道上狂奔，越走越远。

案 例　家长的抱怨是礼物　●●●

有一位教师在向我们介绍如何应对家长的抱怨时，她说："抱怨即是'礼物'。听到家长对自己工作的抱怨时，应表达感恩的情怀。"她还介绍了有效的应对家长抱怨的方式：

- 向家长说"谢谢你的反馈"。
- 向家长解释你为何感激家长的抱怨。
- 为错误道歉。
- 承诺立即处理家长抱怨的问题。
- 了解情况。

- 尽快纠正错误。
- 问题处理后要及时查看家长是否满意。
- 防范将来再犯同样的错误。

我也期待大家能从积极的角度去审视家园互动中的恩恩怨怨，并将它们化作自己专业成长的内在动力。

八、如何将幼儿的最大利益置于家长工作的中心？

"将幼儿的最大利益置于中心"应该是教师与家长共同信奉的互动原则，同时也是两者合作的出发点和归宿。教师与家长面对矛盾与冲突，应共同寻找解决问题的办法，努力达到更有效地促进孩子健康成长的效果。为此教师应该注意以下两点要求：

（一）不要让孩子感受到家园冲突

当孩子在场时，请不要与家长争吵，更不要有肢体冲突。因为孩子目视家园冲突，会给其心理带来阴影，让其今后都无法以正常的心态面对老师和家长。当然，家长和教师也不应该在孩子面前互说对方的坏话，以免降低对幼儿的正面引导能力。

（二）明确与家长争吵的目的

与家长争论甚至争吵，其根本目的是化解家园矛盾，达成共识，共同更好地促进孩子发展。

九、如何与家长进行非暴力沟通？

我不知道各位教师有没有遇到过这样的情况：你很想跟家长理智、平静地探讨一个问题，但是没说几句，家长情绪就非常激动，觉得你在挑他的毛病。为了你能摆脱这种家园沟通的窘境，下面介绍一种与家长沟通交流的技术：非暴力沟通技术。

非暴力沟通技术告诉我们如何让自己的诉求被别人听见，同时又不让对方觉得受到了攻击。非暴力沟通倡导，在交流过程中，通过专注于自己和他人的感受及需要，可以减少争辩和对抗，培养彼此的尊重与爱；这样，通过建立双方的感情联系并促进理解，矛盾就能以"非暴力"的方式解决。非暴力沟通，不仅仅是一种语言表达的技术，也是聆听的技术和对别人诉求回应的技术。

非暴力沟通是美国著名心理学家马歇尔·卢森堡教授在 20 世纪 60 年代提出的一种沟通理念，用它来指导人们的谈话和聆听方式，使沟通者之间情意相通、乐于互助。非暴力沟通是一种能让人感到善意，并能够与他人和谐相处的沟通方式，为教师与家长之间良性沟通的形成提供了新思路。

学会了非暴力沟通，我们在与家长沟通交流时就不会再条件反射式地对家长的语言和行为做出反应，而会去明了自己和家长的观察、感受和愿望，有意识地使用语言，既诚实、清晰地表达自己，又尊重与倾听家长的心声。

在非暴力沟通中，倾听家长意味着，放下我们已有的想法和判断，一心一意地体会家长。比如，教师在离园时，没有帮孩子把外套穿上，孩子妈妈说："孩子的手有点冷，外套怎么没有穿啊？"（带着一种责备的语气）。在这个案例中，很明显，家长看到的事实是：天气有点冷，老师没有帮我孩子穿上外套。那么，教师不要着急回应家长，向她解释，先听明白家长说这句话的感受、需要和请求。从感受来看，家长看到自己家的孩子在冷天里没有穿外套，内心是生气和埋怨的；从需要来说，家长内心的需要就是天气冷孩子要穿上外套；从请求来看，家长是希望老师能够记得为孩子穿上外套或提醒孩子穿上外套。教师在分析家长的需求之后，可以有针对性地回应家长的需求，进而达到有效地与家长沟通的目的。

在班级家长工作中，与家长进行非暴力沟通应该注意以下几点：

（一）放弃暴力语言

暴力语言是指让别人遭受到精神伤害的语言。比如，在家园沟通中，使用的指责、嘲笑、否定、说教、贴标签、比较等就是暴力性语言。

为了去掉我们与家长沟通中的暴力性语言，我们应该将"暴力词句"（必须、应该、总是、从来、每次等）、"暴力语气"（责问、责怪、指责、批评、贬损、评判、命令、威胁等）去掉，因为这些词句和语气都是暴力语言的一种表现，家长一听到就会生气，就会反驳，就会情绪对立，甚至出现思想和行为上的对抗。

请看我们平时在家园沟通中使用的暴力语言：

● 指责："你总是那么晚来接孩子，我们也有家庭，我们也有自己的生活，你这样做影响了我们的正常工作和生活。"

● 责问："你们就这样做父母吗？每天都是你们家孩子来得最晚！"

● 责怪："孩子这个样子，都是你们教育无方。"

● 批评："你们怎么这么晚才来接孩子呢？我们老师也有个人生活，你们一点都不会体谅我们老师！"

● 贬损："你们白白读了那么多的书，连教育孩子的基本东西都不懂。"

● 评判："你们在教育孩子方面肯定不用心，要不然你们家的孩子怎么会这样不懂规矩。"

● 命令："无论如何你们得来幼儿园参加本周末的亲子活动！"

● 比较："你们有阿牛父母一半热心我们班的工作就好了。"

● 威胁："你们再不配合我们工作，那我们也不管你的孩子了。"

● 逃避责任：被家长追问为什么要这么做时，许多教师通常会说，这是"园长命令""幼儿园规定"。

● 必须："你们家孩子打伤阿牛，你们家长和孩子必须当面向人家道歉！"

● 应该："你们在家应该好好教育你们家的小孩，他在幼儿园总是打人。"

● 总是："你们为什么总是这么晚来接孩子？！"

● 从来："你们从来不关心我们班里的事，让你们配合做点事，你们从来都不配合！太没有责任感了！"

● 每次："你们每次开家长会都迟到！"

……

许多家长听到这些刺耳的暴力语言，要么，直接与你对抗，要么，心中对你不满——修养好点的家长，会让这种不满埋在心中，然后不断积聚，就总有暴发的一天；个人修养不好的家长，就会因此到处说你的"坏话"，因为你的暴力语言让他们转变了对你原有的美好看法。

　　曾有档《少年说》的节目，一个女孩哭着控诉自己的妈妈："为什么你总是拿我跟其他的同学比较？为什么我的努力你永远看不到？"

　　台下的妈妈一脸冷漠，义正辞严地回应说："我觉得你的性格需要打击，不然你会飘。当你很强的时候，我觉得要拍一下；当你很弱的时候，我就要推一把。"

　　这位妈妈的动机可能是好的，但这种比较的评判方式却是语言暴力的一种方式，它会让孩子心生不满、怨恨，这种负面情绪积聚多了就会出现极端的思想和行为，甚至要报复妈妈。只顾"好心"未必就能得到"好报"，因为我们在"好心"的幌子下使用了暴力语言，让对方内心很受伤。

（二）非暴力沟通技能

　　非暴力沟通技能指导我们转变谈话和聆听的方式。它涵盖了观察、感受、需要、请求四个要素。总结为一个万能句式，让你轻松实践非暴力沟通：我观察到＋我感觉＋是因为＋我请求＝非暴力沟通。大家看看下面的案例：

　　这一周，接孩子离园，你迟到了3次，我有点为孩子担心，因为你们家孩子总是最后一个离开幼儿园，你的孩子会有一种被抛弃的感觉，在等待中他很焦虑不安，为了不让孩子那么焦虑，你可以每天都按时来接孩子回家吗？

观察：这一周，接孩子离园，你迟到了3次。

感受：我有点为孩子担心。

需要：不让孩子那么焦虑——因为你们家孩子总是最后一个离开幼儿园，你的孩子会有一种被抛弃的感觉，在等待中他很焦虑不安。

请求：你可以每天都按时来接孩子回家吗？

1. 观察

观察，是非暴力沟通的第一要素。仔细观察正在发生的事情，并清楚地说出观察结果，而不评判、指责或以其他方式进行分析。它要求我们对自己所经历的事情，客观地进行描述，不能加上自己的主观臆断，不能把观察和评判混为一谈。请看下面哪个是"观察"，哪个不是"观察"？

A：你是位不负责任的家长。

B：本学期 3 次家长会你都没有参加。

A：你们家长一点都不配合我们的工作。

B：我们让孩子带玩具来幼儿园与小伙伴们分享，你们却阻止孩子拿玩具来幼儿园。

A：天天在幼儿园吃饭时总是挑食，爱吃的吃得多，不爱吃的一点儿也不吃。

B：我观察天天吃饭的情况，发现他吃肉吃得比较多，吃菜比较少。不知道他在家时吃饭的情况怎么样？

A：你的孩子经常打小伙伴，已经提醒过很多次，但他从来不改。

B：你的孩子这两天打了 5 位小朋友。

A：你家孩子很皮，注意力不集中。

B：昨天我们在户外玩的时候，你家孩子在地上爬来爬去持续了近 15 分钟，老师劝他也不听。

A：你家孩子是很挑食的，有的菜一口都不吃。

B：每天中午吃饭的时候，你家孩子都会先挑自己喜欢的吃，把不喜欢吃的放在最后，我们也担心他的饮食不均衡。

A：你总是很忙。

B：上周我给你发 3 次微信，你都不回。

A：你从来不主动联系我们老师。

B：这个月你没有联系过我们。

A：你从来都不积极参加我们幼儿园的活动。

B：这个月的两次亲子活动你都没有参加。

A：你家孩子很好啊，他是个文静的男孩子，上课也很安静，一般不怎么举手，要老师点他，他才发言。

B：今天上课的时候，你家孩子很安静地听老师讲故事，当老师问他问题时，他表达得很清楚。

A：你家孩子今天太过分了。

B：你家孩子今天将同桌的绘画本撕碎了，我看到他很生气。

如果你是家长，你更喜欢听"A"还是"B"，为什么？

在与家长沟通交流中，严格区分观察和评论，不要使用"从来""总是""每次都"等带有评论倾向的词汇，是避免语言暴力很重要的一步。

2. 感受

感受，非暴力沟通的第二要素。体会和表达感受，用表示情绪的词语把你的感受描述出来，我们同时会有好几种感受，感受说得越清晰，对方越能理解我们。非暴力沟通要求人们在沟通时要学会区分感受和想法。说出一些行为，代替你内心产生的感受，很多人并不擅长这一点。比如情侣吵架，常会说，我觉得你不爱我了。这其实不是感受，而是你的想法。表达感受可以这样说："你的行为，让我很不安。"

表达感受需要练习，你可以建立属于自己的词汇库。这样有助于我们表露情感，让他人明白我们的内心感受，从而更了解我们的需求。

（1）表达感受的词汇

我们的需要得到满足时的感受：兴奋、喜悦、感激、开心、高兴、快乐、愉快、平静、自在、舒适、放松、踏实、温暖、放心……

我们的需要得不到满足时的感受：担心、焦虑、着急、紧张、沮丧、孤独、难过、沉重、麻木、疲惫不堪、筋疲力尽、无精打采……

（2）看下面哪个是"感受"，哪个不是"感受"？

A：我觉得我没有被尊重。

B：你冲着我们老师大喊大叫，我很难过。

A：我觉得我们老师很无力，你们一点都不配合。

B：孩子这个样子，我为他感到担心。

3. 需要

需要，是非暴力沟通的第三要素。即表达和感受人们自身的需要。

教师在家园沟通中，如果希望家长了解你的感受，那么，在你表达了自我感受之后，就要明确地向家长说出你的实际需要，这样，家长才有可能真正理解并给予帮助和支持。

指责、批评、评论也是我们表达需要的方式，但是如果我们通过批评来向家长提出我们的需要和主张，那么，家长的反应常常是申辩或反击。反之，如果我们直接说出我们的需要，家长才有可能对我们的需要做出积极的回应。在与家长交流中，教师要严格区分需要与感受、认知。看下面哪个是"需要"，哪个不是"需要"？

A：你不回我微信，我很生气。

B：我给你发微信，是想与你交流孩子的发展问题。

A：今天开会有几个家长没有来，我很生气。

B：会议内容重要，我希望每位家长都能来参加本次家长会。

A：你嗓门那么大，我感到恐怖。

B：我想和你好好谈谈。

4. 请求

请求，是非暴力沟通的第四个要素。我们在向家长表达了观察、感受和需要之后，接下来要做的就是向家长请求帮助。请求帮助，即提出具体明确的请求，请求而非命令。教师命令（命令就是你提出来，别人必须得执行这个指令。）易引发家长抵触。请求就是你提出来这个指令，但是别人可以选择做还是不做。面对教师的命令，家长只有两个选择，一个是服从，一个是反抗。所以给家长提出命令，是非常容易造成家园冲突升级的一种沟通方式。因此，教师与家长沟通交流时请多用请求，而不要用命令。看下面哪个是"请求"，哪个不是"请求"？

A：无论如何你都得带孩子来幼儿园参加亲子活动。

B：你可以带孩子来参加本次亲子活动吗？

A：你是个博士，你必须在家长会上给其他家长讲讲你们是如何教育孩子的。

B：你家孩子在幼儿园一直表现不错，你能在家长会上做相关发言吗？

A：我有权要求你……

B：你可以……吗？

A：你应该……

B：你可以……吗？

在提出请求时，如果你使用的是"A"句式，那么，你的请求就已经成了命令，接到你的命令式要求时，家长内心是不舒服的，是抗拒的。真正好的家园沟通，应该是在表达自己需求的同时，让家长也感受到充分的尊重和选择的自由。

观察、感受、需要、请求，是非暴力沟通的四大要素，也是我们家园沟通的指路明灯，我们不妨在日常家园沟通中多进行演练，借助这四个步骤表达和提升自己，进而建构起良好的家园关系。

十、家园沟通中如何利用三格子沟通交流技术？

家园沟通，不是为了说话而沟通，是为了解决问题而沟通。为了解决问题，那么，教师首先要听明白：家长在说什么、在要什么、他在给我提什么条件。听懂家长的意图，是我们教师与家长沟通的基础。为了更好地听明白家长的意图，然后有针对性地回应家长的诉求，教师可采取三格子沟通交流术，即当幼儿家长跟你说话的时候，你作为倾听者，接收到了源源不断的信息，这时候你要做一件事，那就是请你在头脑里自动画三个格，把从家长话语里听到的所有信息，进行分类处理。

第一格：幼儿家长陈述了一个什么样的事实。

第二格：幼儿家长表达了一种什么样的情绪。

第三格：幼儿家长期待我们教师做出的行动。这一点非常重要。

三格子倾听交流术＝接收事实＋感受情绪＋理解家长期待的行动。

事实

行动 ←→ 情绪

我给你举一个简单的例子你就知道了。

比如，教师接到一个电话，家长说孩子在幼儿园花了三百多元买的园服，还没有穿几次就有许多地方脱线了，很生气地打电话投诉。

如果我们教师笼统地去听，就会被幼儿家长暴跳如雷的情绪所误导。那我们教师应该做出的反应是什么呢？只能跟家长说："你别生气，你别焦急。"——这种沟通当然是没用的，因为我们没有听懂家长真正的意思，如此，我们教师越这么说，家长就会越生气。

但是，如果我们教师学习了三格子沟通交流术，就会在脑子里面打三个格：

事实是什么：事实是幼儿家长看到孩子在幼儿园花了三百多元买的园服，还没有穿几次就有许多地方脱线了。

情绪是什么：他很生气，也很着急。

他期待我们教师做出的行动是什么：他期待我们教师重视这个事情，给他换一件好的园服。

如此在脑子里打完三格后，你就不会简单地回应说："你别生气，你别着急。"而是要先告诉家长："明天早上送孩子来园时将脱线的衣服带过来，我们和供应商联系换一套全新的好的园服给你家宝宝。"然后才是道歉和安抚情绪，如此的家园沟通的效率就提高了。

三格子沟通交流术强调：把我们从家长那里接收到的信息——不论信息量多少，都要求自己按照事实、情绪和幼儿家长期待的行动这样三个格，来进行分门别类地处理。下面我们根据"三个格"来做一些练习，以真正提高我们在家园沟通中的倾听交流能力。

【练习1】"邓老师，咱们班的牛志勇怎么这么喜欢打人呀？"

三格子分析：

第一格：幼儿家长陈述的事实是，牛志勇经常打小朋友，还打了该家长的孩子。

第二格：幼儿家长表达的情绪是，对自己孩子在幼儿园被牛志勇打很不满意，甚至有点气愤。

第三格：幼儿家长期待我们教师做出的行动是，制止牛志勇打人行为，保护好孩子们。

【练习2】"你们老师一点也不爱我的孩子！"

请问，这句话是事实还是情绪？

这可能是事实，更是一种情绪。说这句话的家长，带有强烈的责备、评判、委屈的情绪，还有主观色彩。

但是，在听这句话的时候，真正应该注意的不是事实，也不是情绪，而是幼儿家长话里的那句潜台词："我希望你们幼儿园老师能多关爱一下我的孩子。"这是你要抓住的核心意思。

三格子分析：

第一格：幼儿家长陈述的事实是，老师不爱他孩子。

第二格：幼儿家长表达的情绪是，不满意，责备。

第三格：幼儿家长期待我们教师做出的行动是，多关爱他的孩子，用行动来说话。

【练习3】"我来参加家长开放日三次了，发现你们老师总是不提问我家宝宝。"

请问，这句话是事实还是情绪？这句话既是事实，又是情绪。告诉你一个小技巧，当家长话语里有"总""总是""老是""每次""经常""永远"这些词语时，我们可以肯定家长就是在表达情绪。

三格子分析：

第一格：幼儿家长陈述的事实是，参加家长开放日三次了，没有发现老师提问自己的宝宝。

第二格：幼儿家长表达的情绪是不满意。

第三格：幼儿家长期待我们教师做出的行动是给其孩子回答问题的机会，让其孩子表现一下。

与家长沟通时，请在脑子里形成三格子——事实、情绪、行动，然后再对家长的话语进行回应，如此回应肯定会提高家园沟通的效率和效果，提高家长对我们幼儿园老师工作的满意度。

各位老师，你记住了吗？与家长沟通交流，回应前一定要形成三格子——事实、情绪、行动！

期待大家每次在与家长沟通交流中都进行倾听练习，都形成三格子，在了解事情的基础上，理解家长的情绪，并根据家长对你的行动要求做出回应。相信你的家园沟通能力一定能提高。

十一、家园沟通中如何利用同理心沟通交流技术？

家园互动中的同理心沟通交流技术，是指教师在与家长沟通交流的过程中能站在家长的立场上去体会和理解他人的感情、需要和意图，并且能把这种理解和关怀传递给家长的沟通交流技术。同理心沟通交流技术主要指的是能充分理解别人的心事，并把这种理解以关切、温暖、尊重的方式表达出来的技能。

下面提供一些同理心沟通交流技术的语言，期待大家能从中悟出一些同理心沟通交流技术。

A："杜娟妈妈，孩子在成长中受点伤害是难免的，这些对于孩子的成长何尝不是一件好事呢？！请你别太在意孩子的受伤！"

B："杜娟妈妈，我能理解，你看到孩子受伤很心疼，当时我也和你一样，看到他受伤，也是非常心疼。"

A："孩子在幼儿园摔伤很正常，随着年龄增长，经验增加，摔伤的现象就会逐渐减少了。"

B："我们老师和家长一样，都不希望看到孩子摔伤，特别是那么小的孩子。我们一起来和孩子回忆是怎么摔伤的，让孩子从中得到成长的经验。"

A："这有什么好生气的？在幼儿园里，孩子被小伙伴打，或打小伙伴都很常见。"

B："你的心情我很理解，等你先冷静下来我们再谈好吗？"

由于自己的孩子经常被邻床的丁小军逗弄，家长强烈要求给孩子换床位。

A："这是不可能的！如果给你们家孩子换床位，你说，让谁来和丁小军做邻床？"

B："我理解你的担心，也理解你的着急。我向你表示抱歉，我没照顾好孩子的午睡。你看能否这样，接下来几天中午我认真关注一下，看看他俩的表现，我找个合适的方法来处理这个情况，既不影响两个小朋友的午休，也不影响两个小朋友的交往，毕竟他俩也是好朋友。5天内，我每天都关注你孩子的午睡情况，并与你联系，与你交流他俩的表现。你看这样行吗？"

孩子在跑步时，从后面推了小朋友，被老师罚站2分钟。这一处罚刚好被孩子妈妈看见了，然后既生气又心疼地质问："老师，你为什么要罚我们家孩子站？他犯了多大的错误呀？！"

A："我们班各项活动都是有常规要求的，谁违反了，都要受到处罚。你孩子推人了，他犯了错误了就应该受到处罚。"

B："听起来你有些生气，有些心疼。换做我，不明白老师为什么这么做，也会心疼的。情况是这样子的……不过，你的心疼倒是提醒了我，平时我们应该更好地做好家园沟通。"

听到某家长抱怨说："我真受不了我们班的小明家长，他总是在我们面前炫耀他们家孩子多好，家里条件多好。"

A："随他说去，你管人家干吗？"

B："听得出来，他这么说的时候你好像不高兴。"

一个家长来求助老师："孩子的父亲希望孩子转到另外一所幼儿园，他认为孩子在这里不好。其实我也很矛盾，孩子那么小，换来换去的，对孩子发展也不好。"

A："转不转园，那是你们家长的事情。如果你们要转，我们同意。"

B："听得出来，在孩子是否转园的事情上你与先生的意见不大一致，你对那么小的孩子改变环境感到担心，是这样吗？"

"A"回应方式，家长听后是很不开心的，交流可能就此中断，并且可能由此而产生恨意；"B"回应方式，家长听后内心压力得到了一定的释放，因自己情绪体验得到认同、接纳，心情会变得轻松一些。

家园互动中的同理心沟通交流技术流程与要求：

1. 表示理解家长的情绪体验，不可以否认家长的情绪体验。常用的语言有，"我能理解……""……如果是我，我也会……""我能体会到你……""我明白你……"

2. 提出帮助或支持方案。如果能提供帮助或支持的，教师要给予相应的有效帮助或支持。适当的帮助和支持会让家园关系更加和谐，充满温暖。

案例　爱是沟通交流的基础　•••

教师："这几天我一直观察小杰，发现小杰穿衣服很慢，别的小朋友都穿好活动去了，教室里只剩下他自己，他着急得不得了。看着孩子急得满头大汗，我都有点心疼了。"家长："谢谢老师，让你跟着着急了。"教师："我想问一问，他在家里穿衣服是什么情况？"家长："我一般早上要上班，孩子早上起床后都是由奶奶照顾。"教师："是不是奶奶给孩子穿衣服的时候多些？"家长："是的。"教师："奶奶疼孙子，我很理解。可是，如果不让孩子练习自己穿衣服，那么，他在幼儿园时就无法独立穿衣服，这对他自信心的建立非常不利。可不可以回家跟他奶奶商量，以后让孩子自己穿衣服？练得多了，孩子自然也会熟练起来，穿衣服的速度也就快了。"

家长："好的，我回家一定和他奶奶说。"

在以上对话中，教师首先依据观察，客观反映幼儿穿衣服慢的问题后，清楚地表达出自己看到幼儿着急时心疼的感受，家长听到后会感受到教师对孩子的真心关爱。接着，该教师了解幼儿在家的情况，表示理解家长疼爱孩子的心态，并站在孩子的立场，提出了解决问题的办法，因此，达到了很好的沟通效果。

十二、家园沟通中如何利用"'你'转'我'"的沟通交流技术？

教师在与家长交流的过程中，少说"你"，多说"我"和"我们"。

一位家长无意中将其出入幼儿园的门禁卡（家长到幼儿园接孩子时要在大门安检处相关设备上刷的一种电子卡片）弄丢了，家长打电话来给老师报告相关事宜，要求补办一张。下面两种回复方式，你选择哪种：

A："你挂失的这张门禁卡，我们会按相关要求走程序，10天内给你补办回复。"

B："我们会对这张门禁卡进行补办，10天内给你新的卡。"

"A"回应方式与"B"回应方式效果有很大差别。研究结果显示，听到"你"字开头，有许多家长会对老师不满意，还有的家长觉得非常不高兴。为什么会这样？事实很简单，因为"你"字激发了家长的心理防御状态，接下来说的任何话，在他心里都是抵触的。而当用"我们"开头的时候，就把我们和家长建立成了一个共同体。因此，我们在与家长沟通时，要少说"你""你们"，多说"我"或者"我们"。这不仅是一个家园沟通技巧，也是一个思维方法——学会换位思考，同时，也让家长感觉到你和他们是一起的。

接下来我们做一组练习。这组练习的要求，就是把所有用"你""你们"开头的话，转换成用"我"或者"我们"开头。

【练习1】

"龚宏云家长，你们家龚宏云今天又打小朋友了！真是太不可思议了。"

类似的话在家园互动中经常出现。但你有没有感觉到，这类话一出口就能让人闻到火药味了？如此与家长说话，难免会发生家园冲突。

如果我们在与这位家长交流时把主语"你"换成"我"或"我们"，我们就可以这样说：

"龚宏云家长，你看我们做点什么，能把龚宏云的打人行为改正了？"

你看，在交流的过程中，将"你"换成"我"或"我们"，我们和家长就变成了并肩战斗的战友了。家长听到这句话的时候，会觉得，你在说我们共同的事情，而不是在责备他。

【练习2】

"李小达家长，你为什么没有交家园联系手册？"

我们可以细细想一想，这样说话是不是有点"冲"？我们改造一下：

"李小达家长，我为什么没有拿到你们的家园联系手册？"

老师们，你们看，上面的这两句话，其实是同一个事实。只是转换一下语气，加上了"我"，就把问题的主体放到了我们老师自己身上了，家长听起来就没有那么"冲"，家园关系就比较平和、和谐。

【练习3】

"浩然家长，你孩子的健康报告怎么这么晚还没交？别人都交了，就你家浩然的健康报告还没有交！"

这样一听，家长会感觉到我们老师脾气还挺大的。我们应该如下说：

"浩然家长，我一直在等你家浩然的健康报告。下次可以交早一点吗？"

虽然老师内心也有点怨，但如是说，家长会好受一些。

【练习 4】

"茹丽家长，你的这套亲子秋游活动方案大大超出我们班的预算了！"

改造成用"我"或者"我们"开头，我们应该怎么说？

"茹丽家长，我们调整一下亲子秋游活动方案，把费用控制在我们班预算范围内吧。"

各位老师、园长，我们体会一下，是不是意思就有点不一样了？家长听后感受是不是也会不一样呢？

【练习 5】

"晓帆家长，你到哪儿了？怎么还没来到？！家长会议马上就要开始了！"

你会怎么改造这句话？

"晓帆家长，咱们班的家长会马上就要开始了，你还没到是有什么情况吗？"

【练习 6】

"晓帆家长，你到哪儿了？怎么还没来到？！我们班所有孩子都已经被家长接走了，就剩下你家晓帆了！"

你会怎么改造这句话？

"晓帆家长，我和晓帆在一面玩，一面等你，可是晓帆还是希望早点回家。你还没到是有什么情况吗？"

园长们，老师们，通过上述这些练习，我们会发现每一句用"你"开头的话，其实都可以转换成用"我"或者"我们"来开头。以"我""我们"来开头说话可以大大舒缓家园关系。

十三、如何化解家园沟通中的分歧？

家园沟通中有冲突是很正常的。当家园沟通中有冲突时，我们可以通过以下三种技巧来化解：

（一）扩大共识 + 消除盲区

我们与家长的信息可划分为四种类型：

第一种，我们老师知道、家长也知道的信息，这是家园沟通中的共识区，因为我们的信息完全对称。

第二种，我们老师不知道、但是家长知道的信息，叫作老师的盲区。

第三种，我们老师知道、但家长不知道的信息，叫作家长的盲区。

第四种，我们老师不知道、家长也不知道的信息，这是我们与家长共同的盲区。

我们与家长的岗位不同、职责不同、年龄不同、立场也不同，在家园沟通中，如果我们与家长间的信息盲区特别多，双方就容易有冲突、有争吵，因为我们与家长在这个问题上没有什么共识。那些我们老师知道、家长不知道的信息，容易让我们老师变得傲慢。那些家长知道、我们老师不知道的信息，容易让我们老师产生抵触情绪。所以，家园沟通的意义，就是不断扩大我们教师与家长双方的信息流，让信息共识区慢慢变大，让信息盲区越来越小。

下面这些语言模式，有利于让我们在与家长沟通交流的过程中，信息共识区慢慢变大，信息盲区越来越小。

你可以经常这样跟家长说："我非常高兴能和你一起来帮助孩子的成长。以后我要多多向你学习，向你了解孩子的生活与发展情况。我现在了解了孩子的一些信息，我给你汇报一下。你了解孩子的情况，也跟我讲讲。"如此，我们就把自己知道的信息提供给了家长，然后也挖掘到了家长的信息。

（二）每说一段，都问一下家长的意见

下面向大家介绍第二个与家长交流的技巧，这个技巧也非常实用。这个技巧就是，与家长交流时，每说一段话，就要问一下家长：请你告诉我或我们，你对我或我们所说的内容观点有何意见？具体可以这样操作：在给家长讲了一部分内容后，问家长："我想听听你的想法？""不知道你有什么见解？""我刚刚说的你有什么疑问吗？"如此一来，我们就把家长带到了我们的表达里面。

我们与家长交流，一段话只讲一件事或一个意思，每件事或每个意思讲完，

我们都应该主动问家长一句："某某家长，这只是这件事上我的个人看法，我想听听你的想法。""我想的不一定对，我想知道你的思路。""我讲的不一定对，我很想知道你对这件事的具体想法。""在教育孩子这件事上，我们特别想和你交换一下意见。"

如此的交流，会让家长强烈地感受到我们老师很尊重他，当然，他也感受到我们老师也很值得他尊敬；如此交流，让家长觉得我们老师非常愿意听他的意见，跟我们老师的交流真的太愉快了。

如此交流的根本目的是通过不断地请对方发言、发表意见，进而达到相互了解，更好地达成共识。

在与家长谈完自己的方案后，请不要跟家长们说："谢谢。请大家来评价我的方案。"而应说："我们来看看怎么落实刚才的方案。"如此，家长们就会顺着这个思路，跟我们提建设性的建议，想办法把班级活动方案落实下去。

（三）"是个思路""有启发"

听家长建议后说"是个思路"——这是一个很能激发家长与我们老师交流工作、情感、思绪的有效方式，因为不论家长说了什么，对我们老师而言，肯定是一个思路——哪怕我们老师不同意家长的看法，但只要不事关价值观和法律，大部分情况下，不带有对错判断和价值判断的四个字——"是个思路"都是保持家园沟通开放性的一个有效方式。

教师在听完家长建议后，还可以用"有启发"来做回应。不管我受到的是什么启发，一个正面启发，一个负面启发，一个经验，一个教训，都是有启发。这种反馈，也没有对家长的言论主张进行评判，对激发家长继续言说有积极作用。

十四、如何应对孩子在幼儿园受伤的问题？

（一）孩子受伤前的家长工作

在孩子入园前一个星期的家长会上就跟家长说清楚以下几个问题：

1.告诉家长，在幼儿园里造成幼儿受伤的因素，一是自己不小心，自己摔伤或弄伤自己；二是与小伙伴有冲突，被小伙伴抓伤或打伤。

2. 告诉家长，孩子在幼儿园受伤是难免的，其原因：一是幼儿期孩子自我保护意识和能力都比较弱；二是幼儿期孩子非暴力交往技能缺乏，有冲突多采用简单粗暴的手段解决；三是幼儿园里一起活动的孩子多，班级空间有限、玩具材料有限，因此，小伙伴间很容易产生冲突；四是幼儿园室外活动场地比较开阔，幼儿期孩子普遍缺乏在这样的场地自由活动的自我保护、自我控制能力。

3. 告诉家长，孩子在班里被小伙伴打伤时应对的注意事项：一是有情绪和意见可以跟孩子的老师直接交流；二是让孩子知道在幼儿园与同伴有冲突是很正常的，不要因为有冲突而怨恨小伙伴；三是教会孩子避免或化解同伴冲突的一些技巧，比如不抢别人的玩具，想玩别人的玩具时可采取交换、商量等方法，因为许多时候孩子被打伤的首因是孩子不会用正确的方式向同伴表达自己的需要；四是教会孩子在与同伴冲突中正确地保护自己的技巧；五是不可越过老师去教育、教训别人家的孩子，因为那样容易引发家长之间的冲突；六是不要因为自己被打伤了，而忠告自己孩子以后不要再跟他玩了；七是不要因为自己孩子被人家打了，而贬低人家的孩子；八是不要因为自己孩子被人家打几次后而贬低自己孩子，骂自己孩子为"废物""窝囊废"；九是让家长铭记，孩子有冲突，孩子被打后的重点工作是让孩子从中得到成长；十是不要因孩子在幼儿园受点伤就大闹幼儿园，因为这样做，受伤的不仅是幼儿园和老师，还有我们努力想要呵护的孩子们——受点伤对于孩子而言，身体上的痛可能半天就过去了，可是家长大闹幼儿园给孩子心灵所留下的负面影响，可能会跟着孩子一辈子——孩子可能由此而变得不再宽容，变得喜欢将责任推卸给别人，不会对自己的行为负责，自己有什么事首先怪罪别人，变得不再喜欢与小伙伴玩耍，变得不再喜欢到户外玩，行为上变得更加小心谨慎。

4. 告诉家长，孩子在幼儿园偶尔受点伤的"好处"：一是可提高孩子的自我保护意识；二是提高孩子的自我保护能力；三是孩子被同伴打伤，至少可以说明孩子在幼儿园是与小伙伴交往的；四是孩子在幼儿园摔伤，至少说明孩子在幼儿园是得到了自己痛快玩耍的机会，痛快玩耍是孩子身心健康与发展的必要条件。

5. 告诉家长，孩子在幼儿园受伤能得到其谅解的"好处"：一是教师在努力做好安全措施的前提下，敢放手让孩子们去痛快玩耍，让孩子们的身心能力受到全方位的挑战，释放身心积聚的能量，宣泄不良的情绪，获得身心的快乐；二是家长没有那么看重"安全事故"，孩子受伤后，他们也就没有那么多的负罪感，伤口好后，他们又会恢复到其天性状态——好玩、好动、好探索、好交往，这些都是孩子健康成长的基础，这也是他们拥有快乐童年的基础；三是教师会以更加轻松、愉快的心情去工作，去感染孩子们。

案 例 孩子受伤不怪老师 ···

有一位爸爸，他的儿子在幼儿园户外自由活动时，由于顽皮而翻器械护栏，不慎从上面摔了下来，造成膝盖破皮，出了不少的血。

这位爸爸接孩子时，老师及时将事故情况告诉了家长，这位家长什么也没有说，就将孩子带离幼儿园了。

有人怂恿这位爸爸找幼儿园要点伤害费，可是这位爸爸却说："我自己带孩子也难保不被磕碰伤，幼儿园老师要照看几十个孩子，又没有三头六臂，难免兼顾不到。更何况是孩子自己顽皮，这怎能怪到幼儿园身上呢？"

晚上，园长带孩子班的老师前来家里看望孩子，不停说着道歉的话。这位爸爸却说："孩子受伤对他来说是一次深刻的教训，能让他逐渐学会自我保护意识和自我保护能力。感谢幼儿园在孩子受伤后及时处理伤口，给幼儿园添麻烦了……"

带班老师当场感动得热泪盈眶！

我们为这位具有教育专业素养的爸爸点赞！

如果每个家长都有这样的教育意识和教育专业素养，相信我们教师的专业幸福感将会倍增！再苦再累，我们教师也会毫无怨言地，心甘情愿地为孩子们奉献出我们的一切！

6. 告诉家长，孩子在幼儿园受伤未能得到家长谅解的"坏处"：一是幼儿园及其教师会为确保幼儿在园的"绝对安全"而创造出绝对安全的环境，在那样的环境里，孩子们怎么撞，怎么摔，怎么疯玩都不会受伤，因为地板铺了厚厚的塑胶或地毯，有棱角的地方都包上海绵——这样的环境保证了孩子们的绝对安全，却剥夺了孩子危险意识和自我保护能力成长的机会；二是教师为了自保——为了避免孩子受伤后受到家长的责备，他们会禁止幼儿一切带有大小"危险"的行为，他们会期待每个孩子来园后尽可能多地处于静坐状态，尽量减少孩子们外出活动——因为孩子外出活动时风险会成十倍地增加，同时还尽量减少孩子们之间的自由互动；三是幼儿错失自由探讨、自由交往、自由玩耍的机会，进而失去了许多成长的机会；四是幼儿园教育以安全为唯一导向，教师以幼儿的静为班级管理的主要目标，那么，幼儿动的倾向被高度压制，静的倾向被高度推崇，幼儿的活动需要、交往需要、宣泄需要无法得到满足，幼儿的许多心理行为问题就会显现出来；五是孩子不敢再有大动作的出现，孩子正是骨骼发育的时期，适当的锻炼可以增强孩子骨骼的强韧和身体素质的提高，可是因为家长的过分关注，孩子不再爱动，体质逐渐下降。

7. 与家长建立良好的情感关系。如果平时教师与家长交流较多，感情比较好，那么，一旦孩子出现摔倒、受伤，家长会更能体谅老师的不易，感情好了，他们就不会那么计较其孩子在幼儿园的受伤了，甚至见到教师那么难过还会安慰教师几句。因此，教师平时要注意与家长建立良好的情感关系。为了与幼儿家长建立良好的情感关系，教师可从以下几个方面去努力。

(1) 与家长打招呼时称呼其姓名。这是承认个人价值的一种方式。

(2) 可能的话，经常和家长简要地谈谈孩子的趣事，这表明你很关注他的孩子。

(3) 每两周写一段文字，从积极的和客观的方面，记下其孩子的进步和变化，并回答家长提出的一些问题，然后通过微信发给家长。

(4) 跟极少见面的家长打个电话，向他表示你喜欢他的孩子在你班上的原因和喜欢的程度。

(5) 当怀有不满情绪的家长来时，用"夹心面包"法抑制其冲动。首先谈谈孩子表现好的一面，再谈你对孩子的担忧，最后用一个肯定的评语结束谈话。

(6) 一个星期给家长发一张其孩子在幼儿园有趣的表现或变化。

......

只要你用心，你总能找到与家长沟通的愉快的点，进而增进彼此之间的情感。

（二）孩子受伤后的家长工作

1. 第一时间告知家长相关真相，千万不可隐瞒孩子受伤的真相。教师要详细向家长反映孩子受伤的情况，让家长清晰掌握事情真相，同时，还要让家长知道孩子受伤后我们所做的努力，这样就可以降低家长因迷惑而带来的焦虑、担忧和不安全感。

案 例　小琴的脸被抓伤　　　···

范老师说："看到小琴跑步时摔伤的脸，当时我非常着急，也非常心疼，我立即用创可贴帮她把伤口敷上，以防止感染。后来，我又和陈老师带她去医务室看医生，并进行了清创与包扎......"

听到老师如此负责，如此心痛自己的孩子，即使心中有点生气，但也不便发作，家长只能礼貌地说："谢谢老师，老师辛苦了。"

2. 主动向家长表示道歉，注意与家长说话时的艺术。下面提供一些可用于孩子受伤后与家长说的经典语言供大家需要时选择使用。

● 非常抱歉，孩子今天不小心摔伤了。

● 看到孩子受伤了，我们心疼坏了。

● 我们已经带他看过医生，现在他情绪很好。

● 真是对不起，你别着急，小朋友在幼儿园发生的事故责任在我们，你有什么意见跟我说。

- 你的心情我们特别理解，毕竟孩子受伤了。

- 很抱歉，孩子受伤了，老师也很心疼，以后我会更关注他。

- 看到孩子受伤了，我们和你一样，心情都很难过。

- 我知道，他昨天被抓伤了。你感到很心疼、很生气。我能理解。

- 我们老师和家长一样，都不希望看到孩子受到伤害，特别是那么小的孩子。

- 很抱歉，我们没有看好，让孩子受伤了，老师也很心疼，以后我会更加关注他的。

- 对不起，是我们的工作没做好，在户外活动时奔跑追闹，小朋友太兴奋了，跑得太快，是她自己摔跤的，没有小朋友推她。我已经帮她在园医务室清洗过、擦过药了，回去洗脸一定要小心啊！

上述语言采取了道歉、同理心、共情等沟通技术，让家长容易体谅老师的难处和努力。

而下面这些话则是不能说的：

- 实在对不起，我们在幼儿园没有看好孩子，但是孩子在游戏时间发生碰撞是难以避免的。

- 我可不能给你打包票，孩子在幼儿园出事是很正常的。

- 老师再小心，孩子出事也是难免的。

……

虽然你说的是事实，但如此说，很容易激起家长反驳，激起家长心中的怒气。

案 例) 孩子被咬   ● ● ●

在烁烁咬伤鹏鹏的事件中，当鹏鹏妈来时，我们一脸歉意和心痛，说："鹏鹏妈，都是我们不好，没保护好鹏鹏，没有及时处理好他俩的争执，结果使鹏鹏受伤了，我们都很心痛，要怪你就怪我吧。以后我们会多加注意，保证类似的事情尽量不再发生。"再加上烁烁妈的配合道歉，鹏鹏妈赶紧说："不要紧，孩子嘛，哪能没有磕磕碰碰的事，你们当老师的也不容易，我们能理解。"一场风波就这样化解了。[①]

案 例　孩子跌伤了怎么办？　· · ·

张老师正在收拾整理饭桌，这时，角落里传出"哎呀"一声。张老师急忙走过去问道："丽丽，你怎么了？"丽丽哭着说："呜……我的头撞到了椅子上。"张老师一看，丽丽的额头上已经起了个包。家长马上就来接孩子了，这时的你应该怎么办呢？

张老师带着孩子去医务室，正巧保健医生去别的班级了，她就去食堂要了个鸡蛋，帮丽丽揉，因为撞得不严重，过了一会儿丽丽就不哭了。

家长来接丽丽了："丽丽，你的头怎么了？老师，这是怎么回事？"张老师说："没事，刚才丽丽的头不小心撞了一下椅子，保健医生没在，我已经帮她用鸡蛋揉了，现在没事了。"

"什么？没事，你怎么知道没事？我要找你们园长。"家长咄咄逼人，张老师委屈得都要哭了。

教师 1：千万不能说孩子没事，我们不是医生，不能下这个结论。

教师 2：是啊，也不能说保健医生没在，她只是暂时不在保健室。我们有制度规定，保健医生不能随便离开岗位。

教师 3：在家长没见到丽丽前，要先跟家长说，今天丽丽在活动区玩得很好。丽丽妈妈，真不好意思，我没带好孩子，刚才她额头碰了一下椅子。丽丽的伤我已经处理好了，你看，用不用去医院再检查？请家长做决定。当然，如果很严重，应该马上去医院。

教师 4：晚上还要打电话慰问一下，告诉家长，你放心吧，明天我

---

① 周红.家园沟通中教师共情研究 [D].南京师范大学，2014：134.

一定好好关注丽丽，丽丽这样，老师可心疼了。说这些话的时候一定要发自内心。并且在第二天丽丽入园的时候，马上问问她，现在还疼不疼，老师给吹一吹（或看一看），抱一抱。让孩子知道，老师很关注她，也很爱她。

教师5：但也不要过分关注，免得让孩子以为老师做错什么了。

教师6：在平时的工作中，老师一定要提醒孩子遵守游戏规则，并在健康活动中，教给孩子与人交往和自我保护的方法。

（1）发生事故后，要马上带孩子去保健室找医生，如果问题比较严重，要马上去医院，并打电话通知家长，并且跟家长解释发生事故的原因，要说明是自己没照顾好，平息家长的怒气。

（2）家长来接孩子时，一定要先说"××表现很好，但很抱歉，我没带好孩子。"放下教师的架子，并主动承担责任。晚上一定要打电话慰问，并在第二天早上见到面就问问情况怎么样。如果严重，要到医院去探望。

（3）处理好持续关注与宠溺的关系。可以关注，但不要过分。目的是观察那次事故会不会给孩子带来伤害。

注意事项：千万不要说"孩子没事"，老师不是医生，不可妄下断语。①

　　教师在班级管理工作中，不仅要面对幼儿，而且还要面对家长，因此，幼儿园教研工作，不仅要研究面对幼儿的教育和保育工作中的问题，还要研究班级工作中面对家长的各种问题，两方面的工作都做到得心应手了，教师才能真正地体会到幼儿园工作的胜任感、自我效能感、成就感和幸福感。所以特别提醒，特别呼吁：幼儿园教研工作，别忘了也要研究幼儿园家长工作，集全园教职工的智慧来有效地研究和解决家长工作中的各种问题。

　　3. 及时根据孩子伤情将受伤幼儿带到医务室或相关医院进行医治，并将相关情况告诉家长。

　　①　李冰. 情境再现式园本教研：如何与家长进行沟通 [J]. 早期教育，2010，（9）：38—39.

4. 做好善后工作：安慰孩子、安慰家长，按规定妥善处理相关费用；和家长一起协商做好孩子的恢复工作，包括以后对孩子伤口的观察、孩子活动时的特殊照顾等，以此获得家长的谅解。

5. 不乱许诺。孩子受伤后，不要因为家长责怪，或因为自己的所谓责任感而对家长许诺"今后绝对不会再发生类似的事情。""你把孩子交给我就放心吧，以后不会再出现这种事情的。"——因为你根本不可能做得到！做到了，那也只是一种侥幸或者幸运。许诺暂时帮助家长消除了一些怨气，但万一又发生类似事情，你又怎么办？要做到让孩子们零受伤真是太难了！

十五、如何与家长沟通其孩子发展的信息？

教师必须主动地与家长沟通其孩子发展的信息，让家长知道自己孩子的发展状况，在与家长沟通其孩子发展的信息时应该注意以下技巧与要求：

（一）交流信息要全面

在与家长沟通其孩子发展的信息时，要报喜，也要报忧。不能只报喜，不报忧；也不能只报忧，不报喜。只报喜，不报忧，不利于家长了解孩子存在的问题，进而采取及时的有针对性的教育措施；只报忧，不报喜，不利于家长对孩子形成全面的认识，同时，极易招致家长对教师产生不满情绪——家长认为老师对其孩子有偏见。

许多老师总有这样的一种习惯：孩子有问题时，他们会想到要告知家长，但孩子有了进步或成绩，他们却很少想到要告诉家长。如果老师给家长打电话，说的总是孩子和谁打架了、上课时如何多动、捣乱了……相信，用不了几次就会让家长的心和耳都关闭，老师的话只会引起他们的反感，哪还会去积极配合老师的工作呢？所以说，向家长汇报孩子的信息，先报喜，后报忧，才能使家长真正体会到，老师的心和他们一样是盼孩子成长，欣赏孩子进步的。

教师不能等孩子犯了错误后才去与家长沟通，找家长告状，而是平时要主动向家长反映孩子在园情况，谈孩子在园生活、游戏、学习等方面的进步表现，以缩小教师与家长之间的距离，这是每个孩子家长都较关心并十分乐意接受的。

教师向家长反映情况要客观,不能掺杂主观色彩,注意态度要平和,语气要委婉,这样便于家长接受教师的意见和建议。

案 例 **小帆今天得了两颗星** ...

> 吴老师在门口接待家长,一见到何小帆的妈妈就说:"小帆今天表现真好!得了两颗五角星——第一颗星为看书认真,第二颗星为主动给小朋友讲故事讲得好。继续保持哦!"
>
> 何小帆笑靥如花。
>
> 何小帆妈妈高兴地听着、应和着:"是吗?表现得这么好啊!回家一定督促小帆继续进步!"①

在每位家长心中,他们的孩子都是最优秀的,他们都期望得到别人的肯定与赞美,特别是得到教师的夸奖,并从中获得愉悦的心理体验。哪怕老师一句轻轻的赞美,家长都会感到无比高兴,比自己得了大奖还要兴奋。由于这种肯定优点的交流能够使家长保持一种轻松、自信、愉快的心情,并且会主动向老师说孩子在家的表现,其中有一些不足的地方,期望得到老师的指导与帮助。这样的交流,会增进老师与家长之间的感情,家长会喜欢主动与老师交流,这样一来效果会更好。

案 例 **难道我的孩子就没有一点优点** ...

> 一天早上,大(二)班一位家长向我抱怨说:"我的孩子很调皮,但也很聪明,而他们班的老师总是告状说我的孩子顽皮捣蛋,学习不认真,平时老是动手打人,身上似乎全是缺点。难道老师就没发现我

---

① 朱琳琳.接送幼儿过程中幼儿与教师交流现状研究[D].南京师范大学,2006:36.

孩子身上的优点吗？比如，我的孩子很热情，会主动关心、帮助他人。我真希望老师能看到我孩子的优点，并且不断激励他向前发展。"

无论从处理好家园关系来看，还是从更好地促进幼儿健康发展来看，教师在向家长汇报其孩子发展状况时，应该好的坏的都汇报，先汇报好的，再说一点点不好的，如此，让家长对自己孩子的发展充满希望，进而密切配合老师，把孩子教育得更好。

（二）注意交流信息的保密

教师和家长在会谈时所谈论的任何事情都应该绝对保密。这不仅是一个人的诚信问题，也是对幼儿、对家长的一种负责。无论何时，你在和家长聊天时，都要注意周围的环境，要谨防小朋友或其他家长听到你和这位家长的谈话。幼儿家长有权要求你以专业的水平和方式处理事情，并尽一切努力以尊重和保全他们的隐私。

教师与家长谈的某些内容也是不宜让孩子知道的。孩子不宜出现在家长见面会上，他们在场会分散家长和老师的注意力，并且有些谈话内容也不应该让他们听到，因此，尽量安排其他老师在附近的房间里照看小朋友们。

案例　为什么这属于严重泄密？ ● ● ●

作为一名助理教师，汉娜已经工作了两个学期了。她认识班上一些孩子的家长。一个星期六，在超市外面，一名家长向汉娜打听为什么她们班上有名孩子需要个别辅导。汉娜告诉这名家长，那是因为这个孩子有行为和言语困难。她还告诉这名家长，这个孩子现在正在进行言语和评议治疗，其家人也正在进行一些咨询。

你认为汉娜应该如何回答才不会泄密？ ①

① （英）彭尼·塔索尼. 支持特殊需要 [M]. 张凤，译. 南京市：南京师范大学出版社，2009：15.

交流信息的保密工作可能是许多教师所忽视的。我们与家长交流的许多信息一旦保密工作没有做好，就会给相关的家长和孩子带来困扰，甚至还会影响到孩子的健康发展。

（三）向家长反映其孩子的发展问题要慎重

向家长反映其孩子的发展问题，一定要慎重，弄不好反而会引发家园之间新的冲突。

1. 获得家长信任后，才可以向家长提出其孩子的问题

在小班第一个学期，要多与家长分享孩子的积极事情，如果可能的话，每天都要这样做，通过有帮助的、积极的、支持性的交流赢得家长的信任。对家长的顾虑表示出同情、理解和负责。如果你能做到这些，家长就会尊重、信任并认真对待你提出的问题。没有建立信任关系之前，教师就贸然对家长提出其孩子存在的问题，就会很容易引发家长对你的反感，让他觉得你对他的孩子有偏见，你不爱他的孩子，进而引发家园之间明的和暗的冲突。

案例 **你的孩子什么都不会** ...

有一位刚入园的幼儿，生活自理能力很差，平时家长什么事都喜欢包办代替。一天家长来接孩子，保育员对他说："你的孩子什么也不会，吃饭、大小便、脱衣服都要人帮忙，他的能力这么差，你们家长也不注意培养，这样的孩子将来是成不了大器的。"家长听了这一番数落，脸色由红变青，最后终于爆发了："我的孩子就是不会才来上幼儿园的嘛……"双方关系一下子搞僵了。

案 例　别老说我孙子的缺点　• • •

　　肖韵，男孩，三岁，父母工作都很忙，从小由奶奶照顾，奶奶对孙子可以说是无微不至，每天送孙子入园，都不忘向老师夸奖孙子一下，在奶奶的心里，孙子没有任何缺点。但是在我们老师眼里，肖韵自理能力很差，脾气倔强，并且不爱和小朋友一起玩。有一次开家长会的时候，新教师想和奶奶交流一下，问她孙子为什么性格很孤僻，自理能力又弱。奶奶一听新教师这么说她孙子，马上拉下脸来说："你不要老讲我孙子的缺点，不然就不送他到你们幼儿园来了。"新教师一时语塞，不知道该如何将这个话题进行下去。

　　大多数父母都明白：如果他们的孩子出现什么不好的情况，他们会欣然接受那些他们相信是为了帮助自己的人所提出的建议，而不相信那些听起来像是责备、批评他及其孩子的人所提出来的建议。

　　有些孩子可能存在多动症、自闭症、智力发育较缓等心理行为问题，这些问题是需要经过专业检测才能下定论的，因此，教师对某些孩子的心理行为问题有猜疑、担心，但不能凭感觉就给孩子下结论，更不能未经专业检测就将你的猜想煞有其事地告诉家长。因为你的轻率结论和话语对任何一位家长而言都是很痛苦的，是非常打击人的；你不经意间说的一句话也许会把别人的家搅得天翻地覆。所以一定要在你和专业人士交谈、讨论了你的猜疑、担心，请他们来察看了实情，并证实了你的看法之后再跟家长说，否则，不能乱跟家长说。

2. 别在 A 家长面前谈及 B 家长及其孩子的问题

　　如果我们在某个家长面前谈论别的家长及其孩子，那么，这个家长就会因此怀疑老师也会在其背后谈论他及其孩子，进而减少家长对教师的信任感。

3. 一次谈话只谈一个问题

　　为了更加有效地解决孩子的发展问题，每次与家长沟通交流时，面对孩子的问题、缺点，一次只涉及一个方面，只能解决一个问题，而不是列出孩子的所有缺点，否则，这只会让家长更加沮丧，甚至怀疑老师的能力。我们也不要责怪孩子给我们的工作带来多少不便，难于管理，给我们制造了多少麻烦，伤害了或影响到其他孩子等。我们只强调孩子自己的缺点，告诉家长这缺点对未来发展的负面影响是什么，让家长觉得老师的目的是考虑他的孩子的发展。

4. 给家长提供有效的解决方案

教师作为专业人士，不仅要向家长反映你发现的问题，还要给家长提供解决孩子发展问题的有效方案。我们的专业能力，更多地体现在孩子发展问题的教育方案上，因为孩子的许多问题家长也都看得到，只是他们苦于没有有效方法。针对孩子发展问题提供有效的教育方案，才是教师专业水平的体现，也是教师赢得家长尊重、信任的一种有效方法。如果教师只是告知家长其孩子有这样那样的问题，家长是不满意的，甚至是有逆反心理的。在谈话结束后的一两个星期，一定要和家长联系，看孩子是否有进步，是否需要其他帮助。[①]

5. 向家长反映孩子发展问题的技巧

向家长反映其孩子发展的问题，学会使用以下技巧，将会取得更好的沟通交流效果。

（1）三明治原则

所谓"三明治原则"就是尊重对方，不直接指出过错，宛如三明治一样分为几层，首先是肯定、问候、询问对方，而后具体指出不足和缺点，最后提出建议，给予鼓励、安慰和期望。

很多老师和家长相处的时候往往忽略了"三明治原则"，过于直率地有话直说，如此，轻则引起家长反感，重则引发双方矛盾，甚至纠纷，即便是老师真心付出、呕心沥血，也不一定得到家长的理解和支持。

----

① （美）格温·斯奈德·科特曼. 教师 88 个成功的细节 [M]. 华东师范大学出版社，2010：181—182.

直接表达：

"唉，你的孩子最近怎么回事，自由活动时总是推人打人，你们好好管管他，真是太缺乏规矩。"

"三明治"表达：

"孩子上课回答问题很积极，吃饭吃得又快又干净，自尊心很强的。只是，他最近在自由活动中有时会推搡小伙伴。他很聪明的，如果能够控制自己的行为，一定很优秀。"

（2）"一表扬，二建议，三希望。"

向家长反映孩子问题要遵守"一表扬，二建议，三希望"的说话原则。比如"这个孩子在幼儿园里很喜欢参与各种活动，这是值得表扬的，如果多学习一些与人合作的方法，就更好了。相信我们好好帮助他，他会变得合作能力更强，更加优秀。"

（3）你们家宝宝在……又进步了，如果能……就更好了。

这种表述方式，避免了直接说出孩子存在的问题，进而避免家长的抗拒心理。这种表述方式，也指出了其孩子存在的问题，但却以期望的方式提出来，家长比较容易接受，并且家长也能从中看出老师对孩子的关爱和美好的期待。

十六、与家长沟通之前应该做哪些准备？

为了更加有效地与家长沟通，在沟通之前，教师应该从以下几个方面做好准备。

（一）了解家长的基本情况

为了更好地与家长找到共同的话题，教师在与家长交流之前，一定要对家长的职业、兴趣爱好、教育理念、教育关注点等有所了解，否则，就不容易将家园沟通带入一种积极的状态。

（二）明确沟通目的、内容

在与家长沟通之前一定要思考清楚：与谁沟通、沟通什么、为什么沟通、何时沟通、何地沟通、沟通的流程。只有这样，家园沟通才能高效地进行。

与家长沟通的目的：更好地促进孩子的发展；增进家园情感。教师要做到心中常有家园沟通的目的和内容，随时抓住机会与家长沟通交流。

与家长沟通的内容：可以是孩子的教育与发展问题，也可以不是孩子教育的问题。如和家长聊家常，聊足球，聊影视，聊穿着打扮等——前者是家园沟通交流的核心，后者是建立良好家园关系的润滑剂。

家园沟通中，可谈的教育问题有：该孩子发展问题与教育问题；该孩子有趣的心理行为表现；该年龄段孩子发展与教育的普遍问题等。时常积累这方面的资料，见到家长就会有话可说，有问题可聊。

（三）情感准备

良好的情感基础是家园沟通交流的基础。因此，我们平时努力做到：让家长感受到我爱、关心他的孩子；让家长感受到你尊重他；让家长感受到你是热情的……有了良好的情感基础，真诚的沟通交流才有可能。

在与家长沟通交流前，教师要学着换位思考，揣摩家长的心理：想一想家长可能会有怎样的反应，会问哪些问题，会持怎样的态度，并思考合适的应对方略——有备而去，会让我们应对更加从容。

（四）专业知识、专业态度的准备

在与家长沟通交流的过程中，教师在观察家长，家长也在观察教师。家长如果看到教师比较温柔、随和，提出的建议很有针对性，他们就相信你，愿意跟你沟通。他们要是跟一个教师交流过多次以后觉得没有什么新的东西，基本上就是那些，他们就不是很愿意来找你沟通交流了，所以教师应该多储备一些专业知识、专业技能。

要让家长信任你，愿意跟你沟通的最重要的一点是你自己要有渊博的专业知识和非专业知识。这就要求我们幼儿教师平时要多看书，多学习别的老师的优点等，不断地给自己充电。要知道现在的家长对于孩子教育方面了解得也不少，要想在家园沟通中给家长们一些新的教育信息，就需要幼儿教师不断努力地充实自己。

在家园沟通交流中，幼儿教师拥有了丰富的专业知识，才能让家长觉得你的话有说服力，要是幼儿教师说话时常是结结巴巴的，总回答不了家长们提出的问题，那么家长就会觉得老师没有水平，也就不愿意与老师沟通交流了，因为他们也不想为难我们的老师。

期待幼儿教师不断地看书学习，不断地在网上听各路名家有思想的讲座或访谈节目，看各路名家有思想的文章，也看看流行的影视……让我们内心变得更加丰富充实。专业话题，非专业话题，我们都能找到与家长共鸣的点，这对促进家园关系的良性循环一定是有益的。

十七、回应家长提出的不合理教育要求，应注意哪些原则？

各位老师，当家长向你提出以下要求时，你准备怎么回应呢？

● 老师，这段时间，天气太冷，别让孩子出去参加户外活动了。

● 老师，我家宝宝每天都要摸着妈妈的耳朵睡觉的，午睡时最好也让他摸摸老师的耳朵。谢谢了。

● 老师，我家孩子还不会蹲着大便，孩子需要大便时你能不能帮他一下？

● 老师，昨天你请我家宝宝当了一次排头，他可高兴了，以后天天都让他当排头，好吗？

● 老师，我家宝宝在家都是喝果汁的，请老师让我们带果汁进去，让孩子在幼儿园继续喝果汁。

● 我家孙子就是喜欢吃我做的包子，能否每天早上给他带去做早餐。

……

由于家长爱子心切以及他们对幼儿教育的误解或者缺乏应有的认识，他们时常会向幼儿教师提出一些不合理的要求，如果幼儿教师一味地满足家长的无理要求，不仅会增加自己的工作负担，也不利于孩子的健康成长；如果简单地回绝家长的这些不合理要求，那么，家长可能会认为教师工作态度有问题，幼儿园服务质量有问题。因此，幼儿教师必须学习如何正确回应家长的要求与期望，尤其当家长的要求与我们幼儿教育的专业理念、知识与判断相违背或不相容时，幼儿教师要学会艺术化地应对家长的不合理要求，努力做到既回绝了家长的不合理要求，又让家长口服心服，甚至还支持教师的正确做法。

（一）了解家长的需要与顾虑

其实，每位家长向我们老师提出的每一个要求，哪怕是无理要求也都是"有道理的"。因此，为了更好地应对家长的无理要求，我们老师应该认真研究他们提出这些要求的动机是什么，然后，有针对性地应对，这样更容易取得预期的效果。

案例　选床　•••

> 开学第一天，家长们都在自由地选择孩子中午睡觉的床铺。波波的奶奶非常挑剔，从第一张床一直挑到最后一张，还是不满意。此时，其他家长已经纷纷选好了床铺。
>
> 最后，波波的奶奶和老师说："我想要靠近老师办公桌的床。"
>
> 老师一看，那张床已经被其他家长选定了。老师就说："奶奶，那张床已经被别人选定了。"
>
> 奶奶立刻变了脸说："我们家波波身体不好，靠近老师边上，老师可以随时照顾到。现在给别人选了，怎么办？你们老师就不能帮助我们调整一下呀？！"说完，硬是将自己孙子的被子放在那张床上，气呼呼地走了。

如果你是当班的老师，你将如何应对？

波波的奶奶要求选择靠近老师办公桌的床，理由是波波身体不好，需要教师特殊的照顾——很简单，波波的奶奶诉求动机是想波波得到教师特殊的照顾，而不是想要"靠近老师办公桌的床"——她的这个动机确实有一定的合理的成分在里面，因此，教师应该根据家长的动机给予有针对性的回应——不要纠缠如何让波波奶奶得到理想的床铺，而应告诉波波奶奶："奶奶，谢谢你告诉我波波的身体状态，在今后的工作中，我们一定会努力给予他相应的关照的。不过，我想告诉你，孩子们午睡时，老师并不是固定在办公桌的座位上，而是根据需要不停地巡视孩子的睡觉情况，并给予需要帮助的孩子及时的帮助。波波身体弱一些，我们巡视时，一定会特别关注的。我也会告诉其他值班老师关于波波的身体情况，相信她们也会给予波波合理的关照。谢谢奶奶！"相信老师如此一说，波波的奶奶就不会再在乎波波睡哪张床了。

（二）不要简单地回绝家长的无理要求

对于家长的无理要求，许多教师感到很厌烦，经常很不屑地一口回绝——不跟家长讲道理，没有商量余地，她们的口头禅是"不可能的。""绝对不可能。"这样会给家长留下一个"不通人情""不好说话"的负面印象。

面对家长的不合理要求，应采用举例说明，让家长认识到其要求的不合理性，最后用"您看该怎么办呢？"让家长自己得出结论。家长可能会说："哎呀，是挺难办的。""那样做是有问题喔。""那样做是对孩子不好喔。谢谢老师。"然后老师回应说："我也觉得挺为难的。""我也觉得那样对孩子发展不好。"比如，那位家长说她孩子睡觉要摸老师耳朵才能入睡，我和她说："幼儿园让孩子摸老师的耳朵入睡，难道孩子上了小学，上了中学，上了大学，结婚成了家，你还要去和老师说，让孩子摸着他们的耳朵睡吗？"这位妈妈终于醒悟，认识到她自己的要求是如此可笑，是对孩子成长的不负责任。

（三）不要将"应付不过来"作为拒绝的理由

当家长向老师提出孩子教育或生活上的不合理要求时，教师不应以"应付不过来"作为拒绝家长不合理要求的理由，因为以这样的理由来拒绝家长的请求，会让家长觉得老师是不愿意帮助他的孩子，因此，家长会对老师心生不满。比如，家长对教师说："我家孩子不会蹲着大便，得把着他才行。"我们不能这样回应家长："我们把着一个孩子让他大便，至少要 10 分钟，我们班 25 个孩子，个个都像你们家一样地要求，我们怎么可能忙得过来？！我们一天专门把着小朋友们大便就够了，都不用干其他活了。"相信家长也知道你说的有道理，但他还是认为你能做，但你不愿意做而已，因此，对你仍然有不满情绪。

（四）应从"不利于孩子健康成长"的角度来说服家长

比如，家长要求幼儿园教育"小学化"——教小学的写字、算术、拼音等。

是不是幼儿在幼儿园不能学会这些小学的知识和技能？不是，是他们为此付出的代价太大——他们要花更多的时间、精力才能学会，学得很吃力，进而导致他们对学习产生畏难情绪，对学习有一种恐惧心理，并且这种恐惧心理会一直跟随后续的学习。另外，孩子提前学会了这些知识技能，易导致孩子到小学后养成上课不专注的习惯，这种上课不专注的习惯也会影响孩子后续的学习。小孩一旦形成了学习不专注的习惯，那么，他的小学、初中、高中的学习都将受到影响，影响他的学业成绩。知识学习的"抢跑"让孩子领先一时，却不能让孩子领先到终点。

再比如，对那位要求让孩子捏着老师耳朵睡觉的家长，幼儿教师还应该让家长知道，这样的要求易导致孩子形成不良的、不自然的睡眠习惯，这会给孩子的生活，给成人的生活带来许多麻烦，不利于孩子适应集体生活；如果其他孩子知道了他孩子的这个癖好，那么，他的孩子很可能会被其他孩子取笑，这也将大大打击孩子的自信心，降低他孩子在其他孩子心目中的地位。正确的做法是通过一些办法让孩子能够自然而然地入睡，可以试着让他从听着故事、听着音乐入睡，慢慢地过渡到不需要任何的外在辅助就能很快地入睡。

（五）尽可能从有利于孩子健康成长的角度找出回绝的理由

对家长的无理要求，我们肯定要回绝，但回绝的理由应该是"按家长的要求做不利于孩子的健康成长"，这样，家长才会心悦诚服；回绝家长的无理要求时，请不要从"减轻教师工作负担"的角度找理由，因为这样会导致家长认为教师不负责任，怕麻烦，教师不是个好教师。

案 例　孩子不喜欢午睡　●●●

孩子刚上幼儿园时，因为在家没有午睡的习惯，一到午睡时间，孩子就哭闹，于是家长要求老师："中午她不睡就算了，让她玩玩具吧。"这个在家长看来很简单的要求，在教师的集体管理中显然行不通。

A 老师的回应

A 老师说:"那当然不行,如果让她玩玩具,她更不愿意睡了,其他的孩子也会受影响,时间一长,全班孩子的午睡习惯都被破坏了;另外,你孩子一个人在活动室里玩,我们午睡时间,既得看其他孩子睡觉,又得看你家孩子玩,没有那么多精力,哪顾得来呀?!"

B 老师的回应

B 老师说:"幼儿园之所以要安排午睡是有科学依据的。孩子每天保证 12 个小时的充足睡眠,有利于身体的健康成长。您的孩子中午在幼儿园不肯睡觉,可能是原来在家没有养成习惯。您可以试试让她早上早点起床,把她在家睡觉时用的小枕头和小被子拿来幼儿园,周末在家你们陪她一起午睡,慢慢让她养成习惯。"

两种不同的回答,虽然都是拒绝家长的要求,但很显然效果不同:

A 老师说的很有道理,但家长对她的说法不太容易接受,因为她觉得老师让她的孩子睡觉仅仅是为了方便管理。她可能还认为"顾不来"不是理由——一个人顾不来,你可以安排两个、三个人值班呀——反正我们已经交学费了,照顾孩子是老师应该做的。

B 老师的说法很高明:一方面让家长认识到午睡对孩子健康成长的重要性;另一方面又为家长提供了解决问题的方法。这样,家长不但乐意接受,而且会对教师心存感谢,更重要的是,B 教师是用专业知识来说服家长的(而 A 老师所说的道理都是日常生活道理,与专业无关),这无形中又增加了家长对教师的专业素养的认可,这样,有利于今后更好地开展工作。

案例 家长要求给其孩子喂饭 • • •

一位家长觉得她刚上小班的孩子吃饭很困难,害怕孩子吃不饱,于是要求我们给孩子喂饭。

　　我告诉家长，幼儿园根据孩子的情况，鼓励孩子自己吃饭。因为孩子随着年龄增长逐渐开始具有自我意识，如果他发现别人会做他不会做，那么，他自己心里会怎么想呢？同时，同伴也会评价他的，家长最不能忍受的是孩子遭到同伴的讥笑。在托儿所的时候孩子小还不懂，但是现在孩子会去评价了，他们的评价很简单，就说哪个孩子今天是老师喂饭的，他不能干。

　　家长一听就不乐意了——我不能让我的孩子在同伴中得到这种评价。[①]

　　只有让家长了解到其不合理要求对孩子发展的负面影响，他才容易接受教师合理的教育建议，因为所有的家长都会关注自己的孩子能否健康成长。

（六）注意一致性原则

　　面对家长不合理的教育要求，老师要向哪些家长让步呢？要向所有的家长让步吗？还是只向那些吵得最凶或声音最大的家长让步呢？或者是只向那些经济地位或政治地位较高的家长让步呢？……期待老师们坚守底线，家长不合理的教育要求，都应该拒绝，并对其加以正确引导。绝对不能因为对方处于强势位置，就接受他们不合理的教育要求，因为这样做对孩子的发展是无益的，另外，也会让其他家长感觉到幼儿园是不公平的，进而对教师产生怨言、怨恨，恶化家园关系。

十八、如何正确应对家长的送礼？

　　2018 年教育部颁发实行的《新时代幼儿园教师职业行为十项准则》第九条就规定："坚守廉洁自律。严于律己，清廉从教；不得索要、收受幼儿家长财物或参加由家长付费的宴请、旅游、娱乐休闲等活动，不得推销幼儿读物、社会保险或利用家长资源谋取私利。"

　　① 李曼 . 家长参与幼儿园课程选择 [D]. 南京：南京师范大学出版社 .2011：65.

案 例　给老师送礼是对老师的不信任　● ● ●

　　一家长诉说："我和爱人每天都忙着工作，孩子还小，送去幼儿园我们心里总觉得不踏实。我们向其他家长打听该怎么办，后来发现，儿子班上大部分同学的家长，逢年过节都会给老师送礼。我和妻子商量后，最终决定送给老师200元的超市购物卡，老师很自然地收下了，我心里也觉得踏实了一些。我们就是觉得孩子不在自己眼皮底下，希望老师可以帮忙照应，相当于家长的爱的转移吧，让老师帮家长多照看孩子，多鼓励孩子，让孩子快乐健康地成长。自从送老师礼物之后，孩子也爱去幼儿园了，相信有老师的功劳在里面。就这样，我们开始给老师送礼物了。"

　　我们可以肯定，相当多的家长给幼儿园教师送礼都是担心自己孩子在幼儿园里得不到公平待遇，或者是为了让自己的孩子在幼儿园得到更好的待遇。如此，越多家长给我们老师送礼，说明越多的家长对我们的不信任，我们就越应该反思：是什么原因导致家长对我们如此不放心？找到原因，努力改进，努力让家长感受到我们的公平公正，让他们对我们的工作放心。

案 例　收家长礼物后果严重　● ● ●

　　教师：我以前的同事收了家长的礼物。不久，那家长的孩子在幼儿园受伤了，家长非常气愤，将那个教师收礼的事情告诉了园长。家长不仅要回了礼物，还要求教师辞职、道歉。现在她已经不做幼儿教师了，这件事情对她打击挺大的。[1]

---

① 刘明.幼儿教师与家长沟通现状研究[D].大连：辽宁师范大学，2009：53.

　　一位家长给老师送礼，当时由于孩子在面前，老师无法断然推却。就在当天家长来接孩子时，老师用纸袋将礼品包装好，非常有策略地对家长说："早上，您放在这儿的东西忘拿了。"同时，明确告诉家长，一定会对他的孩子全力关注，请放心。该家长非常钦佩这位老师，称赞她是一位真正的老师。此后，为了解除家长的顾虑，幼儿园新生家长会上都要明确告诉家长，不要给老师送礼，这是对自己和老师的尊重。①

　　每位教师要公平对待每位家长和孩子；要尊重自己，尊重自己所从事的教师这一职业。我们同样会赢得家长和社会的尊重。

案例　A 老师的回应和 B 老师的回应　　　•••

A 老师的回应：

"我不能收您的礼，这是幼儿园不允许的。"

"您不可以这么做。"

"您那么做让我们很为难。"

B 老师的回应：

"嘟嘟妈妈，我能理解您那么做，也请您理解一下我。您放心，您的心意我懂的。嘟嘟是个特别好的孩子，我们都非常喜欢他。"②

---

① 吴邵萍.幼儿园管理与实践[M].江苏教育出版社，2012：6.

② 周红.家园沟通中幼儿教师共情研究[D].南京师范大学，2014：115—116.

A 老师和 B 老师的回应，家长内心感受是完全不同的。

A 老师的回应显得生硬，不关注家长的需要，没有对家长内心焦虑进行回应，听到老师的回应后，家长更加焦虑。

B 老师的回应既表达了自己对送礼的态度，又表达了对家长需要的理解，同时，还对家长的期望和担忧进行了积极的回应，家长听后当然不会因自己的礼物被拒收而难堪，更不会因此而焦虑，同时，还会对我们老师肃然起敬。

拒收家长礼物时，我们老师还可以这么说："你的心情我们能够理解，但是礼物不能收。谢谢你对孩子的发展那么关心！""你这么做，就真的见外了。我们和你一样，都会发自内心去对孩子好。谢谢你对我们工作的关注和支持！""我们对孩子的爱与关心，与是否接受你的礼物没有关系。请你放心。谢谢你对我们工作的理解和支持。""你对幼儿园工作的支持，就是对我们工作最大的感谢，不需要用礼物来表达。"

十九、如何在班级中开展家庭教育讲座？

幼儿教师在班级中给家长开展家庭教育讲座是幼儿园引领家长的一个重要方式，可以利用这一平台来向家长们普及幼儿园教育、幼儿家庭教育、家园合作等方面的知识；它有利于彰显幼儿教师的专业素质，树立幼儿教师的专业性。

（一）有目的，有计划

幼儿教师应该根据工作需要，根据自己对专业的理解，根据家长对教育的需要，从小班开始，有目的、有计划地开展系列讲座来促进幼儿家长教育素养的提高，提高他们对幼儿教育的认识，提高他们家庭教育能力以及家园合作意识和能力。

下面提供一些可选择的面向家长的家庭教育讲座：

1. 做好孩子入园准备

2. 孩子入园焦虑中的家庭应对措施

3. 孩子成长规律与教育

4. 孩子心理特点与教育

5. 孩子生理特点与教育

6. 正确认识幼儿园教育

7. 幼儿家庭教育原则

8. 幼儿家庭教育常用方法

9. 幼儿家庭教育的目标与内容

10. 孩子常见行为问题与教育

11. 孩子常见情绪问题与教育

12. 孩子良好情绪的培养

13. 孩子良好行为习惯的培养

14. 亲子互动的艺术

15. 批评惩罚孩子的艺术

16. 表扬奖励孩子的艺术

17. 孩子与同伴冲突与有效应对

18. 支持老师，就是支持孩子的成长

19. 家庭良好成长环境的营造

20. 幼小衔接中的家长工作

引领家长是幼儿教师的责任和义务，幼儿教师要有意识地去收集上述系列讲座的材料，不断丰富它的内容，用 3 ～ 5 年完成班级家长讲座体系的建构。

（二）有趣，有用，有新意

给家长开的讲座首先要让家长感觉有趣，这样，家长才能听得下去，否则，家长在听课时，就会玩手机，或者人在心不在，讲座的目的也就无法达到。教师在给家长做讲座时，有趣的案例、有趣的观点是必不可少的。

其次，讲座的内容要有用，要让家长们拿来就可用，听后就可以解决他们的教育问题、教育困惑。给家长讲课没有必要讲过多的理论，应重在应用。因为家长不是专业的学前教育工作者，他们大多数不关心相关问题的学术来源和未来走向，他们只需要知道在家庭教育实践中该怎么做。

另外，讲座内容要有新意。讲座内容要观点新、角度新、案例新——让家长听后有一种耳目一新的感觉；或者给家长指出了新的问题，或者为旧的问题提供新的解决方法。没有一点新意的讲座，一次两次后，家长就不会来听你的讲座了。

给家长开的讲座，每次都要有新意、有趣、有用，让家长们听后都有所思、有所获、有所用——这些是好的家长讲座的必要条件，缺一不可。

案 例　教会孩子应对同伴攻击的技能

当孩子在幼儿园被别的小孩打时，我让家长教会孩子有效应对的技能，这些技能与程序如下：

第一步，怒目圆睁；

第二步，语言警告；

第三步，向其他小朋友求助；

第四步，向老师报告；

第五步，教会孩子防身术，必要时可进行有效的反击。

如此，让孩子学会有序地处理与小伙伴之间的冲突。

（三）通俗易懂

给家长开讲座，一定要以家长能听得明白的方式给他们讲课。要通过具体的案例、小视频、动图、图片，浅显易懂的文字材料来阐述我们的幼儿教育主张，少用那些很专业的名词，比如"儿童观""教育观""建构""主体""同化""顺应"等，否则，家长们无法明白你的观点。

（四）有专业自信

你站在家长面前，你就是专业的，你就是专家。如果你对自己所讲的东西都缺乏专业自信心，那么，你就无法说服家长去接受你的观点。

平时做好相关知识及其案例的积累，有丰富的专业知识，有充足的典型的有趣的案例，站在幼儿园家长学校的讲台上才会有专业的自信心。因此，幼儿教师平时要注意专业理论的学习，特别是注意新的专业理论的学习，还要学习各项幼儿身心素质培养的具体方法和幼儿身心问题的解决方法，积累相关的案例和经验，当我们的相关知识足够丰富时，我们的自信心自然就会增加了。

为了提高自己在面向家长开讲座时的专业自信心，幼儿教师可以采取语言或行为来进行自我暗示。

讲课前，幼儿教师可以通过语言来自我暗示，以提高专业的自信心。比如，临近讲座前 20 分钟，不断地在内心暗示自己："我已经准备好，我相信我一定能给家长们带来教育孩子方面的新知识！""我已经准备好，相信我的讲座一定会受到家长的欢迎。"

幼儿教师在做讲座时也可以通过行为心理暗示来增强自己的专业自信心。研究表明，行为暗示比语言暗示更加有效，每一种动作，每一种表情，都具有强烈的心理暗示和自我暗示作用。具体做法是，在面对家长时幼儿教师需要经常微笑或适当大笑。另外，讲课时，张开双臂，抬头挺胸，也有利于提高自己讲课时的自信心，相反，越是低头，越是收缩身体，越紧张，越显得不自信。

（五）调动家长参与的积极性

许多幼儿教师在给家长做讲座时都碰到过这种情况：下面的家长走神、玩手机、打瞌睡……那我们有没有什么方法，可以始终牢牢抓住来听讲座的家长的注意力呢？有，当然有！下面就向大家介绍一些抓住家长注意力的方法。

1. 引发家长的认知冲突

"没有教不会的孩子，只有不会教的家长。"这样的观点，你们同意吗？——我给他们的观点是："每个孩子的'可教性'是不同的，每个孩子的强项和弱项都不同，家长应该在孩子强项方面大作为，在某些方面并不是家长和孩子努力就能改变的。"

2. 关照家长们的需要

"人家的孩子都提前学小学的知识，你的孩子不提前学，你孩子在小学学习会不会跟不上人家？"——这是许多家长担心的一个问题，问题一提出，家长的心就被抓住了，他们等待着我们的一一解答，以释心中之疑虑。

3. 打破家长们的思维定势

"遗传，环境教育，哪个因素对孩子的发展更重要？"许多家长都认为环境

幼儿园班级管理68问

教育的重要性排在遗传的前面。我通过真实的数据让他们认识到遗传对孩子发展的作用，我们能做的不是改变遗传的东西，而是顺应孩子的特点，更好地促进孩子的发展。

4. 适当地提问

适当地向家长提问，然后指定一个家长起来回答——这样操作有利于提高家长们听课的注意力。具体方法是：每隔 15 分钟左右，就来一次师亲互动，让家长站起来说几句——如此互动的作用有，一是打破教师的"一言堂"，增加一些家长的参与感；二是互动是教师吸引家长注意力的绝招。为什么呢？道理很简单：家长在自己发言之后，会听得更认真。

案 例 **孩子比成人更有化解人际矛盾的艺术**　•••

6 岁的丫丫和小伙伴在房间里玩玩具，不一会儿，房间里传来了相互争吵的声音："这是我的！""你这个笨蛋！""我要告诉你妈妈！"

越来越大的争吵声让房间外的丫丫妈一时不知如何是好，想出面劝阻，又怕方式不当让孩子难堪，很是迟疑。正在犹豫不决时，电话响了，等她接完电话，发现房间里的争吵声已经变成了欢声笑语。

展示上述案例后，让家长回答：从上述故事中我们能得到什么启示？

5. 适当地"冒犯"家长

"你了解你家的孩子吗？你更了解你家孩子，还是我们老师更了解你家孩子？""你知道如何教育你的孩子吗？"——听到这些"刺耳"的问句，家长就会本能地作出反应：我的孩子我都不比你了解？当家长觉得认知被挑战了，他们的注意力就会全都集中在你的讲座内容上，想听听你接下来说什么。

6. 适当地幽默

我们许多幼儿教师可能也有过这种体验，上台给家长做讲座时，如果听众一直沉默地看着我们，我们会越讲越"干"，越讲越没底。但当我们以幽默的教育故事把家长逗笑的时候，我们紧绷的神经也放松下来了，不过，在给家长讲课时，我们得将幽默当成加分项，而不是必选项。因为幽默的效果并非完全可控。

7. 内容要具体形象

我们的大脑天生就喜欢具体、形象的东西。抽象的东西会增加大脑的认知负担，容易让人觉得疲劳。如果能把抽象的东西变得形象起来，就会延缓疲劳感的产生。另外，家长不是幼儿教育专业工作者，不是教师，他们平时很少有"听课"的机会，因此，在听幼儿教师讲座的过程中更容易疲劳。在给家长做讲座时，努力通过图片、视频等形式，将讲座内容具体化，让家长对讲座内容更加容易理解，让内容对家长更具有吸引力。

8. 注意形式多样化

形式多样化，也有利于集中家长们的注意力。幼儿教师在给家长开讲座时，可以从以下几个方面来体现讲座的多样化：

（1）组织形式的多样化：有小组活动，有全体活动，有一对一的个别互动。

（2）信息载体的多样化：口头语言、书面语言、肢体语言；语言、文字、图片、动图、视频、音频。多种媒体交替使用，既可以防止大脑过度疲劳，又可以提高家长对讲座内容的注意集中度。

（3）讲课方法的多样化：有教师讲授、有操作演练；有小组讨论、有小组代表发言。

（六）讲座过程的组织

比较正式的家长学校讲座除了主讲教师或专家，还要有一位主持人，主持人对整个讲座活动顺利进行有着十分重要的意义。

1. 主持人素质与要求

为了更好地组织家长讲座的现场工作，主持人应该注意以下几点：

第一，对专家要有所了解，如此才能更好地向家长介绍专家，引发家长对讲座的兴趣。

第二，对本次讲座主题、目的和内容要有所了解，如此，才能更好地激发家长对相关内容的兴趣，提高讲座的效果。

第三，要有激情。主持人要有激情，并且以自己的激情去带动家长们听讲座的热情，让家长们处于较好的听课精神状态。

2. 主持人工作的流程与要求

家长讲座主持人工作的流程与要求如下：

（1）感谢

感谢讲座专家亲临现场授课；感谢家长如期来参加家长讲座活动，他们的到来是对我们幼儿园工作的莫大支持。

（2）介绍专家

专家姓名、工作单位、职称以及代表性成果。

（3）讲座专题介绍

"我们请某某专家来做本专题讲座的目的是……其主要内容有……相信家长们听后一定会大有收获。下面我们以热烈的掌声欢迎某某专家为我们做讲座。"

（4）结束总结

"时间过得真快，一个多小时的时间一下子就过去了。下面，我们以热烈的掌声对某某专家给我们的精彩讲座表示感谢。某某专家至少给我们带来了三点重要的启示：1.……2.……3.……期待家长们……最后再次感谢某某专家……感谢家长们的参与。祝大家……再见！"

第五章
幼儿园班级保教工作

一、如何规范地撰写班级学期工作计划?

班级工作计划是对班级未来工作的一种预设筹划，让班级工作更加有序、有效地进行。教育工作是一项有目的有计划的工作，把班级每学期、每月、每周、每天的工作目标、任务、重要事情的时间节点确认，有利于提高工作效率。

（一）班级学期工作计划体例

1. 题目

2. 班情分析

3. 本学期主要的目标与任务

4. 月工作安排（把每月的大项目列进去）

（二）班级学期工作计划要素写作要求

1. 题目

班级学期工作计划题目表述公式：幼儿园名称 + 班级名称 + 春 / 秋学期工作计划 + 时限

班级学期工作计划题目示例：

乐乐幼儿园小（1）班春学期工作计划（2021 年 2 ～ 6 月）

2. 班情分析

班情分析的目的是了解并确认本班发展的状况，为后面的工作目标、任务及其实施措施提供依据。其大体内容主要包括以下几个方面：

（1）与《3—6 岁儿童学习与发展指南》比较，明确幼儿发展状况：哪些方面发展较好，哪些方面还需要努力。

（2）与本学期本园工作任务比较，本班工作状况如何，保教工作、家长工作还要做哪些努力。

（3）导致本班工作问题的原因分析。

（4）根据《3—6 岁儿童学习与发展》明确本学期的保教工作和家长工作的目标任务。

（5）明确本班各种资源情况，特别是要确定本班课程资源情况。

（6）全体与个体状况。

班情分析示例：

本班幼儿 35 名，男孩 15 名，女孩 20 名。经过大班上一个学期的培养，我班幼儿已经形成了一套良好的学习、生活常规。

健康方面：幼儿通过各种游戏和户外活动，身体各方面的技能都得到了良好的发展。

语言方面：能有表情地复述故事，并能大胆地在集体面前播报新闻。

……

家长工作方面：……

存在不足：科学探究活动开展不够多，幼儿主动发起问题机会少，缺少观察、探究的意识……

3. 本学期主要的目标与任务

有面对幼儿的工作，有面对家长的工作；有全园性的共同工作，有本班的特色工作；有教育，有保育；有五大领域，有生活，有游戏；情感态度、行为、知识。

小班家长工作任务示例：

（1）通过微信平台将孩子在园的精彩表现以图片、视频形式发给家长。

（2）与家长共建宝宝档案：宝宝作品、宝宝在园生活和学习活动中的表现、在家有趣表现等。

（3）以公示栏和公众号的形式向家长提供每周保教信息及需要家长合作支持的事项。

（4）利用接送环节与家长沟通交流孩子在园、在家表现情况。

4. 月工作安排

把各项工作任务具体到某月，时刻提醒自己任务和时间。

大班按月工作示例：

2 月份

（1）搞好班级卫生，迎接幼儿入园。

（2）制订班级工作计划和学期教育教学目标。

（3）做好新学期开学准备，开展正常的教育教学工作。

（4）编排本学期的新操，布置环境，增添更换区角材料。

（5）召开本班本学期的家长会。

3 月份

（1）参加幼儿园的早操评比和环境布置检查。

（2）做好"三八妇女节之送礼物活动"的组织。

（3）积极组织亲子植树活动。

（4）商讨"六一"活动和内容确定。

4 月份

（1）幼小衔接每周一主题。

（2）园内亲子自制小书比赛。

（3）带幼儿到小学参观。

5 月份

（1）做好准备活动，迎接家长开放周。

（2）专题讲座：幼小衔接中的家长工作。

（3）组织全班幼儿照毕业照。

6 月份

（1）准备毕业典礼。

（2）幼儿毕业前的准备工作。

（3）幼儿毕业手册的发放工作。

（4）做好期末总结工作。

5. 撰写班级学期工作计划注意事项

（1）班级学期工作计划制订的程序

第一步，确定本学期班级工作要达到的目标。

第二步，确定达成本学期班级工作目标要完成的任务。

第三步，确定本班幼儿发展及家长工作状况、教育资源情况。

第四步，确定要达到的本班本学期工作目标与当前状况的差距及需要哪些条件。

第五步，确定开展哪些活动，如何开展，利用或创造哪些条件以达到本学期班级工作目标。

第六步，对本学期班级工作进行总结反思。

（2）班级学期工作目标任务要全面：幼儿保教工作，家长工作。

（3）将班级作为展示自己专业理念和能力的平台，将"幼儿喜欢，家长认可，同行认可，幼儿得到很好发展"当作班级工作追求的目标，在完成本园班级共性任务后，突显自己的理念和做法，并且以自己的方式去完成共识的任务。

（4）突显幼儿园工作特点，将幼儿园工作特点在本班工作中发挥到极致：游戏为基本活动；生活就是课程；保教结合；直接经验为主；家园结合。

二、如何规范地撰写班级月工作计划？

班级月工作计划是学期计划下的分解计划，主要在总结上月班级工作执行情况的基础上，提出实现学期目标的实际步骤，包括上月情况分析，本月各领域重点目标，主要活动措施及活动内容。月工作计划，让幼儿教师明白本月重点工作有哪些，不遗漏项目，如期做好相应准备。制订班级月工作计划应该注意：1.忠实于学期工作目标与任务；2.注意对上个月工作的衔接；3.根据具体情况适当变动工作计划；4.每月活动都有变化。

班级月工作计划示例：

某某幼儿园某某班某年某月工作计划

上月工作情况分析	
本月工作重点	
本月大项工作	
主题活动	
游戏活动	
生活活动	
区域活动	
家长工作	
生成与调整	

三、如何规范地撰写班级周工作计划?

幼儿园班级周工作计划是月工作计划的具体化,是一周之内班级各项工作的具体方案,是日活动计划、具体活动计划的表现。制订班级周工作计划应注意:1.注意对上周工作任务的衔接;2.保证活动内容、目标的全面性;3.注意活动安排的动静交替,艺术类活动与非艺术类活动交替,室内活动与室外活动交替,集体活动与个人活动、小组活动交替;4.每周活动都有变化。

主题活动		工作重点		家长工作		生活指导要点	
		周一	周二	周三	周四	周五	
上午	入园接待 晨间活动 教学活动 区域活动 户外活动						
中午	午餐 午睡 午点						
下午	游戏活动 户外活动 离园活动						
生成与调整							

四、如何规范地撰写班级日活动计划?

班级日活动计划是班级周工作的具体化。制订班级日工作计划应注意:1.以游戏为基本活动;2.不同活动之间的平衡,比如,动静交替,室内与室外交替等;3.一天2小时以上的户外活动。

活动时间	活动名称	活动内容	指导老师	活动地点
7:30-8:00	晨间接待	入园、晨检	保健医生 本班老师	晨检室 活动室
8:00-8:40	晨间活动	盥洗、早餐、区域活动	本班老师	活动室
8:40-8:55	集体教学活动	科学活动:8的组成	本班老师	活动室
8:55-9:20	早操活动	器械操	本班老师	操场
9:20-9:40	副餐	晨间谈话、副餐	本班老师	活动室
9:40-10:10	区域活动	自由选区活动	本班老师	活动室
10:10-10:50	户外活动	自由活动	本班老师	操场
10:50-12:00	午餐	餐前谈话、午餐、散步	本班老师	活动室
12:00-14:00	午睡	安静入睡	本班老师	卧室
14:00-14:50	起床、区域活动	自由选区活动	本班老师	活动室
14:50-15:10	加餐	品尝午后点心	本班老师	活动室
15:10-16:10	户外活动	自由活动	本班老师	操场
16:10-16:40	一天回忆、区域活动	自由选区活动	本班老师	活动室
16:40	离园	收拾整理物品	本班老师	活动室

五、如何规范地撰写班级具体教育活动计划？

前面谈了班级工作学期计划、班级工作月计划、班级工作周计划，下面我们开始谈具体的班级教育活动计划。具体的班级教育活动计划就是教师根据教育活动目标、教育活动内容而策划、建构的一种教育活动安排。

具体教育活动计划是教师实施教学的主要依据，是教师教育思想、教育活动组织能力、教育方法的重要体现，是教师教育经验的结晶。有了具体的教育活动计划，教师组织教育活动有备而来，就能应对教育活动过程中出现的各种具体情况，提高教育活动效率，确保教育活动的顺利实施。

（一）幼儿园教育活动方案的基本体例

一般一个完整的教育活动方案主要包括以下八个要素：活动名称、活动来源/活动设计意图、活动目标、活动重点、活动难点、活动准备、活动过程、活动延伸。

（二）幼儿园教育活动计划的内容

1. 教育活动名称

教育活动名称的撰写应追求简洁明了，让人能从活动名称中一目了然本活动的具体内容。撰写教育活动名称的基本格式可用以下公式概括：

活动名称＝年龄阶段＋课程模式（某领域综合主题活动、某领域活动）＋具体的课程内容（或活动类型）。

一般情况，语言活动和艺术活动的音乐活动需要区别活动类型。语言活动分别有五大活动类型，即谈话活动、讲述活动、听说游戏、早期阅读与文学作品。其中文学作品又细分为：童话、幼儿生活故事、自然故事、诗歌、儿歌、散文等；音乐活动包括歌唱活动、韵律活动、打击乐活动、音乐欣赏活动与综合活动等。

教育活动名称示例：

小班综合活动：蔬菜宝宝

中班健康活动：我上幼儿园

中班语言活动：春天的电话（故事）

中班艺术活动：大树妈妈（歌曲）

中班科学活动：10 的组成

中班社会活动：我们都是好朋友

2. 活动来源 / 活动设计意图

在这部分，教育活动设计者要告诉别人本教育活动是从哪里来的。

幼儿园班级教育活动主要来源：幼儿兴趣、幼儿需要、幼儿生活事件、《3-6岁儿童学习与发展指南》中各领域内容、社会对幼儿园教育的要求等。重点要说明，与幼儿兴趣的关系，与幼儿发展的关系，与什么事件的关系，与社会发展的要求，让人觉得你设计的教育活动是有必要的，是有意义的。

活动来源 / 活动设计意图示例：

这几天，班里有个孩子带来了一只好看的钟，它上面有很多卡通动物图案，转动时还会发出好听的声音，这引起了孩子们的兴趣，他们对它爱不释手。当时恰逢班上在开展"我们的城市"这一主题活动，其中就有预设的"钟表店"这一学习活动。于是，我就设计了这个活动，旨在让孩子们通过这次活动对钟表有所了解，并体会钟表能让人们更好地掌握时间。（孩子兴趣引发，且与主题相符合）

3. 教育活动目标

幼儿园教育活动目标是预期幼儿参加本次教育活动后身心所发生的变化。活动目标的编写直接影响教育内容的处理、教育行为的选择以及教育组织形式的产生，它既是教育活动的起点，也是教育活动的归宿。因此，在教育活动的设计中，目标的确立应是至关重要的一个环节。教育活动表述应注意三点基本要求：

（1）教育活动目标的主体是幼儿

幼儿是教育活动目标的主体，因为幼儿园教育活动目标是预期幼儿参加本次教育活动后认知、行为、态度、价值观念等方面所发生的变化。不过，许多时候，在撰写教育活动目标时幼儿这一主体都是不写出来的。

教育活动目标示例：

幼儿能用听觉和触觉掌握 3 以内的数数。

幼儿起床后，能独立地在 8 分钟内穿好衣服。

（2）一个教育活动的目标应该全面

教育活动目标的确定应该全面，包括情感、行为、认知三个方面的目标。如大班音乐活动"七月火把节"的活动目标：

①体验与他人合作跳舞的快乐，感受结伴舞蹈的热闹氛围。（情感目标）

②能有节奏地跳集体圆圈舞，掌握集体舞的基本动作。（行为目标）

③了解彝族的民族风情，知道七月火把节的意义。（认知目标）

（3）用"行为""条件"和"标准"这三个要素来细化具体活动目标

"行为"说明通过本次教育活动幼儿能做什么，以便教师能观察幼儿的行为，了解目标是否达到；"条件"说明这些行为在什么条件下产生；"标准"则指出了合格行为的最低标准。

教育活动目标示例：

在小班绘画活动"我的小脸"中，教师所设计的一个教育活动目标为：通过照镜子观察、学习画自己的脸，能画出脸的主要部位，如眼睛、鼻子、嘴巴等。在这个活动目标中：

行为：能画自己的脸。

条件：通过照镜子观察。

标准：能画出脸的主要部位，如眼睛、鼻子、嘴巴等。

这一活动目标的表述就比较明确，能具体引导教师的教育活动，也便于据此检测教育活动效果。

大家可以思考数学活动目标"能手口一致地点数4以内的数"中的行为是什么，条件是什么，标准是什么。

4. 教育活动重点

教育活动重点是指关键性的基本的知识、技能、情感态度，幼儿掌握了它，其他问题就可以迎刃而解。如大班音乐活动"七月火把节"的重点是"能有节奏地跳集体圆圈舞，掌握集体舞的基本动作"。

5. 教育活动难点

教育活动难点一般是指教师难教、幼儿较难理解或容易产生错误的那部分内容。如小班美术活动"我的颜色是什么"的活动难点为"发现色彩之间的差异，认识复色"。

6. 教育活动准备

教育活动准备包括经验准备、物质准备，要写明本次教育活动中在经验、材料、环境、媒体等方面应做哪些准备。如小班吹泡泡活动的准备包括吹泡泡的经验、无害的管、肥皂水。

7. 教育活动过程

教育活动过程是具体教育活动计划的主体部分，它包括本教育活动的全部活动方案和主要内容。教育活动过程一般包括：引入主题、形成经验、提升经验、巩固经验。

教育活动过程的设计涵盖着教师的教法和幼儿的学法，体现出教师的教育思想、教育观念和教育行为。在设计教育活动过程的时候，应该认真思考如下几个问题：

（1）每个教育活动环节设计目的是什么？为什么要这么设计？

（2）每个教育活动环节设计是否体现教育活动目标？你想怎样去达成教育活动目标？

（3）每个教育活动环节中应使用什么方法或策略来突破重点、分散难点，引导幼儿学习？

（4）幼儿通过什么方法来得到发展？怎样体现师幼、幼幼、幼儿与材料之间的有效互动？

（5）幼儿在每一个教育活动环节中可能会出现什么问题？

上述几个问题的思路清楚了，将有利于更好地设计出有效的教育活动过程。

另外，每一个教育活动环节的提问语、指导语、组织语、过渡语教师要心中有数，否则活动就会不紧凑，甚至出现混乱。

8. 活动延伸

活动延伸是对活动过程的重复强调，以巩固经验，或对未尽事宜的补充、扩展，让幼儿获得新经验、新发展。教师要根据具体活动的情况（本教育活动中无法完成的任务，或者无法满足的兴趣，让其延伸到家庭或其他活动之中）决定是否需要活动延伸。活动延伸可以向区域延伸，也可以是环境创设，还可以向生活活动、户外活动、家庭活动等延伸。如大班美术活动"可爱的熊猫"，其活动延伸即是典型的环境创设延伸：组织幼儿将作品中的熊猫剪下来，共同粘贴在活动室的一面墙上，再添画上竹林，即可成为一幅"熊猫的家园"壁画作品。

需要注意的是，活动延伸不是教师在教育活动方案上随意添加的"风景"，这些活动延伸是为了更好地促进幼儿的发展，需要教师日后对其进行实施和"兑现"。

六、如何帮助家长克服因孩子入园而产生的焦虑?

案 例 哭别 ...

> 女儿不愿上幼儿园，每天早上都要演一场"哭别"，从吃早饭时就开始央求"好妈妈，不上幼儿园好吗？"时间到了，怎么也不肯出门。好不容易出了门，还没到幼儿园门口，眼泪就开始往下淌。下了车拖着我的腿不让走，哭着不肯进入幼儿园。
>
> 女儿每天又哭又闹不想上幼儿园，连梦中都在叫"爸爸来接，妈妈来接"。每天早上送她去幼儿园，简直是一种折磨，小孩痛苦，大人也痛苦。
>
> 尽管我们孩子已经四岁多了，但上幼儿园对我们来说那简直是一种煎熬。孩子每天睁开眼睛就会问妈妈："今天用不用去幼儿园？"如果我们对她说"今天必须去幼儿园"的话，那么，她就会哭个不停；如果我们对她说"今天不用去幼儿园"的话，那情况就会相反。
>
> 从周一到周五，孩子痛苦，我们大人也很痛苦。
>
> 自从女儿上幼儿园以来，我们夫妻的情绪都很差。原先那么活泼开朗的一个孩子，现在动辄哭哭啼啼的，还不时地发热、夜啼……①

---

① 案例整理自网络。

每年新生初入园时，对于孩子和家长来说，就像是一场"激战"：孩子大哭大闹，家长悄悄抹泪。

许多家长总爱从窗口"窥视"孩子的活动，宁可上班迟到，也要趴在窗外看孩子几眼。有时，孩子的背影早已消失在走廊尽头，也许孩子早已投入五彩缤纷的游戏里，家长的"凝望"却延续着。有的伸长了脖子，有的踮起脚尖，但大多都咧着嘴，表情严肃。虽然招了手，道了别，有的还进行了拥抱、双击掌，不变的叮嘱早已说过："快些进教室，上楼梯小心些；进教室要问老师好；记着上厕所；一会儿就来接你……"面对孩子的哭闹，家长的眼神里，含着担心与不舍，含着期望，含着无限的柔情与关爱。

孩子初入园，焦虑的不仅仅是孩子，还有家长。

孩子入园焦虑，是幼儿园班级管理绕不开的一个问题，这不仅关系到家长和幼儿，也关系到教师能否赢得家长的信任。当家长出现孩子入园焦虑时，教师可以向家长们介绍一些调整因孩子入园而焦虑的技巧：

（一）观念确认

要确信，所有的家长都会经历这个过程，这是孩子迈向社会的第一步，相信自己的孩子一定有这个能力。

（二）寻求支持与理解

给自己的家人、朋友打电话，特别是给有过送孩子入园经历的家人、朋友打电话，听听他们的亲身感受，以及当时的解决办法。

（三）与老师交流

将自己的顾虑和困惑与老师进行交流，听听老师们的说法，或许老师们的答案会让家长发现自己的一切顾虑都是多余的。

（四）让孩子的影像时常在身边

在钱包、手机屏保、电脑屏保、桌上都放上孩子的照片，时刻看着孩子的影像，满足自己的想念之需。

（五）老师主动为家长解忧

为了缓解家长们对孩子入园的忧虑，教师应该在入园两个星期内每天都主动与家长沟通其孩子在园的表现，特别是良好表现的情况。与家长沟通交流时，可按以下模式体例通过微信与家长交流：

　　××妈妈，我是××幼儿园的×老师，××今天第一天来幼儿园，怕您惦记，于是赶紧给您发个微信。

　　早上您送××的时候，哭了几声，您走了不大一会儿就好了（描述一件让家长觉得放心的事情），××上午表现得都挺好的，放心吧！

　　中午孩子已经睡了，下午我再多关注一下。您放心吧，有什么事情我都会及时与您联系，您安心工作，不用惦记了。

能及时了解到孩子在园的具体信息，家长的焦虑就会减轻！

七、如何指导家长帮助孩子走出入园焦虑？

幼儿教师可以从以下几个方面来指导家长帮助孩子走出入园焦虑：

（一）对孩子的心理支持

为了帮助孩子克服入园焦虑，家长可以从以下几个方面给予孩子心理上的支持：

1. 入园前，家长要有意识地和孩子经常谈论幼儿园，可以谈谈自己小时候或者同事家小孩在幼儿园的趣事，让孩子向往幼儿园生活。

2. 设法让孩子喜欢老师。家长尽可能表现出对老师的信任和喜欢，可以直接告诉孩子："我真喜欢你们老师，她笑起来真好看，讲话的声音真好听。"这些话会让孩子对老师产生好感。

3. 引导孩子喜欢自己的班级及班里的小朋友。放学的时候家长可以陪着孩子在班里再停留一会儿，和孩子一起参观他们的教室、休息室、盥洗室等，看看小朋友的照片及每个小朋友的标志物。鼓励孩子和周围的小朋友交往，还可以在征得老师同意的情况下，把一些安全、卫生的糖果分给小朋友。

4. 为孩子提供熟悉的物品，让孩子在陌生的环境中产生安全感。家长可以把孩子最喜欢的玩具、书、光碟、睡觉经常抱的玩具熊等带到幼儿园。熟悉的物品会使孩子产生安全感，忘记分离焦虑。

5. 告诉孩子，每个小朋友长大了都要上幼儿园，要离开爸爸妈妈一段时间，但这并不表示爸爸妈妈不喜欢他了。家长可以和孩子玩玩幼儿园的游戏，让孩子慢慢接受上幼儿园的事实。

6. 带孩子去幼儿园看看，熟悉环境。让孩子知道幼儿园是小朋友学习本领、游戏玩耍的地方，在那里能玩许多新玩具，结交许多新朋友。让孩子消除陌生感，对幼儿园的新环境产生安全感和认同感。

7. 准备好老师的家访。多数幼儿园要求老师对所有新生进行家访。家长要重视教师的家访，在家访中尽可能向老师介绍孩子的各种情况，特别要告诉老师孩子在身体或心理方面需要教师特殊照顾的方面，和老师谈谈自己的教育想法等，以便于老师了解孩子，制定相应的个别教育措施。

8. 训练幼儿大胆表达自己的意愿。家长可直接教幼儿一句一句地大声地大胆地连贯地说"老师，我想小（大）便。""我渴了。"等日常生活用语；或者"老师，他拿我的东西。""老师，我尿裤子了！"等寻求帮助用语，还要教会幼儿感到不舒适时能说出或用手指出具体的部位，例如头痛、肚子痛等。通过反复模拟练习，使孩子能较清楚地表达自己的意愿，有效地缓解幼儿因亲人离开带来的心理压力。

9. 一起玩捉迷藏游戏。父母可以先在熟悉的环境如家里、家附近的空旷地带跟幼儿一起玩捉迷藏游戏，让孩子找藏起来的父母一方，为了安全起见，父母中的另一方可以陪着孩子一起找。以后可慢慢移至不熟悉的环境而人又不是太多的地方玩捉迷藏的游戏，其目的就是为了增强幼儿对永久性客体的认识，知道只要妈妈是存在的，即使有一会儿或有一段时间看不见了，妈妈最后还是会出现的，以减轻幼儿"妈妈不见了"的担忧。

（二）对孩子的生活支持

为了让孩子能更好地适应幼儿园的生活，家长可以在下列几个方面对孩子进行生活能力的训练：

1. 配合幼儿园的要求，让孩子学会自己吃饭，克服要别人喂饭或挑食等不良习惯。对于那些用奶瓶当水杯的孩子来说，更应该练习用杯子喝水。

2. 教孩子学会自己小便，或者能主动告诉成人："我要小便，我要大便。"给孩子准备一至两套替换的内衣裤。

3. 给孩子的衣服、鞋子等物品绣上名字或做上标志，并让孩子认一认，便于孩子能在集体生活中分辨出自己的物品，也便于老师帮助孩子。

4. 在作息时间的安排上，应逐渐接近幼儿园的生活规律，早睡早起，饮食正常化。

5. 让孩子学会自己穿、脱简单的衣服，对于孩子来说，脱衣服比较容易，家长可以让孩子先学脱衣服，再学穿衣服。

6. 不要给孩子选择过于新颖刺激的服装，会叫的小口袋、会亮的鞋子、有趣的小珠子，这会影响孩子参与集体活动的兴趣，不利于孩子适应幼儿园生活。

7. 尽量不要给孩子戴首饰，这些物品会给孩子的活动带来不便，同时也存在不安全的因素。

（三）对孩子的交往支持

1. 多带孩子到户外活动，多接触其他孩子，多和孩子讲有关独立、勇敢的故事或做一些相关主题的游戏。

2. 教孩子知道自己的学名，学会用语言表达自己的需求，学会和老师、小朋友打招呼，如"早上好""再见"等。

3. 让孩子学会分享玩具，教给孩子一些交往的技能，如想和别的小朋友一起玩时，要勇于说出自己的想法；当别的小朋友有攻击行为时，首先要避开，然后告诉老师。

4. 在老师的帮助下建立家庭友好小组，和班上其他小朋友的家庭建立联系，在双休日的时候一起去公园玩，给孩子创造与班里同伴交往的机会，使孩子尽快熟悉小朋友，适应新环境。

（四）不要用幼儿园或老师来吓唬孩子

家长绝对不能利用幼儿园及其老师来吓唬孩子，比如，不能对孩子说以下的话语：

"你不乖，就把老师找来。"

"你不听话就把你送去幼儿园。"

"看你这么调皮，送你到幼儿园去，叫老师好好收拾你。"

"你再不听话，就把你送到幼儿园，让老师把你关起来。"

"唉，到幼儿园你就没这么开心（自由）了。"

"再哭，再闹，妈妈把你送幼儿园了！"

"你在家撒野吧，明天上幼儿园看你还敢不敢撒野！"

"在家你不听我的话，到幼儿园看老师训不训你。"

（五）向孩子介绍幼儿园的好处

平时家长可以不断地跟孩子说："老师像妈妈一样地爱你，老师就像是你的朋友，你有什么不高兴的事，都可以和老师说。""有很多小伙伴在一起玩游戏，老师还会和大家一起做很多有意义的活动，可以学本领，也可以玩游戏。"使孩子对幼儿园留下一个好印象，并且产生向往与期待。

（六）永远不要说抛弃孩子的话

孩子最大的担心是父母不再爱他们，抛弃他们。我们经常见到，在大街上或商场里，生气的父母冲着拖拖拉拉的孩子大喊大叫："你要不马上过来，我就把你丢在这儿。"——这等于告诉孩子，父母随时都会抛弃他。因此，永远不要说："你……妈妈就不要你了。"更不要说："你……妈妈就把你送去幼儿园，不要你了。"

幼儿在离园时也会表现出一种焦虑状态，他们与亲人分别了一天，就盼着大人早点来接他们了。这时候就会看到有的小朋友总是张望着窗外，有的则围在老师身边问个不停："老师，我爸爸妈妈怎么还不来接我？"这时候千万不能戏言"你爸爸妈妈不来接你了，他们不要你啦。"这会使幼儿信以为真的……

（七）避免家长焦虑情绪的传染

家长要克服自己的焦躁情绪，对孩子的哭闹保持一种平和心态，因为有的时候家长这种紧张情绪会传递给孩子，会加重孩子这种分离焦虑情绪。在某新生班教室门口，王老师微笑着拉着小明的手，并暗示小明妈妈离开。但小明妈妈一脸不舍，她猛地抱起小明边亲边说："宝贝，妈妈走了，妈妈会想你的。"小明被妈妈的紧张所感染了，紧紧抱着妈妈，不肯让妈妈离开。

另外，在傍晚接孩子时，家长不要这样问孩子："今天在幼儿园好吗？想不想妈妈呀？"很多情况下，是家长的担心和忧虑表露出来，让孩子察觉到并深受影响，所以，家长的语言、语气和神情不要让孩子对幼儿园和老师产生不安全感。

（八）让孩子有个自主的适应过程

只有经历，孩子才能成长。因此，家长不要急于让孩子适应幼儿园环境，应该好好利用这个过程锻炼孩子适应新环境的能力——必须遵守新的规则，和不同的孩子交往，在这些过程中，孩子要模仿别人、调整自己，尝试各种方法以得到最佳效果。孩子刚刚上幼儿园，家长不要总是焦虑地吩咐孩子："不用怕，去和其他孩子玩。"孩子没有思考判断的过程，只是按照成人的安排"适应"环境，虽然表面上是适应了，但可能会因此丧失对陌生环境的自我保护能力。

（九）坚持送孩子入园

只要孩子不生病，就要坚持无条件地将孩子送去幼儿园，切不可"三天打鱼两天晒网"。"三天打鱼两天晒网"，表面上看，是心疼了孩子，但是这样会使孩子适应幼儿园的过程无形中加长，不管孩子如何哭闹，只要不生病，一定要坚持入园。

实践证明越是断断续续来园的孩子，他的焦虑期就越长。更不能因为孩子哭闹而中途退园，这样就会前功尽弃，孩子重新入园的时候还是会哭闹。

案 例　妈妈，我不想上幼儿园了　　•••

当孩子对你说："妈妈，我不想上幼儿园了。"你怎么回应？

方式一：

孩子说："妈妈，我不想上幼儿园了。"

妈妈回应："去吧，孩子。你已经长大了！"

方式二：

孩子说："妈妈，我不想上幼儿园了。"

妈妈回应："去吧，孩子。争取属于你的那份荣耀！"

方式三：

孩子说："妈妈，我不想上幼儿园了。"

妈妈回应："去吧，孩子。你会是一个勇敢的小朋友，去结识你的新朋友吧。"

方式四：

孩子说："妈妈，我不想上幼儿园了。"

妈妈回应："为什么不想去幼儿园？老师批评你了吗？小朋友欺负你了吗？舍不得妈妈吗？"

大家可以思考，不同家长的回应，对孩子思维有何影响？

（十）态度要坚决且一致

在对待孩子上幼儿园这件事上，家人的态度要一致。有些祖辈看到孙子哭得厉害就会心疼，会说："明天不来了。"这会让孩子下次来上幼儿园的时候感觉受到欺骗，哭得更厉害。

将孩子交给老师后，马上离开，中途千万别回来看孩子。因为这时候的孩子，关注点放在了窗外、门外，而老师的关注点在孩子身上，往往造成了"老师没看见，孩子看见了"的情况。孩子就会错误地认为，只要我哭，爸爸妈妈就会回来！孩子就会"坚持不懈"地大哭。

（十一）适时分离，莫要徘徊

有的家长把孩子送进幼儿园，一见孩子哭闹，就赶忙抱抱孩子、哄哄孩子，然后孩子就好了，再要走，孩子就又哭闹。家长欲走又止，或者总是在窗外徘徊，一不小心被孩子看到，孩子又哭闹不停。家长的这些做法加强了孩子的分离焦虑，对孩子和家长都没有任何好处。正确的做法是把孩子送入幼儿园后告诉孩子，妈妈下班后来接他，不要犹豫，也不能徘徊，马上离开幼儿园，相信孩子的适应能力。

相信，随着幼儿年龄的增长，经验和能力的提升，他们将逐渐学会从与人交往中获得快乐，同时又学会了独处技能，进而享受到独处的快乐。

八、幼儿教师如何应对幼儿入园焦虑？

（一）在新生入园前，教师就要和每个幼儿建立最初的情感

为了从根本上解决"入园焦虑"，必须尽快建立起一种师幼间的情感依恋关系，赢得幼儿的信任，否则，幼儿的哭闹行为会反复出现。为此我们应该注意如下几点：

1. 在新生入园前，适当地带上一两件幼儿喜欢的玩具去家访，并在家访时和幼儿投入地玩上一会，这将会大大地增强家访的情感效应，取得意想不到的效果。

2. 同班的三个教师每人负责在最短的时间内与本班三分之一的幼儿建立比较深厚的情感。幼儿在幼儿园里有一位喜欢他，他也喜欢的老师，其焦虑就会消失。

3. 要记住每个幼儿的姓名。在新生入园前，教师就应努力通过相片记住每个幼儿的相貌和名字；当幼儿来园时，对小班幼儿可用他在家用的小名称呼他。以后幼儿每天来园时，教师都要大声而亲切地称呼他，这样可以大大地缩短师生之间的心理距离。

4. 为每个幼儿做点事，增进师幼间情感。在生活中留心观察，为幼儿排忧解难。扣好 A 幼儿袖子上的扣子，拶拶 B 幼儿头上的小辫子，替 C 幼儿更换弄湿的衣服，帮 D 幼儿擦擦背上的汗……从一件件小事开始，师幼间的感情在积累，信任也在增加。

5. 老师一起与幼儿照张合影。老师和家长及孩子照张合影，然后把照片挂在家里的墙上，让幼儿感觉老师和他们一家人都是好朋友。

6. 新生入园第一个月内不得批评孩子。因为孩子刚刚来园，还处于不安当中，批评只会加重孩子内心焦虑，让孩子觉得老师是可怕的。

7. 第一次与幼儿接触，要让幼儿主动，而不是老师主动抓孩子的手或很亲热地拥抱孩子。老师慢慢接近孩子，伸手给孩子握，而不是老师主动握孩子的手。

8. 第一次与幼儿接触，不要强迫幼儿叫"老师好"，更不要因为幼儿没有叫

"老师好"而批评他，否则，幼儿会觉得在老师面前很有压力。

9. 四"禁止"：禁止对幼儿发脾气，如对幼儿瞪眼、不理睬、大声吼叫；禁止拉拽孩子；禁止欺骗孩子；禁止恐吓孩子。

因为上述禁止的行为都会给幼儿带来不安，不利于幼儿与老师形成亲密依恋的关系。

（二）让孩子布置一个有"自己痕迹"的环境

让刚刚来园的孩子自己挑一把喜欢的椅子，椅子挑好后贴上自己的照片，再给它取个名字。虽然椅子都是一样的，但孩子自己选的椅子意义就不一样了，再贴上照片，为它取名，这把椅子对他而言就是宝贝了，于是他在班里就有一件喜欢的物品了。

还可以鼓励幼儿带一些家里的东西来幼儿园，如幼儿喜欢的旧衣服、毛巾被等。这些都可以在一定程度上减轻幼儿的入园焦虑。

（三）注意第一印象

教师要注意自己的职业形象。幼儿喜欢的：温暖的笑脸，温和、亲切的态度，宽松、愉快的氛围；幼儿不喜欢的：浓郁的香水味、大嗓门、快动作、被支配的感觉。

（四）同理心化解焦虑

让孩子知道你明白他的感受，让他知道老师理解他、支持他。假如孩子想妈妈了，不开心，你可以说："我知道，你心里想妈妈，老师让你在这里好好想妈妈，你想完妈妈就过来和老师做活动。"此时，老师不要说："没什么好想的，妈妈很快就会来接你，过来做活动。"——孩子会觉得你支配他，不理解他，感觉很不好。①

（五）明确表示我们对幼儿的爱

教师可以通过如下肢体语言体现教师对孩子的爱：拍一拍他的肩膀，摸一摸他的额头，抱一抱他，亲一亲他的小脸，摸摸他的小脸蛋，拉拉他的小手，善意地微笑着看幼儿一眼，幼儿完成一项具有挑战性任务时，对他竖起大拇指。

对新入园的幼儿，每天至少要拥抱他们 3 次，每次 10 秒钟！

前提条件是：我们的心要放在同情、安慰、热爱幼儿这样的状态上！

---

① （美）蔡伟忠. 跳出传统思维的幼儿园教师实用手册 [M]. 北京市：农村读物出版社，2010：7.

（六）让幼儿动起来

如果幼儿因焦虑而情绪低落，或愁眉不展，或忧伤，或哭泣，这时，如果让他们静静地呆坐在活动室里，那么，他们更加想家，更加焦虑；同时，由于班级里静悄悄的，少数孩子哭的情绪行为很容易将本来平静了的孩子重新带入想象、忧愁的消极情绪状态。可是，如果我们让幼儿活动起来，让活动占据他们内心，他们就没有那么多时间和心思想家了。比如，在活动室里播放那些动感强、节奏欢快活泼的乐曲和歌曲，让孩子们跟着音乐舞动起来，他们就很容易被音乐的快乐情绪带动起来，进而全身心地投入快乐的活动之中。

九、如何做好幼儿园班级中的安全工作？

在幼儿园班级管理过程中，必须将安全工作当作头等大事，将保护幼儿生命安全放在班级管理工作的首位。因为安全问题不仅关乎孩子、家长，也关乎教师和幼儿园。由于幼儿自我保护意识和能力弱，危险意识和管控能力弱，好奇心强，这些特点决定了幼儿很容易出现安全问题。教师可以从以下几个方面关注幼儿的安全问题：

（一）发现危险

要做好幼儿园班级安全工作，首先要发现安全隐患在哪里，然后采取针对性的应对措施。

1. 发现户外活动场地的安全性问题

（1）活动场地有无坑、砖、凸起、树枝、玻璃碎片、钉子、绳索等妨碍物。

（2）大型玩具有无螺丝松动、铁皮外露、踏板裂缝、绳网断裂等。

（3）体育器械有无破损。

（4）操场是否用围栏包围起来。

（5）在攀爬、滑行器械下是否放缓冲垫。

（6）滑梯和其他金属器械是否生锈。

（7）木制器械是否有开裂的地方。

（8）高处平台栏杆的插销是否都关闭。

（9）尖锐的边缘是否修复。

（10）大型器械是否有松动的部分、尖锐的边缘或开裂的地方。

（11）器械是否存在可能把幼儿的头或身体卡住的安全隐患。

（12）器械是否存在容易钩住幼儿衣服的装置。

（13）当操场出现陌生的动物和人时能否及时让孩子们回到教室里去。

（14）有没有一个能够让骑乘玩具自由移动的无障碍区。

（15）秋千是否远离人多的区域，是否用树丛或栅栏隔开。

（16）有没有一些设备会绊到幼儿的脚或膝盖。

（17）在链条连接的栅栏下有没有能绊到幼儿的东西。

（18）玩沙时，幼儿是否戴护眼镜。

（19）摇椅是否远离坐在地板上的幼儿。

2. 发现幼儿身上物品的安全性问题

（1）有无带尖锐利器、打火机、玻璃球等危险物。

（2）有无带刀片。

（3）有无带绳子的衣服：上衣、帽子的绳子，中裤下面的绳子，裙子绳子。

（4）衣服上有无小珠子。

（5）裤子上有无拉链。

3. 发现药品的安全性问题

（1）药物有无严格登记制度：姓名、药名、药量、时间、服法。

（2）药物是否放在幼儿触摸不到的地方。

（3）是否请保健医生审核：姓名、药名、药量、时间、服法。

4. 发现接送的安全性问题

（1）是否有严格科学的接送制度。

（2）是否有避免拐骗的健全制度。

（3）陌生人代接孩子，是否需要至少两位家长确认。

| 案 例 | 我家小宝呢？ | ● ● ● |

　　某日下午，离放学还有一个小时的时间，小班幼儿准备离园，两位带班教师在教室门口迎接孩子的家长。由于家长很多，教师急忙对应着家长让孩子出去，终于孩子们都被接走了。这时，小宝的妈妈问老师："小宝呢？"教师诧异道："不是接走了吗？""没有，不可能。"于是教师到教室、厕所、活动室中去寻找，都未找到。问门卫是否看见孩子从门口走出。门卫说没有。教师在门卫的录像倒放中发现孩子从幼儿园走了出去。全园的教师立即出园寻找孩子。孩子在半小时后被教师找到了。孩子的妈妈终于放下心来，但对幼儿园的安全管理提出了疑问。

　　上述案例体现出了幼儿园在接送孩子环节上安全管理的漏洞：一是两位老师专注于送孩子，而未将每一位孩子都保持在自己的视野里；二是家长接走孩子没有登记制度；三是对孩子进出看管不严。

5. 发现物品的安全性问题

（1）各种物品是否稳固。

（2）各种物品是否会成为孩子们活动的障碍。

6. 发现危险有毒物品存放的安全性

（1）洗涤液、洗衣粉是否放在固定地点。

（2）消毒类物品、装在饮料瓶里的一些化工用品是否放在幼儿触摸不到的地方。

7. 发现危险场地的安全性问题

（1）是否禁止幼儿去厨房。

（2）是否禁止幼儿去洗衣房。

8. 发现运送物品的安全性问题

（1）餐车行驶是否缓慢。

（2）幼儿的饭、菜、汤是否盛得太满。

（3）是否禁止幼儿从头顶传递饭菜。

（4）饭、菜、粥、汤的温度是否在摄氏 39 度以下。

9. 发现用电的安全性问题

（1）插座是否装在孩子触摸不到的地方。

（2）电线是否装在孩子触摸不到的地方。

（3）风扇是否是壁扇或吊扇，且装在孩子碰不到的位置。

10. 发现幼儿带有危险性物品问题

（1）幼儿是否带有小刀。

（2）幼儿是否带有剪刀。

（3）幼儿是否带有小珠子。

（4）幼儿是否带有打 BB 弹的玩具手枪。

（5）幼儿是否带有打火机、火柴。

11. 发现室内安全性问题

（1）床角、椅角或桌角是否有木刺会扎手。

（2）钉子是否松脱露出尖角。

（3）床、小椅子是否摇晃不稳。

（4）有没有一些和儿童差不多高的锋利的桌角。

（5）一体机是否与幼儿视线齐平。

（6）木工房是否有幼儿的防护眼镜。

（7）有水的区域是否有排水设施，是否有擦水用的拖布或毛巾。

（8）布娃娃的耳环要大，项链的线要结实。

（9）楼梯台阶要平滑、无破损，有防滑的材料。

（10）是否禁止孩子在教室里跑。

（11）有没有一些关于儿童使用剪刀、锤子以及小刀的规定。

（12）是否向儿童解释安全规定，是否将其落到实处。[①]

（二）让危险远离幼儿

在幼儿园班级安全措施方面，有消极的安全预防措施和积极的安全预防措施。

幼儿园班级安全管理中的消极预防措施是指让危险远离孩子。比如，插座要装在幼儿根本碰不到的地方；禁止幼儿到厨房玩等。

幼儿园班级安全管理中的积极预防措施是指让孩子远离危险。比如，告诉幼儿不要将手插进插座，教育幼儿不要去厨房玩耍。

由于幼儿好奇心强，你越是禁止他们去做的事情，他们的探索欲望越强烈，他们去探索的可能性就越大；幼儿自我控制能力弱，他们知道不应该做危险的事，可是，还是控制不住自己的手脚。

当然，我们也不是主张，将幼儿园环境弄成绝对安全的。

案 例　没有棱角的幼儿园　•••

> 到某幼儿园参观，园长提醒我，为了孩子们的安全，他们幼儿园几乎所有的东西都没有棱角。小桌子是圆的，边上还包着一层海绵；小椅子是圆的，椅腿和边也裹着一层海绵；玩具车的边没有角，都是弧形的；小画书的四个角也都被剪修成圆形的了；至于孩子们手中的娃娃、玩具更不必说都是柔软的；最有意思的是墙角也都被围成了圆弧状……

看了这一所幼儿园，我内心有点担心，担心幼儿在这种绝对安全的环境中成长会让他们失去安全意识和安全技能。日本幼儿园设计中有一个原理叫作"适度危险性原则"。我认为，幼儿园有适度的危险性有利于提高幼儿的自我保护意识和自我保护能力。

大家看看 A、B 两位老师的说法，你更倾向哪位老师的主张？

A 教师说："我从来不让一个 3 岁的孩子使用锋利的小刀。他也许会伤着自

[①]（美）戈登，布朗.幼儿教育学导论：下册 [M].四川少年儿童出版社，2010：10—14.

己的。"

B 教师说："我让所有的儿童都学会使用危险的工具，比如，小刀和锯子，所以不会受伤。如果他们曾经不小心切伤了自己 (但是从没有过)，那也是一个学习的经验，我们手头总有绷带。"

（三）掌握生命急救技术

幼儿园出现安全问题是难免的，因此，教师要掌握最基本的急救技术，如心肺复苏术、海姆立克急救法、各种基本的包扎技术、简单的灭火术等。这些应急技术，在急需时可以挽救生命，可以避免幼儿受到二次伤害。

案 例 **汤打翻在孩子的胳膊上**   ● ● ●

教师午饭时间，A 教师拿着自己的饭菜和汤从大厅走过，这时一名孩子急速跑来，两人一下子撞到一起，老师的汤打翻在孩子的胳膊上，孩子的胳膊立刻红了起来。A 老师马上用手擦拭孩子胳膊上的伤口，孩子尖叫起来，说痛。A 老师立即带着孩子到附近医院，经医生诊断孩子是 2 度烫伤，所幸伤口较小，但由于当时处理不当，孩子的伤口皮破了，易感染。家长听到由于 A 教师的急救不当而造成孩子伤势严重非常生气。①

上述案例说明幼儿园安全工作存在的几点问题：一是老师带着温度过高的饭菜进入幼儿活动区；二是没有让幼儿形成"室内只能走，不可以跑"的常规；三是教师缺乏基本的救护技能。

（四）清点人数

清点人数是避免幼儿因我们疏忽而受伤或失去生命的有效措施。在清点人数中应注意以下几点：

① 冯焰 . 幼儿伤害事故处置策略研究 [D]. 华东师范大学，2010：28 — 29.

1. 明确首次清点人数的时间和任务

幼儿园教师一天中第一次清点人数应该定在早餐后 20 分钟。第一次清点人数要确认当天本班谁没有到；没有到的幼儿中，有哪些没有请假的；没有请假又没有到班的，一定要打个电话去了解情况。如此去做，一是表达我们教师的强烈责任心；二是有时可以救人。比如，某幼儿在早餐后半个多小时都没有到班里，当班教师打了孩子父母电话，电话都响，但就是没有人接电话，然后老师就到该孩子家了解情况，因为那孩子家就在离幼儿园门口不到 50 米的地方，到他们家门前拍门也没有回应，老师又拨打家长手机，后来听到两个手机都在家里响，这时老师报警……警察打开门后发现一家人煤气中毒，但还有微弱的生命迹象。

2. 任何一次场地的转换都要清点人数

幼儿从卧室到活动室，从室内到室外，从车上到车下，从车下到车上……每一次场地的转换都要清点人数一次，不要让任何一个孩子在场地转换的过程中被落下，同时，避免落下后发生意外。

案 例 我家的孩子呢？ • • •

午睡起床，吃完点心后，老师跟小朋友们说："等一下，我们要到楼下去玩，一直玩到爸爸妈妈来接你们回家的时候。现在，你们收拾好你们要带回家的东西，准备好水，我们就下去。"……当孩子们玩到 17：30 时，家长们陆续地来到幼儿园接走自己的孩子。

班里还剩下 6 个小孩时，汪东晓的妈妈来了，她见到老师就热情地跟老师说："老师，我来接我家东晓了！"老师四处张望了一下，也没有发现东晓……然后报告园长，动员全园力量，搜查东晓的下落。

先看门口处的摄像头资料，没有发现东晓走出幼儿园的迹象。

然后，大家将全部精力放在幼儿园里，大家搜遍了一楼及操场、空地上的每一个角落，但仍然没有发现东晓的影子。

正当大家焦虑、失望，甚至绝望的时候，有一位老师突然喊道："会不会还在三楼的教室里？”原班老师快速跑上三楼本班活动室，结果发现东晓还在本班卧室里睡觉！

上述案例中，问题出在该班老师带孩子们从室内到室外活动，外出前没有清点人数。

（五）时刻让每位幼儿保持在教师视野范围里

不管是一位老师带班，还是两位、三位老师带班，不管是在室内活动，还是在室外活动，也不管任何时候，教师的站位，都不能让任何一个孩子离开教师的视野范围——特别是外出活动，带班教师的站位要保证任何一个孩子至少在一位教师的视野里。

幼儿午睡，每个班至少要有一个人值班，并且每5个班要设有一个流动岗值班人员。流动岗值班人员的职责，就是在其他值班人员有事要离开处理时，一定要等到流动岗人员顶岗到位后方能离开，这方面不要有侥幸心理。

两个老师带幼儿外出活动，一定是一个走在最前面，一个走在最后面。保证外出过程中，不让任何一个孩子落下，走在前面的老师要观察保证外面没有危险。

幼儿活动时，教师绝对不能玩手机，不能开小差！

（六）注意饮食过程的安全

在班级管理中要注意饮食过程的安全，比如，在幼儿吃那些容易噎住的食物时，比如芋头、馒头、果冻等，让幼儿细嚼慢咽，必要时适量喝点水；在幼儿吃那些容易卡住的食物时，比如花生、黄豆、龙眼、荔枝等，不能在吃这些东西时将食物抛向天空再用嘴去接，也不能嬉笑打闹，也不能边吃这些东西，边做运动。大家看一下以下案例：

在律动活动进行到一半时，老师们发现兵兵突然倒在地上，脸色青紫，随即迅速送到附近的医院，但经过抢救仍然是无效。事后，法医解剖发现，其咽喉部卡有一颗桂圆。[①]

另外，睡前要给幼儿充足时间对吃进去的食物进行消化，避免幼儿在午睡时食物返流进气管呛到。

十、如何做好幼儿来园接待工作？

做好幼儿来园接待工作的目的，一是让幼儿感受到老师的爱，让幼儿获得对班级的归属感；二是让家长感受到教师对其孩子的爱。

（一）流程与要求

来园接待工作，教师可以按如下流程去做：

1. 看到家长带领孩子向班级活动室走来，教师应该面带微笑，然后叫小孩的小名及相互问好。

2. 举行仪式活动：与幼儿击掌，同时与幼儿同声喊出约定好的口号。

3. 蹲下来抱着幼儿一起微笑着挥手跟家长说再见。

4. 引领幼儿至书包放置处，指导幼儿把书包放置好。

（二）细节要求

1. 尽可能与每个孩子进行个性化互动（用心关注他的变化：精神面貌、穿着变化、发型变化等，关注每个孩子的独特特点，找到与幼儿温馨的互动点）。

2. 与家长、幼儿问候要热情有礼貌。

3. 幼儿将在家发生的事情告诉教师时，教师应该及时和孩子沟通。

4. 如果孩子很难同其父母说再见，教师就给家长一个手势，暗示他们该最后一次说"再见"了，然后非常慈爱地、温柔地安慰这个孩子。

案 例 你猜，我梦到你什么了？ •••

"我不上幼儿园，我要妈妈抱……"小宇使劲搂着妈妈的腿，不肯

---

① 张春炬.教师的家长工作技巧[M].北京：中国轻工业出版社，2014：231.

放开。老师见状微笑着迎上来："哟，小宇，今天你是让妈妈抱着来的呀！我昨天晚上做了一个梦，还梦到你了呢！你猜，我梦到你什么了？"小宇轻轻地把头抬起来一点儿，看着老师："什么呀？""我梦到你早晨来幼儿园的时候笑得像花儿一样，还给了我一个大大的拥抱。啊，我好幸福呀。好想抱抱你啊！可爱的小宇，行不行啊？"小宇想了想，终于松开妈妈的腿，开口道："那好吧。"

老师高兴地从妈妈手里接过小宇，并轻轻地亲了他一口，同时对妈妈小声地说了一句："放心吧！"妈妈看到小宇带着泪花的脸笑了，自己也笑了，紧张的情绪顿时烟消云散，发自内心地说了一句："谢谢老师！"①

老师的温暖，老师的专业得到了家长的认可。

5. 重视家长交代的事情：喂药、身体异常等，要做好记录，并在下午家长来接孩子时有所反馈。

十一、如何做好幼儿离园工作？

离园活动，我们把它界定为幼儿离开幼儿园前的半个小时。做好幼儿离园工作的目的，一是让幼儿感受到老师的爱；二是让家长感受到教师对其孩子的爱；三是让家长感受到教师的敬业；四是让家长感受到孩子的进步；五是让幼儿对明天的幼儿园生活形成一种期待的心情。

（一）流程与要求

幼儿离园工作，教师可以按如下流程去做：

1. 幼儿根据兴趣自由选择进入相关活动区活动，活动完毕要将所玩材料物归原处。

---

① 张春炬. 教师的家长工作技巧 [M]. 北京：中国轻工业出版社，2014：120.

2. 今日活动回顾。在离园活动中，抽出 10 分钟左右的时间来让教师和幼儿对今日活动做个回顾，用击鼓传花的方法，让幼儿介绍今天所参与的活动或请他回答："你今天参加了什么样的室内活动或室外活动？""今天学习到了哪些本领？"其目的有二，一是让幼儿一天的经验得到提升；二是让孩子能有效回应家长关于今天活动的提问——回家路上家长问孩子"你今天在幼儿园做了什么""学了什么"时，孩子不至于不会回答或只是说"什么也没做。""不记得了。"进而导致家长对幼儿园教育的负面认识。

3. 整理与检查。检查每位幼儿的仪容仪表（脸上无鼻涕痕迹；嘴角无吃点心痕迹；无不梳头发；无露肚；无穿呕吐脏衣；无穿反衣；无内衣袖不拉；无扣错纽扣；无穿尿湿裤子；无鞋带散开。[①]），帮助幼儿整理好仪容仪表，以良好的精神面貌与家长见面，同时帮助幼儿检查要带回家的物品是否带全。

4. 拥抱与说再见。老师微笑着蹲下抱着幼儿："老师会想你的，期待明天再见到你！""谢谢你，今天带给老师的欢乐，老师爱你！"向幼儿和家长微笑说再见。

（二）细节要求

1. 鼓励幼儿回家告诉爸爸妈妈今天在幼儿园做的事情。

2. 预告明天的精彩活动，并鼓励幼儿明天早点来幼儿园。在幼儿离园时，根据明天的教育活动计划，大声地对幼儿提出对其明天的期望——教师期待着幼儿明天来一起活动，期待着幼儿明天来为班级活动做贡献——这样，幼儿对明天来园就会有一种积极向往的心情……

3. 教师用具体的事例感谢幼儿一起度过快乐的一天，并让幼儿互相感谢。

4. 如有个别需要沟通的幼儿情况，应及时、简要地向家长说明，并告诉家长可以电话、微信等形式详细沟通，不要影响正常的离园接待工作。

5. 家长接幼儿时来晚了，要体谅家长的苦衷，不要给家长脸色看。

6. 接送时表扬孩子的进步。如某幼儿午餐时，比以前有进步，吃了些蔬菜……有心的教师记住了，离园时，教师当着孩子的面向其父母表扬了他这一进步，家长听后十分高兴，孩子听到这一表扬后就很愿意重复这种良好行为，挑食的

---

① 吴邵萍．幼儿园管理与实践 [M]．江苏教育出版社，2012：16.

毛病就逐渐改掉了。

7. 与家长接送孩子时的交流要公平，每个家长约 3 分钟。不要只顾与某家长打得火热而忽视了其他家长。

8. 注意离园环节家园交流程序：首先，用具体事例向家长介绍孩子当天或近期的表现；其次，提出孩子的不足之处；最后，给家长提供矫正孩子心理行为问题具体有效的方案。

十二、如何在生活活动中培养幼儿的自主性？

在吃、喝、拉、撒、增减衣服等生活方面，尽可能让幼儿根据自己的需要自行决定自己的行为，在生活问题上，多给幼儿自主的机会，尽可能不要强迫幼儿进行相关的生活活动。有一天，我带学生到幼儿园观看幼儿的室外体育活动，发现一男孩由于运动而满头大汗，我就问他："小朋友，出那么多的汗，为什么不脱掉一件衣服呢？"令我没有想到的是，该幼儿这样回答我："老师没有叫我脱衣服，我不敢脱，因为我脱了会被老师批评的。"如果幼儿的生活总是被安排好的——什么时间吃饭、喝水、上厕所、穿脱衣服等都是被安排好的，那么，孩子们将处处被动——并且这种被动状态会蔓延到他们的生活、学习等方面，这不是成功的教育。

为了尊重和培养幼儿生活的自主性，为了满足幼儿的自主需要，在幼儿园生活管理中应该注意以下五点要求：

（一）幼儿处于自然性需要状态

幼儿生活活动要根据幼儿的自然需要来设计和组织，即幼儿生活中的吃、喝、拉、撒、睡、衣服增减都应该是出于幼儿的自然需要，比如，吃，是因为饿；睡，是因为困；喝，是因为渴；增加衣服，是因为感觉到冷了；减少衣服，是因为感觉到热了。

现实中，我们看到幼儿园的许多生活活动不是出于幼儿的自然状态需要，而是为了其他目的，比如，吃饭不是因为饿，而是吃饭时间到了，或者为了得到老师的表扬和奖励（比如老师时常说"哪个小朋友吃得快，等一下吃完后老师就奖励他一瓶'爽歪歪'。""今天谁吃得多，放学时，老师就送一朵小红花给他。"……），或者为了避免受到惩罚（比如，老师时常说"哪个小朋友不好好吃饭，等一下老师就送他去'小小班'。""你不好好吃饭，我就打电话让你妈妈不来接你了。"……），或者因为那些饭菜的色香味比较诱人，或者被老师"塞饭"（许多孩子不喜欢吃饭，或者吃得慢，老师就急不可耐地往他嘴里塞饭菜，许多孩子不得不将含在嘴里的食物吞下去，当然，也有不少的孩子等到老师塞的饭让他嘴巴无法承受时，一大口地全部吐出来——这是孩子对我们粗鲁、不人道的行为的一种无声反抗）。如此被动吃饭，不仅影响幼儿身体健康发展，还会影响幼儿心理的健康成长，会让幼儿逐渐成为一个被动型人格的人——时时、处处、事事都等别人安排了，才会去做，否则，什么都不会做。

因此，教育者要创造条件，让幼儿处于各种生理需要的自然张力状态，如加大体育活动量，或让幼儿进食些有助于消化的食物，进而让幼儿饭前有饥饿的感觉和较强烈的进食需要；又如，让幼儿有足够的活动量，或睡前让其从事单调乏味的活动，或听有催眠作用的音乐，或进行睡前仪式性活动，进而让幼儿睡前进入困乏状态和较强的睡眠需要等，如此，生活活动将不再被动，组织起来也将不再艰难。

（二）吃的自主性

吃与不吃由幼儿做主。反对以"为你好"为由强迫幼儿吃。幼儿可以决定自己吃与不吃。幼儿不想吃，不喜欢吃，老师可以做幼儿的工作，比如，告诉他这些食物对成长的意义，对生活的意义，但最后吃与不吃由幼儿自己决定——当然，幼儿要对自己的决定负责任，做出了"不吃"的决定，那么，就应该承受下一餐到来之前饥饿的痛苦。

案 例) **榴莲臭臭的** 　　　　　　　　　　　　 • • •

有一天下午午点中有水果榴莲，规定每位幼儿可以拿2粒，多数幼儿都拿了2粒，只有苏伟1粒也没有拿，而且还不停地说："榴莲臭

老师不应该强迫苏伟吃榴莲，因为每个人都会有这样那样的食物偏好，只要做到营养均衡合理就没有问题，强迫并不能解决幼儿的偏食和食欲问题，相反还会让幼儿更加讨厌某种食物。

小班教师帮幼儿盛饭菜，要依据少盛多添的原则来进行，"少盛多添"不仅可以增加幼儿吃饭的成就感——因为可以很快就吃完老师给添的饭菜——而且还可以增加幼儿对吃的自主性，幼儿在吃完老师盛进碗里的少量食物后，可以自主决定是否还再添加食物。鼓励中大班幼儿自己盛饭菜，自己决定吃多吃少。

在吃午点方面，在规定数量的范围内，让幼儿自主选择一定数量的点心。比如，某一天午点规定每个幼儿可以取"1根香蕉、3勺葡萄干、5颗花生"，但幼儿在葡萄干的选择上，他们可以根据自己的爱好选择1勺或2勺或3勺，也可以选择"根本不要"；对其他两种食物也可以根据自己的需要做适当选择。

在吃方面，教师不仅要尊重幼儿自主的需要，还要尊重他们的自主决定，并且将自主性与责任感培养相结合。

（三）上厕所大小便的自主性

我国《幼儿园工作规程》第二十二条指出："幼儿园应当培养幼儿良好的大小便习惯，不得限制幼儿便溺的次数、时间等。"

因此，在无特殊需要的情况下，幼儿可以根据自己的内急情况来决定是否上厕所，而无需统一安排。哪怕有时候，部分幼儿玩疯了，结果导致"出事"了，这也没有关系，"出事"会进一步强化自己把控拉、撒时机的重要性——"出事"后，不要骂幼儿，适当引导他今后如何避免类似事件发生即可。

不过，到了大班，为了让幼儿能更好地适应小学学习生活的要求，应该适当训练幼儿利用"课间休息时间"上厕所的意识和习惯，因为到了小学上课时上厕所会影响到正常的学习。

（四）喝的自主性

班级里提供一个保温水箱或热水器，让幼儿接到的水保持在摄氏 39 度左右，幼儿平时根据自己的口渴情况来决定喝水的时机——请教育者相信幼儿的生存本能，相信幼儿的感觉。

当然，可以让习惯于喝摄氏 39 度左右温开水的幼儿学会正确应对摄氏 100 度开水——让幼儿掌握正确的喝水的流程：先试一试水温，而不要接到水就喝（总是喝摄氏 39 度左右的温水的幼儿很容易形成一个坏习惯——接到水，不判断水温就直接喝，而世界上并不是所有的水都是摄氏 39 度左右的）；如果水的温度过高，如何快速让水降温，让幼儿掌握其中的方法——自然等候、搅拌、加入冰块、两个容器将开水对倒等。值得警醒的是：幼儿因总是喝摄氏 39 度左右的温开水，他们可能会失去喝水方面的安全意识和能力。

（五）增减衣服的自主性

平时，要让幼儿根据自己的体感来决定是否增减衣服——老师不得代替幼儿来做决定。外出活动时，如果外面比较冷，老师可提醒孩子们根据外面的温度加点衣服，但不能强迫每个幼儿都要马上添加衣服，如果幼儿仍然选择不加衣服，届时真正受冷了，那就让"寒冷"的自然后果来教育他——不能参加有趣的游戏活动了，因为必须回去加衣服，这样，下一次外出活动时，幼儿就会自觉思考外出前是否要增减衣服。

生活中形成了自主的意识和习惯，他们就会慢慢地成为一个富有自主性的人，这将会让其终身受益。

十三、如何挖掘和利用生活活动的教育价值？

幼儿园课程有一个特点：生活性，生活就是课程。那么，在班级管理中，如何体现这一课程原则呢？下面向大家介绍一些生活转变成课程的策略与方法：

（一）把社会价值放进生活

生活变成课程的策略就是把教育价值，把社会价值放进生活，生活就是教育，生活就是课程。比如，训练幼儿在教室里搬椅子的行为动作时，不仅要让幼儿知道动作的标准要求——"双手将椅子抬起来，然后移动。"还要让幼儿知道，这一行为背后的价值观念——"爱护物品，不让物品损坏。""心中有他人，不给别人带来麻烦——避免弄出噪音影响室内的人和楼下的人的学习、生活和休息。"将"节约"这样的价值观念渗透到生活：洗手活动，让幼儿知道洗手时，不要将水龙头的水开得过大，合适就可以；光盘行动；外出活动要随手关灯，当然，光线充足时，也要注意关灯——不是我们付不起那些电费，而是为了践行"节约"的价值观念；将"女士优先"渗透到各种排队活动之中，上厕所排队"女士优先"，拿点心排队"女士优先"，喝水排队"女士优先"；将"感恩"这样的价值取向渗透到生活，饭前感恩老师，活动后感恩老师，游戏后感恩小伙伴，得到友好对待要感恩……

如此，今后"女士优先""心中有他人，不给别人带来麻烦""节约""感恩"……就会成为幼儿一生的行为价值取向。

（二）生活中的科学教育

在幼儿园生活活动中，教师可根据具体情况对幼儿进行科学教育。

1. 食物名称、营养素、营养知识。

2. 食物的特点、生长地、生长条件。

3. 煮饭煮菜的知识和技能。

4. 食盐的性质、特性。

5. 食物的冷热与传导、冷却等。

6. 油与水的比重。

7. 生活中的数学。

（1）进餐时可以获得很多关于测量（倒牛奶）、匹配（杯子、勺、人）、顺序（先……再……）、分发的过程练习数量的一一对应、数数等经验。

（2）整理玩具时让幼儿按形状、大小、颜色分类，实际上练习了层级分类。

（3）户外活动中引导幼儿观察自身所处的位置，练习方向辨认。

（4）速度与序数：幼儿轮流洗手时，能获得快、慢、顺序、先后以及第几组、第几个等序数概念。

（5）序数：寻找自己的班级在几楼第几间，自己家里住在第几层，自己的床位在第几行第几列，自己做操站什么位置等，都能使幼儿区分方位，感知序数。

（6）大小：区分班级教室、寝室面积的大小，比较自己班级与其他班级面积的大小，了解自己班与别班环境布置的差异等，都能发展幼儿的空间方位概念，引导他们学习测量。

（7）数量、高矮、粗细：统计幼儿园的大型玩具数量，统计幼儿园的树，比较树的高矮、粗细等，能引发出许多有趣的探索活动，使幼儿感知数量、学习测量；树干粗，树枝细；马路宽，小巷窄等。

（8）数与形：秋天落叶纷飞，可引导幼儿用拾来的落叶进行分类，排序活动，拼搭物体图形；户外散步时引导幼儿观察各种物体的形状，有的房顶像三角形，房子门窗像长方形。

（9）等分：分水果、分蛋糕等。

（10）数数：上下楼梯时，引导幼儿数楼梯的级数；户外活动时，请幼儿数一数操场旁边有多少棵树。

（11）生活中的倒计时：序数、倒数。

（12）方位：座位、床位。

……

只要你做教育的有心人，你就会发现处处有知识，处处有教育的机会。

第六章
师幼互动

一、师幼互动是什么?

师幼互动是指教师和幼儿之间发生的各种形式、性质、程度的心理或行为的相互影响的过程。根据师幼互动的定义我们可以演绎出如下的命题:

1. 师幼互动实质上是一种双向的交流

互动体现了发起与反馈的关系,如果仅有发起而没有反馈,那么这种单向信息输出不能算作真正意义上的师幼互动——当然,许多时候"没有反馈"也是一种反馈,比如老师向幼儿打招呼,幼儿也知道向他打招呼,但幼儿不做任何回应——这种不做任何回应也是一种回应,也是一种反馈。这时,老师就得想:这孩子为什么不理我,我要做哪些改进,然后再发起新的互动。师幼互动可以由教师发起,也可以由幼儿发起,如果师幼互动仅仅是老师发起,或者多数是由老师发起,那么,我们可以断定这种师幼关系是不平等的,也是不正常的,对幼儿的发展是有负面影响的。

2. 师幼互动是一个连续的动态过程

师幼互动是一个动态的交流过程,而非一个静态的结构。在这一过程中,教师与幼儿的互动时时、处处都在进行,并且互动的发起者也是不断变化的,一时教师是互动的发起者,一时可能又换成幼儿是互动的发起者,互动的内容、活动的形式也是不断变化的。

3. 师幼互动是一种教育活动

师幼互动可以是以传授知识、技能、价值观念为目的,也可以是以情感交流为目的。因此,老师要心中有目标,在师幼互动的过程中随时随地抓住一切机会渗透我们的教育目标,促进幼儿的发展。由老师发起的师幼互动,一定要以教育目标为出发点和归宿;由幼儿发起的师幼互动,教师在师幼互动的过程中,也要努力将师幼互动变得富有教育意义。

　　郭强小朋友问段老师："喂！你能告诉我天为什么是蓝的吗？"这时，段老师没有表示积极关注，没有回答他的提问。

　　过了一会儿，郭强小朋友又问："段老师，您能告诉我天为什么是蓝的吗？"这时，段老师立刻给予反馈，高兴地对郭强小朋友说："你这样的提问很有礼貌，段老师现在告诉你天为什么是蓝色的……"

　　于是，在随后的活动中，郭强小朋友学会了用礼貌的方式来向老师提问。

　　段老师没有对郭强无礼的提问做出回应，随后又对郭强的有礼貌提问快速做出回应，这让师幼互动变得有教育意义了。

　　师幼互动是促进幼儿发展的一种手段，高质量的师幼互动一定是能高质量地促进幼儿发展的过程，它应该具有这些特征：每个幼儿的需要都得到了适度关照；互动是温暖的积极的；每位幼儿身心素养都得到了适度提高。

　　师幼互动在促进幼儿身心全面发展和满足幼儿情感需要方面有着特殊的意义，期待师幼互动能有效、高效地促进幼儿的发展。

二、师幼互动应该遵循哪些原则？

　　为了师幼互动能更加有效、高效地促进幼儿的发展，在师幼互动的过程中，我们应该遵循以下原则：

（一）发展性原则

　　师幼互动以促进幼儿的发展为出发点和归宿。一切师幼互动都要以更好地促进幼儿发展为出发点和归宿。在师幼互动过程中，要认真思考：照顾与否，如何照顾；帮助与否，如何帮助；教与否，如何教；约束与否，如何约束；管理与否，如何管理；指导与否，如何指导……其出发点和归宿都是更好地促进幼儿的发展，老师的照顾、帮助、教、指导、约束、管理……都要有利于幼儿的发展，不要成为幼儿发展的障碍。比如，过多周到的照顾会剥夺幼儿独立意识和能力的发展；过多的指导会剥夺幼儿独立探究的机会，进而阻碍了幼儿的探究能力、独立思考能力的发展；过多的约束，剥夺了幼儿犯错误的机会，让幼儿失去了一半的成长经验，等等。

在师幼互动中，教师要以支持者、辅助者、引导者、促进者的角色出现，而不应以"替代者""代劳者"出现，让幼儿在面临各种问题时，逐渐学会独立思考、独立处理，逐渐摆脱对教师的依赖，成为对自己充满自信，具有独立性的人。

师幼互动过程中的教师与幼儿之间的平等关系就像教师和幼儿一起打乒乓球一样，一方把球打过去，一方把球挡过来，然后再把球又打过去……如此循环往复。在与幼儿玩的过程中，幼儿教师必须思考如何发球、如何玩对幼儿发展更有意义——发球的力度、球的落点、球的转速与转向……教师要把握其中的度，度出问题了，对幼儿的发展不仅没有意义，还有害处，会成为幼儿成长的障碍——比如幼儿的自信心没有了，幼儿发展方向出问题了。因此，教师必须随时发现幼儿抛过来的"球"，而且还要考虑如何以幼儿喜欢的方式将"球"抛回去，让幼儿觉得与你在一起很有"玩头"，同时，还要考虑这一过程如何做更有利于幼儿的发展。

（二）平等性原则

在师幼互动中，教师要以平等的身份与幼儿互动，让幼儿感受他的话语、他的意见、他的主张、他的情感在师幼互动中都受到同样的尊重。只有幼儿体会到了与教师的平等关系，幼儿在师幼互动中才会以一种真实自我出现，他们的心灵才不至于被扭曲，师幼互动才有可能成为一种相互需要，师幼互动才会变成一种令人愉快的活动。

师幼平等不仅是"蹲下来""保持视线平衡"地和幼儿说话的形式上的平等，而是心灵和人格上与幼儿的平等，应该让幼儿感受到他们的思想、他们的需要、他们的情感、他们的人格在师幼互动中都受到了充分的尊重。

　　A 教师与幼儿。

　　幼儿：老师，你看！我有新鞋！

　　A 教师：啊！真的。好漂亮！

　　幼儿：还有小豆豆！

　　A 教师：什么是小豆豆？

　　幼儿：是呀！小豆豆！你看，在旁边（指着鞋带上的扣子）。

　　A 教师：（恍然大悟）啊！你是说有扣子！扣子、扣子、扣子。

　　幼儿：（有趣地跟着念）扣子、扣子、扣子。

　　A 教师：对了，扣子。（稍停）你会不会自己扣上？

　　幼儿：不会，可是我会自己穿鞋子。

　　A 教师：呀！你不解扣子就把脚塞进鞋子里？！

　　幼儿：对呀！我看到了，把脚塞进去，袜子变成红红的！

　　A 教师：啊！我看到了，脚弄痛了没有？

　　幼儿：不痛，我脚全是汗，所以鞋子的红颜色跑到脚上了！

　　A 教师：回家脱鞋子时，脚变成红红的。

　　幼儿：（若有所思地笑）对。红红的，好想穿着红鞋上床！（又笑了）妈妈会骂我，说我把脚弄得红红的！（边说边跑到别处去玩）。

　　B 教师与幼儿。

　　幼儿：老师，你看！我有新鞋！

　　B 教师：是的，我看见了。很漂亮！告诉老师你的新鞋是什么颜色的。

　　幼儿：（稍停）红的。

　　B 教师：说对了，再看看你鞋子边上那个叫什么，就是那个（老师指着扣子）。

幼儿：会留下红的印子。

B教师：我不是说这个，我是问那个东西叫什么！（又指着扣子）

幼儿：不知道。

B教师：那叫扣子，"扣子"，会不会？跟着我说！

幼儿：帮我扣起来。

B教师：老师刚刚说的那个奇妙的字叫作什么？

幼儿：（稍停）老师，帮我……

B教师：帮你做什么？

幼儿：帮我扣起来。

B教师：（虽未显出不悦，但仍固执地要幼儿说）那个叫什么？我刚才告诉你的。

幼儿：（沉默不语）

B教师：（耐心地）刚才老师告诉你的，那叫作什么？"扣子"，那是扣子！

幼儿：扣子。

（当B教师替他扣好扣子，幼儿即一言不发地跑开了。）

以上两位教师与幼儿互动的效果是明显不同的。A教师与幼儿对话充满愉悦、自然、流畅，既解决了问题，又交流了感情，还启发了幼儿思维。原因是A教师巧妙引导，使幼儿觉得谈话有趣而愿意继续下去，A教师并不执着地要教给幼儿什么，从而在无压力的情况下达到了语言发展的目标——幼儿自由流畅地充分表达，并能与人清楚地交流，这就是语言教育的目标。相比之下，B教师为了让幼儿说出"扣子"一词，时时阻断幼儿的思维，只追求小目标，而忽视了具有更大价值的目标。因此，在与幼儿言语互动过程中，最好以幼儿熟悉而感兴趣的话题开始，避免批评性语气、字眼，不要诘难幼儿，不要随意打断幼儿的言语。使幼儿在谈话中感到自信，自然扮演一个"权威者"角色，使儿童愿意说、想说、可说、能说、会说。

教师与幼儿交往，不仅要以"教育者"的身份出现，更要以"学习者"的身份出现。在师幼互动中，幼儿要向教师学习，教师也要向幼儿学习——让幼儿也有当我们的"教师"的机会，这样，更易于让幼儿感受到与教师关系的平等，他们也就更乐于与教师交往。如一名幼儿的舞蹈很好，她们班的老师经常向她"请教"舞蹈，幼儿每次都很高兴地教老师舞蹈——教师"放下架子"乐于做幼儿的学生，小朋友们就会觉得老师和大家是平等的好朋友，于是，师幼互动中的障碍就越来越少，关系就会越来越密切。

经常发现幼儿比教师"棒"的一面，经常表扬幼儿比教师还"棒"，经常向幼儿"讨教"，有利于增进积极的师幼互动，有利于幼儿的发展。

（三）温暖性原则

在师幼互动中，教师要让幼儿体验到教师的温暖，这些温暖包括教师对幼儿的养育、接纳、尊重、热情、同情、支持、鼓励、保护和回应等。

幼儿，特别是小班的幼儿需要教师给予温暖和照顾。他们需要一个"母鸡妈妈"，而不是一个只懂得灌输知识和技能的"教官"。想象一下母鸡妈妈：夜幕降临的时候，小鸡们急切地回到鸡妈妈身边，依偎在它的怀里，它的羽毛为小鸡们提供了温暖而舒适的庇护。但是它们不仅仅只在夜晚的时候才回到鸡妈妈身边，而是在任何有危险逼近的时候，它们都会急切地寻求鸡妈妈的温暖。

实际上幼儿园里的小朋友也许并不需要"母鸡妈妈"，但是他们确实需要在他们的环境中有像母鸡妈妈那样的温暖、养育、接纳、尊重、热情、同情、支持、鼓励、保护和回应等。当他们因为某些真实的或者想象中的危险而害怕时，他们应该能够从教师保护性的羽翼下得到温暖。

案 例 没有温暖特质的甘老师 ⋯

四岁的晏小琪很想念她的妈妈。她站在最后一次看见妈妈的窗户旁边哭泣。甘老师在她的一旁布置活动室，招呼其他刚刚来到的孩子，对她却视而不见。当甘老师经过晏小琪身边时，晏小琪抓住了甘老师的围裙。甘老师用力甩掉了晏小琪的手，并告诉她："你最好停止哭泣，小姑娘！哭泣对你没有任何好处！哭泣，你妈妈也是不会回来的！"

在甘老师身上，晏小琪感受不到"母鸡妈妈"的特质，没有温暖，没有理解，没有安慰，没有被保护的感觉。因此，她感到无助、无奈、孤独，她只能不断地哭泣，祈祷妈妈早点来接她离开这个没有温暖的地方。

在师幼互动中，无论何时，无论何种情况下，幼儿渴望从老师那里能得到温暖的感觉。教师可以通过温暖的口头言语让幼儿感受到来自教师的温暖，如热情的问候，关切的语言，亲切的安慰等；还可以通过温暖的肢体言语让幼儿感受到来自教师的温暖，如热烈的拥抱，温柔地摸摸孩子的小脸，轻轻地亲一下他的小脸，拉拉他的小手，拍拍他的肩膀，兴奋地相互击掌，对幼儿竖起大拇指、微笑等。

让温暖成为教师在师幼互动中的一种习惯，让幼儿在师幼互动中体悟到温暖，进而在温暖的感染下，做一个给别人也带来温暖的人。

三、如何正确回应幼儿的情感需要？

轩轩和平时不太一样，到了班上紧紧地抱着胡老师的腿，神秘兮兮的表情。胡老师感觉到轩轩有什么事，但是事情太多，忙不过来，便假装生气并严肃地说："要遵守纪律，按老师的要求去坐好！"轩轩难过地回到座位上一声不吭。事后询问才知道，前一天晚上爸爸妈妈带孩子到广场看花灯时，孩子看见胡老师了。而孩子之所以有这种表现是由于孩子想把"看见了老师"这个"重要"的消息告诉胡老师。[①]

---

① 史爱华.师幼察觉的区域与教师察觉能力的提高 [J].学前教育研究，2010，（1）：30—33.

在上述案例中，表面看来是教师在强调纪律问题，但实质上却是老师对幼儿感情需要的漠视。

幼儿教师在与幼儿互动的过程中，教师要了解幼儿的情感需要并给予正确的回应，进而促进幼儿心理的健康发展。

（一）正确应对幼儿的"假无能"

一些幼儿本来早已经会了某些生活技能，可是近期却变得"不会"了，有的孩子甚至返回到"无能的婴儿期"——有的孩子公开地说："我太小，我什么也不会！"进而什么都需要成人的照顾。其实，这种"无能"是幼儿寻求成人关爱的一种典型表现。

> 莎莎，5岁多的小女孩，在3岁多时已经会独立吃饭了，并且自己吃得又快又好，但是到了中、大班后反而变得逐渐"不会吃饭"了——吃得很慢，并且吃的时候饭、菜撒得到处都是，最后，老师忍无可忍，只好每餐都喂她……

莎莎为什么会出现这种"退化行为"（假无能）呢？心理卫生学认为，出现"退化行为"是孩子适应不良的一种表现。当孩子使用种种方法都得不到老师的关爱后，他们的这种"退化行为"反而轻而易举地得到老师的关爱——餐餐都有老师陪她、喂她，满足了她的被人关爱的需要。

对策：

1. 要意识到幼儿缺乏关爱。

2. 不批评幼儿。

3. 多肯定幼儿的进步和优点。

4. 平时多通过幼儿能明白的语言和行为向幼儿表达爱。

（二）正确应对幼儿的故意捣乱

他一会站起，一会发出怪叫，一会又去打扰其他同伴的学习，一会推倒同伴用积木或积塑搭建的建构物——这往往是幼儿在处心积虑地想引起他人的关爱，特别是想获得老师关爱的一种伎俩。

因此，当幼儿出现了上述类似的问题行为时，教师要对自己进行反思，是不是你由于工作或其他原因过于冷落了该幼儿？如果是，你就应该给该幼儿以适当的关注，让其感受到教师时刻都在关爱着他，让小朋友们沐浴在爱的阳光下健康地成长。

（三）正确应对幼儿的明知故问

有一位幼儿教师在其教育日记中写道：

> 当幼儿教师久了，你就会经常遇到这样的事情，老师在给小朋友梳头，会有孩子天真地问："老师，你在干什么？"老师在写字、画画，会有小朋友跑过来探个究竟："老师，你在干什么？"老师正忙着给小朋友们准备点心，或者正在削着水果，也会有小朋友凑过来关心一下："老师，你在干什么？"……
>
> 也许你正忙着自己的事情，所以会没有好气地说："你自己没有看见吗？还要问？！"言下之意是老师没时间搭理你们这种"明知故问"，小朋友可能会一脸茫然、一脸无趣地走开。
>
> ——摘自一位教师的教育日记

其实幼儿不会看不出老师在干什么，但为什么会明知故问呢？幼儿之所以这样做，就是想主动与教师亲近，获得教师的关爱。如果你没有读懂幼儿这种特殊的语言，无意中便伤害了幼儿，那么，他下一回就不会再对你热心了。

对策：

1. 热情地如实地告诉幼儿你正在做什么。
2. 找个切入点和幼儿积极互动。
3. 最好大方地叫幼儿过来给他个大大的拥抱。
4. 平时，多通过幼儿能明白的语言和行为向幼儿表达爱。

（四）理解、支持幼儿的情绪情感体验

在师幼互动的过程中，当幼儿在老师面前自然地流露出自己的情绪情感（不管是积极情绪还是消极情绪）时，教师都应该表示理解和支持幼儿，这既有利

于幼儿情感需要的满足，又有利于促进幼儿情感的健康发展。如果老师经常否认幼儿自然流露的情绪情感，那么，在师幼互动过程中，幼儿就会认为他们的情绪情感是错误的，进而压抑自己情绪情感的自然流露，这当然不利于幼儿心理的健康发展。

1. 理解、支持幼儿情绪情感体验的语言

（1）我知道你……。

（2）我能体谅到你……。

（3）……真让你……。

（4）我知道你现在很伤心。

（5）看得出来你很伤心。

（6）……这让你很伤心。

（7）我小时候也遇到过……那时我也……。

（8）对的，这件事的确让你生气了。

（9）是的，可以看出你现在真的很担心。

（10）噢，这真的会让你感到害怕的。

2. 否定幼儿情绪情感体验的语言

（1）没什么好伤心的，不就是……吗？

（2）别的孩子在医院打针的时候都不像你这样。

（3）你无权有那样的情绪感受。

（4）你应该喜欢你的小伙伴。

（5）你的胳膊根本不疼，因为小勇只不过轻轻地撞了一下。

（6）不要担心。

（7）不要生气。

（8）你不要那么害怕。

（9）没什么好担心，都是你想多了。

老师根据自己的价值判断而否定幼儿的情绪体验时，就会不断传递给幼儿一种信息：你的情绪体验是不正确的！如此，幼儿将逐渐否认自己的情绪体验，

甚至压抑自己的情绪体验，形成不良的心理生活习惯。

案 例 **你是 A 老师，还是 B 老师？**　　● ● ●

● 有的幼儿打针哭了。

A 老师：打针又不痛，哭什么哭？！

B 老师：小时候打针，我也哭过，打针哭一会没有关系。

● 杨小虎打了从他手里抢走积木的潘小河。

A 老师：我见你打潘小河，我很生气。

B 老师：潘小河抢了你的书，你很生气。

● 幼儿不断在你身边说："我想妈妈，我想妈妈！"

A 老师：没什么好想的，妈妈很快就会来接你。

B 老师：我知道，你心里想妈妈，你过来，老师抱抱你。

● 幼儿很担心威力会再打他。

A 老师：不要担心，有老师在！

B 老师：可以看出你现在真的很担心。

● 黄威因抢别人正在玩的积塑材料被老师批评而生气。

A 老师：明明是你的不对，还敢生气？！

B 老师：我知道你很想玩那些积塑材料。

● 幼儿说："我不喜欢芹菜。"

A 老师：不，你应该喜欢它，芹菜很有营养的。

B 老师：你是不喜欢芹菜的味道，还是不喜欢它的……？

● 我一点都不喜欢周小军。

A 老师：不，你应该喜欢每一个小朋友。

B 老师：你不喜欢他什么地方呢？

● "老师，他拿我的玩具。" 孩子说完又拉拉老师的手。

A 老师：他比你小，你应该让着他。

B 老师（摸着孩子头）：我知道，别人拿走你的玩具容易让你生气。

● 农力的小鸭死了

A 方式：

孩子（眼泪汪汪地）：我的小鸭死了，早上还活着呢。

老师：别那么伤心，孩子。别哭，不就是个小鸭嘛。

孩子：（大哭起来）哇！哇！

老师：别哭了，我再给你买一个。

孩子：（哭得更厉害）不嘛，我就要这个！

老师：你怎么这么不讲理。

B 方式：

孩子（孩子泪眼汪汪）：我的小鸭死了，早上还活着呢！

老师：噢？太糟糕了。真没想到。

孩子（自己擦了擦眼泪）：它是我的好朋友。

老师：失去朋友是令人伤心呀！

孩子：（擦干了眼泪）它最听我的话？

老师：你们一起玩得很高兴。

孩子：（变得精神起来）我每天都喂它……

老师：你真的很喜欢它。

🔵 妈妈离开，韦强伤心地大哭。

A 老师：不许那么叫！

B 老师：对于妈妈的离开，你真的感到伤心。

🔵 阮小伟从三轮车上跌落下来后坐在地上放声大哭。

A 老师：不就是从车上掉下来吗？男子汉哭什么哭？！

B 老师：从三轮车上跌下来有点痛是吗？

🔵 宗毅不喜欢老师说的话，还生气地瞪着老师。

A 老师：你竟然敢用眼睛瞪我，还不听我的话！！

B 老师：我知道你对我很生气，我知道你不喜欢听我说的那些话。

🔵 面对着哭丧着脸的幼儿。

A 老师：别哭丧着脸！

B 老师：你是不是很难过，可不可以告诉老师为什么？

🔵 面对打别人的幼儿。

A 老师：你为什么又打别人？

B 老师：你是不是很生气，可不可以告诉老师发生了什么事？

🔵 面对打别人的幼儿。

A 老师：你为什么又打别人？

B 老师：我记得我在你这么大的时候，别的小朋友抢我的……那时我也很生气。

🔵 面对打别人且正在愤怒的幼儿。

A 老师：你为什么又打别人？

B 老师：你是不是很生气，可不可以告诉老师发生了什么事？

● 在老师来接班后，董明理一直不高兴，老师就问董明理出了什么事，他回答说："今天上午，明明不是我没有关水龙头的，可是曲老师硬说是我没关，真气人！"

A 老师：你为什么不跟曲老师说清楚？！你怎么这么蠢？！

B 老师：明明不是你的错，曲老师硬说是你错了，是气人！

● 骆磊向李老师诉苦："刚才我在秋千那里等了很久，蒋海就是不愿意下来让我玩一下。"

A 老师：让不让你，是蒋海的权利呀，没有什么好生气的！

B 老师：是啊，让你等那么久，都不让你玩一下，你心里一定不好受！

A 老师否认孩子的情绪，如此回应会让幼儿内心变得更加难过；B 老师的回应方式让幼儿内心得到了一定程度的舒缓。

期待大家都能像 B 老师一样能理解、接受幼儿的各种情绪，不要像 A 老师那样总是否定幼儿的情绪。

四、如何回应幼儿的提问？

这里用"回应"，而不用"回答"，理由是面对幼儿提出的问题，用口头语言来回答，只是回应方式的一种，除了用语言回答外，还可以引导幼儿观察、实验等。

幼儿提问，是教师促进幼儿发展的好时机。无论幼儿向我们提出任何问题，教师都应该对幼儿及其提问抱着接纳、理解、鼓励的态度，并且利用幼儿所提出的问题来促进幼儿的全面发展，引导幼儿去探索、去观察、去思考，让幼儿从中学会探索、学会观察、学会思考。面对幼儿的提问，给予幼儿正确的答案并不是最重要的，最重要的是能让幼儿从提出问题到寻找答案的过程中获得能力和态度的发展。因此，在引导幼儿探寻答案的过程中，应该努力探寻如何引导幼儿追求答案，这样更有利于幼儿能力、态度和知识的发展。

案 例 你自己去玩吧！ ...

> 户外活动时，小朋友在教师的带领下，都在愉快地游戏。有的在看边上的树和花，有的在一旁追逐打闹。正在这时候，一位小男孩走到老师身边问道："老师，为什么天气冷了小花就不开了呢？"老师看了看小男孩，没有回答。过了一会儿，小男孩又跑过来了："老师，那边的青菜为什么开花了呢？"老师依旧看了小男孩一眼，简单地说了句："你自己去玩吧！"小男孩没有得到自己想要的答案，只好悻悻离开了。

不知道老师出于什么原因而对幼儿的提问如此地冷漠，但有一点是可以肯定的，那就是教师对幼儿提问的冷漠定会让幼儿今后尽可能不再问老师任何问题，甚至其好奇心也由此而锐减。

为了更好地满足幼儿的求知欲，满足幼儿的情感需要，教师在回应幼儿的提问时应该针对幼儿提问的不同动机（求知、求表达、情感需要），给予不同的回应：

（一）正确回应幼儿求知式提问

当幼儿向老师提问是为了了解其所未知的东西时，老师回应方式优选顺序是：引导幼儿观察→引导幼儿实验探索→直接告诉→比喻回答→承认自己也不知道——前者不适用时，再考虑使用后者，依次类推。

1. 引导幼儿观察

如果幼儿所提出的问题可以通过观察得到"答案"，这时，教师可以跟幼儿说:"让我们来观察观察吧。"

观察的对象可以是实物、模型、图片、音频、视频。

引导幼儿观察的最重要目的不是追求最终的正确答案,而是让幼儿学会观察、学会思考。因此,在引导幼儿观察的过程中,教师要引导幼儿学会顺序观察法、典型特征观察法、分解观察法、比较观察法、追踪观察法,让幼儿尽可能多地利用多种感官参与观察活动,以便对被观察对象有更加全面的认识。

大家思考一下,幼儿提出以下问题,可用哪些观察法来回应:

（1）蝌蚪是怎么变成青蛙的?

（2）蚕是由什么变来的?

（3）鸡与鸭有什么不同?

（4）牛与马有什么不同?

（5）蜗牛的嘴巴在哪里?

（6）公鸡与母鸡有什么不同?

2. 引导幼儿实验探索

如果无法直接观察却可通过实验来找到"答案"的,这时,教师可以跟幼儿说:"那我们一起来做个实验试试看吧。"

教师利用实验探索来回应幼儿提出的问题,不是因为我们无法用语言来直接回答幼儿的问题,而是实验探索比语言直接回答更具有发展价值。

在引导幼儿实验探索的过程中,不追求以最快的速度探索出正确答案,而追求实验探索的过程对幼儿发展的意义,教师可以适当设计一些思维陷阱,适当地让幼儿犯些错误,比让幼儿快速地直接地获得"正确答案"更有发展价值。因此,实验探索,要让幼儿有一个完整的认识过程,即让幼儿有从错误走向正确的过程,适当地让幼儿走些"弯路",这些走"弯路"的经验对幼儿的成长同样是很重要的。实验探索不仅仅是为了问题的"标准答案"的获得,实验的方法、实验的过程、实验材料的获得都可以成为实验探索内容。实验探索过程,一般包括教师引导幼儿提出假设、验证假设的过程。提出假设,是个探索的过程,验证假设也是一个探索的过程。

大家思考一下,幼儿提出以下问题,如何引导幼儿实验探究:

（1）蜗牛喜欢吃什么？

（2）蜻蜓喜欢吃什么？

（3）螳螂饿了，吃什么？

（4）为什么要把种子种到土里，不放在土里它能发芽吗？

（5）鸡会游泳吗？

（6）我有两只眼睛，每个眼睛都能看见您，为什么我没有看见两个您呢？

3. 直接回答

当幼儿向老师提出的问题，不能通过观察或实验探索得到结果的，可考虑用幼儿能理解的语言直接将答案告诉幼儿。比如，一幼儿指着一棵桉树问："老师，这是什么树？"这时，老师可以跟幼儿说："这是桉树。它的叶子……它的树干……它的气味……"适宜直接用语言回答的问题主要涉及具体事物名称、时间、地点、行为规范、行动规则、社会生活常识，国家大事、新闻消息、社区中发生的有关事情等。

大家思考一下，幼儿提出以下问题，是不是只能用语言来直接回答：

（1）老师，你叫什么老师呀？

（2）老师，这是什么牌子的汽车？

（3）老师，你多少岁了？

（4）老师，明天春游，几点钟出发？

（5）老师，狗会不会死？

（6）老师，我们午餐要吃什么菜呀？

（7）鼻子洞洞为什么不朝上？

（8）我一直把我想象成另外一个人，可是，为什么我仍然是我自己？

（9）浴室的门那么大，我的小眼睛怎么看得见它的呢？

（10）怎么会有跳蚤的呢？

4. 比喻回答

当幼儿向老师提的问题，无法通过观察、实验方法来让幼儿寻找到答案，也无法用幼儿能理解的语言来表达答案，可以采用比喻的方式来回答。比如，一幼儿突然指着鱼缸里的鱼问："老师，鱼身上为什么会有鱼鳞？"这时，老师可以跟幼儿这样说："鱼鳞就像你在游泳时要穿游泳衣一样，鱼在水中游泳也要穿游泳衣，鱼鳞就是鱼的游泳衣。"

大家思考一下，幼儿提出以下问题，你将如何运用比喻来回答：

（1）天为什么会下雨？

（2）鱼儿在水里冷不冷？

（3）为什么狗不会说话，只会汪汪汪地叫呢？

（4）太阳下山后去哪里了？

（5）为什么袋鼠跳着走而人不跳着走？

（6）眼睛为什么是圆的？

（7）为什么气球会飞到天上去？

（8）为什么明天不会变为今天？

（9）人死了，他自己还知道吗？如果他不知道，那我们怎么知道他就不知道？

5. "我也不知道"

教师不是百科全书，不可能什么都懂，特别是在知识飞速发展的今天更是如此。因此，面对幼儿提出的问题，教师确实无法找到答案的，这时就可以直接告诉幼儿："老师也不知道答案是什么。""某某，你真聪明，竟然问了一个老师也不知道答案的问题！""你问的问题真好，把我也难住了。"教师的"不知道"一定程度上可以减少幼儿对教师的盲目崇拜，增加幼儿的自信心。

（二）回应幼儿求表达式提问

当幼儿向老师提问不是为了求知，而是为了表达自己对相关事物的看法时，老师可以采用反问的方式来回应，其程序为：微笑着注视幼儿并向他提出"你说呢？"然后认真地倾听，然后再给予积极的评价。

案 例 月亮在看什么？ •••

一次语言教学活动中，讲到月亮弯弯地挂在空中，这时，小雪站起来问覃老师："老师，月亮每天眯着眼睛在天上看什么呀？"覃老师被这冷不丁的问题愣了一下，转而问她："那你觉得它在看什么呢？"

小雪回答说："我觉得它在看星星，因为星星太多太小了，月亮看不清楚，所以每个月都要将自己变圆变大，瞪着圆圆的大眼睛来看，对吧！"

覃老师回应道："有道理！"

小雪问覃老师，其动机就是将自己的想法告诉覃老师。覃老师给小雪自我表达的机会，并且十分认真地听小雪的述说，小雪的述说需要得到了很大的满足。

大家思考一下，幼儿提出以下问题，我们能用"你说呢"来回应吗？

1. 老师，太阳为什么会落下去？

2. 老师，月亮为什么跟着我走？

3. 老师，你说他是男孩还是女孩？

4. 老师，你说这头牛是公的还是母的？

（三）回应幼儿求情式提问

当幼儿向老师提出问题，不是为了求知，也不是为了表达或验证自己的想法，而是为了寻求关注或者解决心中忧虑时，老师可以根据不同情况，采用以下不同的方式来回应：

1. 回应幼儿寻求关注式提问的程序为：微笑地直接回答幼儿的提问，或微笑地反问幼儿"你说呢？"幼儿回答后，用口头言语或肢体语言以幼儿能理解的方式表达对他的关注和喜爱。

大家思考一下，以下问题能用"你说呢"来回应吗？

● 老师，你正在吃饭呀？

● 老师，你在做什么呀？

● 老师，你在写字呀？

2. 回应幼儿为解决内心忧虑式提问的程序为：了解幼儿忧虑所在，针对性地以幼儿能理解的方式（语言、观察、实验、比喻）回应幼儿提出的问题，消除他内心的忧虑。

> 　　宋涛 (他奶奶刚去世) 忽然问："老师，我们最后又会去哪里呢？是不是都会死掉呢？死了是不是就再也回不来了？老师，你会不会死啊？"
>
> 　　如果是你，你如何回答？你倾向下列四个回答中的哪一个？
>
> 　　A 老师："你怎么会问出这样的问题？好了，我们下课后再讨论。"
>
> 　　B 老师："你理解得很对。大家确实都会死，包括老师。但绝不是现在，要等很老很老很老的时候才会。"
>
> 　　C 老师："死就是不在了。睡着了，醒不过来了，每个人都会有不在的那一天！"
>
> 　　D 老师：老师今年才 21 岁就被这孩子问："老师，你会不会死呀？"这种不吉利的问题，所以老师十分生气地回答："老师不会死！"让这孩子今后不再敢问这类不吉利的问题。

　　B 老师的回答"大家确实都会死，包括老师也会死。"——满足了宋涛关于人的生死方面的求知欲望，B 老师的回答"我们绝不是现在就会死去，我们要等到很老很老很老的时候才会死去。"——解除了宋涛因亲历其奶奶葬礼而对自己死亡的担忧。

五、如何正确应对幼儿的告状行为？

　　告状行为是师幼互动中常见的由幼儿开启师幼互动的行为。告状说明幼儿具有了自己的是非判断能力，说明幼儿在独立处理人际关系问题方面能力有所欠缺，说明他解决人际关系问题的意识和能力都需要加强。处理幼儿告状事件，不是以平息相关的事态为目的，而是以提高幼儿按"规"行事的自觉性，提高幼儿独立处理冲突能力为目的。教师应该学会根据幼儿不同类型的告状行为采取相应的策略，进而促进班级良好氛围的形成，进而促进幼儿的健康发展。

（一）应对自我保护型告状的策略

所谓自我保护型告状，是指幼儿在日常生活中遇到其他幼儿的侵犯，为了摆脱困境，保护自身的安全与权益而向老师告相关同伴的状，旨在希望老师能提供援助以制止同伴的侵犯行为。对于自我保护型告状，首先，通过口头言语和肢体言语给其以安慰。许多时候幼儿来告状不一定是非要惩罚"损人者"，他们来告状仅仅是想让老师知道他的权益受到侵犯了，得到老师的几句安慰后，他们又快乐地玩耍去了；其次，要对"损人者"进行适当的批评教育，让其懂得那些损人的事是不可以做的，避免其犯同样的错误，必要时，还要让其向"受害者"道歉和归还相关的物品；其次，教育"弱者"应对侵犯行为的技巧——告诉他们不要一有事就只知道向老师告状，要学会自己解决问题，重点培养他们的积极主动性，引导他们大胆地与他人协商、沟通，提高其独立处事的能力。比如，遭受别人侵犯时，首先要大声地警告他们："我不喜欢你这样……""你这样把我弄痛了……""你……我生气了。""你再……我就告诉老师了！"还可教他们一些防御别人侵犯的技巧……多种措施无效后再找老师解决——老师们要记住：应对自我保护型告状的根本目的不是消灭幼儿同伴间的冲突，而是让所有的幼儿学会尊重他人，学会独立解决冲突。

（二）应对规则维护型告状的策略

规则维护型告状是指幼儿发现同伴的某种行为不符合幼儿园的集体规则或是老师的某项要求时，向老师告相关同伴的状，旨在希望教师制止或惩罚同伴的违规行为。如小朋友要按次序去洗手，而李雍并没有按次序进行洗手，于是等候洗手的王浩宇一边学着她的样子一边向老师告状道："老师，你看李雍她不按次序去洗手，而且她还不好好地走进洗手间，她是这样跑进去的！"

对于规则维护型告状，首先，对告状者表示感谢，鼓励幼儿都来关注集体规则的执行情况，并为维护集体规则作贡献，这样，有利于为集体规则的运行提供良好心理氛围；其次，对"被告"进行批评教育——制止他们的违规行为，然后告诉他们正确做事的规则，并且让他知道违反常规的坏处和遵守常规的好处。

课间休息的时间，小朋友们照例要到厕所去解小便，中（2）班的王思怡大叫："王老师，王老师，周佳豪把小便都解到红红的地砖上了！"王老师迅速走进厕所，呵斥并制止了周佳豪的行为。从此以后，中（2）班小朋友上厕所解小便时不再发生类似的现象。

中（2）班小朋友上厕所解小便时不再发生类似的违规现象，主要得益于王老师坚持原则，当机立断，按班级常规要求以最快的速度做出处理，表明自己的立场和态度，这样，避免其他幼儿模仿周佳豪的行为。

（三）应对求赏型告状的策略

求赏型告状是指幼儿为了获得成人的认可和赞赏而进行的一种告状行为。有时候幼儿告状不是为了纠正小伙伴的违规行为，也不是为了让违规的同伴受到惩罚，而是为了得到老师对自己的夸赞。面对求赏型告状，首先，要慎重对待，既要批评不遵守纪律的小朋友，又不能过分肯定和表扬告状者；要不然，因告别人的状而得到其所渴望的表扬，那么该幼儿极易养成一种爱"打小报告"的习惯——专门发现别人的毛病，然后去告诉老师，并从中获得乐趣。爱"打小报告"那可是一种病态人格的表现。其次，平时多关注有求赏告状倾向的幼儿，让他们平时就得到适宜的关注，他们就不会想如何引发老师的关注，进而减少此类告状行为。再次，平时要教育他们多看到自己的长处，要多给他们提供成功的机会，努力培养并让他们发现自己的强项，他们的自信心上来了，当幼儿对自己有足够的自信心后，他们就不会再尝试通过贬低别人来抬高自己，他们的求赏型告状行为就会大大减少，甚至消失。